[개정2판]

경찰수사지휘론
Police Supervision of Investigation

신현기
김창준 共著
진병동

우공출판사

Police Supervision of Investigation

Prof. Dr. phil. Hyun Ki Shin
Prof. Dr. ps. Chang Jun Kim
Prof. Dr. ps. Byong Dong Jin

Woogong

2022

≡ 제2판 머리말 ≡

『경찰수사지휘론』이라는 본 저서가 세상의 빛을 본지 여러 해가 지났으며 금 번에 제2판을 개정하여 독자들을 다시 만나게 되었음을 매우 기쁘게 생각한다. 2019년 말 전 세계적으로 코로나 19가 발생하여 2020년 초부터 2022년 중반 현재까지도 전 세계 국가들이 한 번도 경험해보지 못한 대혼란에 직면해 있다. 지금 이러한 감염병의 세계적 대유행은 전 지구적인 항공 길을 거의 다 마비시켜 놓는 상황에 이르렀다. 우리는 국가적, 사회적, 경찰학적으로도 많은 변화들에 직면하고 있으며 동시에 새로이 급변하는 치안환경을 맞이하고 있다.

특히 문재인 정부의 100대 국정과제 중 13번째 숙제였던 검경수사권 조정과 자치경찰제의 도입은 그 기본적 토대를 이루는 새로운 경찰법이 마련되었다. 기존의 형사소송법은 물론이고 경찰법과 경찰공무원법을 전부 개정하여 2020년 12월 9일 국회 본회의를 통과하고 2021년 1월 1일 본격 시행에 들어갔다. 개정 형사소송법에 따라 검찰은 6대 범죄(부패범죄, 경제범죄, 공직자범죄, 선거범죄, 방위사업범죄, 대형참사범죄)만 다루고 나머지 모든 수사는 새로 발족한 경찰수사본부에서 맡되 수사종결권 까지도 부여받게 되었다는 점은 우리나라 법률사에 중요한 획을 긋는 사건으로 기록되게 되었다.

그리고 새 경찰법은 우리나라 국가경찰 창설 76년 만에 자치경찰제가 전격 도입되는 기본토대가 되었다. 본 법률의 공식명칭은 "국가경찰과 자치경찰의 조직 및 운영에 관한 법률(일명, 경찰법)"로 불린다. 본 법률에 따라 2021년 7월 1일 전국 17개 광역시도에서 18개 시도자치경찰위원회(경기도 2개)가 전격 출범하였다. 본 위원회는 위원장을 포함하여 7명으로 구성되었다. 새로 출범한 시도자치경찰위원회는 이번에 자치경찰업무로 분류된 생활안전, 여성청소년, 교통 분야를 직접 수행하는 것이 아니라 법률에 따라 시도경찰청장을 지휘 감독하는 방식으로 경찰서의 3개 "과"의 업무가 수행된다. 검경 수사권 현실화에 따라 거대한 공룡화를 우려한 국가경찰에 대해 사전 국민의 인권침해를 예방하는 차원에서 국가경찰을 3개 영역으로 나누게 된 것이다.

즉 국가경찰은 경무, 정보, 보안, 외사 업무를 맡았으며, 역시 위의 새 경찰법에 따라 새로 출범한 국가수사본부는 기존에 경찰기관과 조직에 흩어져 있던 모든 수사업무를 모두 모아서 형식상 독립권한을 가지고 경찰수사를 전담 및 지휘하게 된 것이다. 다만 아쉽게도 자치경찰의 업무는 새로 분류되었지만 정작 자치경찰공무원이 없고 새로 분류된 자치경찰업무를 기존의 국가경찰공무원이 그대로 수행하는 방식인 이른바 "일원화 자치경찰모델"로 출범하게 되었다. 일단 자치경찰제가 기존의 국가경찰로부터 완벽하게 독립한 "이원화 자치경찰모델"은 아니지만 자치경찰제를 도입했다는 그 자체만으로도 의미는 매우 크다고 본다.

경찰청장으로부터 독립성을 지닌 국가수사본부가 발족함으로써 국가경찰의 수사능력 면에서 독자성을 확보할 수 있는 기회가 되었으며 수사 또한 투명하고 국민의 인권이 담보되는 기본 틀이 마련되었다고 본다. 다만 국가수사본부가 수사상 민주성, 중립성, 합법성이라는 경찰이념을 되살리고 국민으로부터 높은 신뢰를 받느냐의 여부는 온전히 스스로의 몫이라고 본다. 경찰 수사상에서 가장 중요하게 고려되어야 하는 점은 바로 국민의 인권침해를 예방하는 일이다. 수사상 그 권한이 커지면 커질수록 인권침해의 위험에 국민은 노출될 가능성이 커질 수 있다고 본다. 인권침해 사전 예방이야 말로 향후 수사경찰이 가장 경계하고 스스로 주의해야 할 영원한 숙제가 아닐 수 없다.

본 저서는 위와 같은 중요성을 강조하고 동시에 그 바람직한 방향을 향도해 주고자 하는 시각에 초점을 두고 심혈을 기울이면서 집필되었다. 이전과는 달리 경찰의 수사권한과 범위가 상당히 확대되었기 때문에 저자들은 본 저서에서 관련 내용들을 충실히 담아내고자 노력했다. 따라서 경찰학 분야에서 경찰수사지휘를 이해하고 학습하고자 하는 학부생, 대학원생, 경찰공무원, 경찰행정학자, 일반 공무원들에게 유익한 지침서로서 가치가 크리라 본다. 저자들은 지속적으로 새롭게 개정되거나 추가로 보완해야 할 내용들이 나올 때마다 신속하게 개정하여 더 좋은 경찰수사지휘 관련 기본서가 되도록 심혈을 기울일 것이다.

끝으로 본 저서의 개정판이 우공출판사를 통해 세상의 빛을 보는데 있어 끊임없는 토론에 참여해 준 동료 학자들에게 이 자리를 빌려 진심으로 감사를 전한다. 그리고 어려운 여건 속에서도 본 저서를 흔쾌히 출판해 준 우공출판사에도 감사한다.

2022년 초여름을 맞이하며
한국경찰학연구의 메카인 신산본 한세대학교에서

신현기, 김창준, 진병동

⁼ 머리말 ⁼

 우리가 경찰수사지휘 분야를 연구하는 궁극적인 목적은 날로 흉폭화 되어 가고 있는 신종범죄들에 대해 경찰수사기관 및 수사관들이 적극적으로 대처하여 국민의 생명과 재산을 보호하고 사회질서를 유지함으로써 모두가 자유로운 경제활동을 영위하도록 해주기 위함이라고 정의된다. 우리 인류사에서 범죄는 끊임없이 발생되어 나왔다. 미래에도 이 지구상에 인류가 생존하는 한 범죄는 멈춰지지 않고 계속될 것으로 본다. 이는 그동안 인류사가 우리에게 여실히 보여주었으며 결코 부인할 수 없는 팩트이기도 하다.

 본 저서의 집필진은 수년전부터 「경찰수사지휘론」에 관한 저서를 세상에 탄생시키고자 그 시도와 연구에 심혈을 기울여 왔다. 왜냐하면 본 저서는 우리나라 경찰행정학계와 범죄학계 및 경찰수사분야에서 매우 중요하며, 특히 수사 관련 분야에서 반드시 필요한 저서로서 적지 않은 가치를 지니고 있기 때문이다. 늦은감은 있지만 금번에 우리나라에서 최초로 경찰수사지휘 분야를 심층 연구하고, 이를 집대성하여「경찰수사지휘론」이라는 이름을 빌려 반듯한 한권의 저서를 세상에 탄생시킨 공동 집필진의 노력도 자부심을 갖기에 부족하지 않다.

 무엇보다 본 저서는 교육부 평생교육진흥원 산하 각 평생교육원들이 개설 및 운영하고 있는 범죄수사학과에서 학사학위 과정을 이수하는 수강생들에게 반드시 필요한 학습서로서 가치가 높으며, 이들의 학문세계를 훌륭하게 선도해 줄 길라잡이 역할을 수행해 주는 주요 과목 중 하나이다. 본 저서가 존재하지 않아서 지금까지 「경찰수사지휘론」분야를 가르치는 교수진이나 경찰수사지휘 분야를 학습하는 학생들 모두에게 적지 않은 어려움이 상존하고 있었다. 이러한 어려움을 해소해 주고자 본 집필진은 심혈을 기울여 출판 작업을 앞당기게 되었다. 하지만 이 분야의 학문세계를 처음으로 집대성하다보니 여러 영역에서 부족함이 적지 않은 게 사실이다. 저자들은 여기에 그치지 않고 지속적으로 연구하여 더 훌륭한 저서가 되도록 끊임없이 보완해 나가면서 개정작업을 반복할 것이다. 독자들의 따가운 비판을 기대한다.

본 저서는 크게 2개의 장으로 구성되었다. 제1장 수사경찰의 이론적 배경에서는 세부적으로 8개의 절로 나누어 다루었다. 그리고 제2장 주요범죄의 수사 지휘 부분에서는 10개의 절로 구성하여 본 영역에서 반드시 다루어야 할 내용을 총 정리하였다. 끝으로 본 저서는 경찰공무원의 꿈을 실현하기 위해 경찰행정학을 공부하는 대학생들과 석사와 박사과정의 대학원생, 수사분야에 근무 중인 현직 경찰공무원, 범죄수사학과의 학생들에게 범죄수사지휘 분야의 기초지식을 풍부하게 해줄 수 있다는 점에서 그 기대효과가 클 것으로 본다.

이 자리를 빌려 감사를 표해야 할 분들이 많다. 특히 넉넉하지 못한 시간 내에 집필진 서로가 서로에게 원고의 완성을 위해 독촉하며 질책하고 위로했던 긴 시간들이 한편으로는 감사하고 뿌듯하다. 또한 우리나라 최초로 범죄수사학 학사학위를 받기 위해 주경야독 학업에 열중하고 있는 한세대학교 미래지식교육원 산하 평생교육원 범죄수사학과 학생들에게 크나큰 학문적 성취가 있기를 진심으로 기원한다.

이들은 조만간 우리나라 최초의 범죄수사 학사학위를 취득한다는 점에서 자부심을 갖기에 충분하며 앞날에 무궁한 발전이 있을 것으로 확신한다. 이들은 향후 우리나라 범죄수사학 분야의 후속 연구 세대들로서 훌륭하게 성장하면서 우뚝 서게 될 것으로 본 저서의 집필진은 굳게 믿는다.

마지막으로 본 저서의 집필진은 지식의 확산이 모든 국민의 정신세계를 넉넉하고 풍부하게 살찌우도록 해준다는 진리를 굳게 믿는다. 학문의 세계를 걸어간다는 것은 지난하고 어려우며 끝이 없는 노정이다. 그 길을 사랑하는 사람들은 오늘도 걷는다.

끝으로 여러 가지 어려움에도 불구하고 본 저서가 세상의 빛을 볼 수 있도록 흔쾌히 출판을 결정해 주신 우공출판사의 안병준 사장님께도 진심으로 감사를 표하는 바이다.

2020년 초여름
한국경찰학연구의 메카인 신산본 한세대학교에서
신현기, 김창준, 진병동

목 차(Contents)

제1편 수사의 기초이론

제1장 수사의 개념 ········· 018

제1절 수사의 의의 ········· 018
제2절 수사의 성격 ········· 019
제3절 수사의 지도이념 ········· 020
제4절 수사의 내용 ········· 021

제2장 수사의 기본원칙 ········· 024

제1절 범죄수사의 3대원칙 ········· 024
제2절 수사의 기본원칙 ········· 025
제3절 수사실행의 5원칙 ········· 028

제3장 수사기관 ········· 031

제1절 수사기관의 의의 ········· 031
제2절 수사기관의 종류 ········· 031
  1. 검사 ········· 033
  2. 사법경찰관리 ········· 033
  3. 고위공직자범죄수사처 ········· 035
  4. 수사기관 상호간의 관계 ········· 041

제4장 수사경찰 ········· 043

제1절 수사경찰의 의의 ········· 043

제2절 수사경찰의 조직 ·· 045
1. 국가수사본부(경찰청) ·· 045
2. 시도경찰청 ·· 048
3. 경찰서 ·· 049
4. 국립과학수사연구원 ·· 049

제5장 형사법 체계 ·· 050
제1절 법의 분류 ·· 050
제2절 형법의 체계 ·· 050
제3절 형사소송법의 체계 ··· 058

제6장 형사 증거법 ·· 066
제1절 증거의 개념과 종류 ·· 066
제2절 증명의 원칙 ·· 067

제7장 범죄정보 ·· 072
제1절 범죄정보의 의의 및 수집 방법 ····························· 072
제2절 범죄정보 제공의 동기 ··· 073
제3절 범제정보의 분석 및 평가 ···································· 074

제8장 수사의 진행과 절차 ·· 075
제1절 수사의 단서 ·· 075
제2절 내사 과정 ··· 085
제3절 수사의 개시 ·· 086
제4절 임의수사와 강제수사 ·· 088
제5절 수사의 종결 ·· 110

제9장 수사의 지휘 · 118

제1절 수사지휘의 의의 및 중요성 · 118
제2절 수사지휘와 수사조직 편성 · 118
제3절 수사사건과 수사요원의 지휘 · 119
제4절 수사지휘를 통한 수사보고서의 작성방법 · 119
제5절 언론대응요령 및 지휘 · 122

제10장 수사지휘와 수사의 행정 · 124

제1절 수사본부의 설치 및 운영 · 124
제2절 유치장 관리 · 124
제2절 변사 사건의 처리 · 127
제4절 호송 · 129
제5절 조회제도 · 131
제6절 수배제도 · 132
제7절 범죄통계 · 133

제2편 수사의 기법

제1장 수사지휘를 통한 현장수사 · 136

제1절 초동수사 · 136
제2절 현장관찰 · 136
제3절 탐문수사 · 137
제4절 감별수사 · 137
제5절 수법수사 · 138
제6절 장물(수배)수사 · 142

- iii -

제7절 함정수사 ·· 145
　　제8절 알리바이 수사 ··· 145
　　제9절 공조수사 ··· 148

제2장 수사지휘를 통한 과학수사 ·· 152
　　제1절 과학수사 ··· 152
　　제2절 감식수사 ··· 153
　　제3절 지문감식 ··· 153
　　제4절 거짓말탐지기 ··· 159
　　제5절 프로파일링 ··· 160

제3장 수사지휘를 통한 기타 수사 기법 ································ 162
　　제1절 유류품 수사 ··· 162
　　제2절 추적수사 ··· 164

제3편 주요범죄의 수사 및 지휘

제1장 강력범죄 수사 및 지휘 ·· 176
　　제1절 살인 사건의 수사 ··· 176
　　　　1. 살인죄의 개념 및 유형 ··· 176
　　　　2. 살해 행위와 방법 ··· 178
　　　　3. 살인사건 관련 범죄수사규칙의 이해 ···················· 178
　　제2절 강도 사건의 수사 ··· 186
　　　　1. 강도죄의 개념 및 유형 ··· 186
　　　　2. 강도 범죄의 수법 ··· 188
　　　　3. 강도사건 관련 범죄수사규칙의 이해 ···················· 189

제3절 방화 사건의 수사 ·· 189
  1. 방화의 의의 및 유형 ······································· 189
  2. 방화죄의 구성요건 ··· 191
  3. 화재사건 현장의 초동조치 및 지휘 ······················ 192

제2장 절도 및 폭력범죄 수사 및 지휘 ················ 193

제1절 절도 사건의 수사 ·· 193
  1. 절도죄의 개념 및 유형 ···································· 193
  2. 절도 범죄의 성립요건에 대한 이해 ····················· 194

제2절 폭력 사건의 수사 ·· 196
  1. 폭력 범죄 개념 및 유형 ··································· 196
  2. 폭행의 개념 ··· 197
  3. 조직폭력 범죄 수사의 이해 ······························ 197

제3장 경제범죄 수사 및 지휘 ······························ 199

제1절 사기 범죄 사건의 수사 ··································· 201
  1. 사기죄의 개념 및 유형 ···································· 201
  2. 사기 범죄의 성립요건에 대한 이해 ····················· 202

제2절 횡령 범죄 사건의 수사 ··································· 203
  1. 횡령죄의 개념 및 유형 ···································· 203
  2. 횡령 범죄의 성립요건에 대한 이해 ····················· 204

제3절 배임 범죄 사건의 수사 ··································· 207
  1. 배임죄의 개념 및 유형 ···································· 207
  2. 배임 범죄의 성립요건에 대한 이해 ····················· 208

제4장 사이버 범죄 수사 및 지휘 ······ 210

제1절 사이버 범죄 사건의 수사 ······ 210
제2절 불법콘텐츠 범죄 사건의 수사 ······ 216
제3절 디지털 포렌식 수사 ······ 219

제5장 기타범죄 수사 및 지휘 ······ 221

제1절 마약류 사건의 수사 ······ 221
1. 마약류 사건 수사의 개념 및 유형 ······ 221
2. 마약류 범죄의 특징 및 단속기관 ······ 221
2. 마약류의 종류 ······ 222

제2절 풍속 사건의 수사 ······ 223
1. 도박 사건의 수사 ······ 223
2. 풍속영업 및 청소년보호법 위반 사범의 수사 ······ 225

제3절 교통사고 사건의 수사 ······ 227
1. 교통사고의 개념 및 유형 ······ 227
2. 교통사고처리특례법의 특례규정에 대한 이해 ······ 229

제4절 보험범죄 사건의 수사 ······ 233
1. 보험 범죄의 개념 및 유형 ······ 233
2. 보험사기 범죄의 특성 ······ 236
3. 보험범죄의 판단기준 및 사례 ······ 242

제5절 외국인범죄 사건의 수사 ······ 249
1. 외국인 범죄의 개념 및 유형 ······ 249
2. 외국인 범죄 관련 법률과 규칙의 이해 ······ 252

<참고문헌> ······ 265

부록: 검사와 사법경찰관의 상호협력과 일반적 수사준칙에 관한 규칙 ······ 269

제1편

수사의 기초이론

제1장 수사의 개념

제1절 수사의 의의

수사는 형사사건에 대하여 범죄혐의의 유무를 명백히 하여 공소제기와 유지 여부를 결정하기 위하여 또는 공소제기를 유지하고 수행하기 위한 준비로 범죄사실의 조사, 범인의 발견·검거, 증거를 수집·보전하는 수사기관의 활동을 말한다.[1]

1. 수사기관의 활동

수사는 형사소송법이 정한 수사에 관한 권한이 있는 자의 활동을 말한다. 즉 검사나 사법경찰관리가 행하는 활동을 말한다.

2. 범죄혐의가 있다고 인정될 때 개시

수사는 수사기관의 판단기준에 의하여 개시된다. 수사기관의 판단기준은 범죄혐의의 유무이다. 범죄의 주관적 혐의는 수사개시의 조건이다.

3. 공소 제기 전까지의 과정

수사는 공소제기 전에 행하여지는 것이 원칙이나 공소제기 후에 여죄의 발견이나 기소사실과 관련된 증거가 발견된 경우에 공소유지를 위하여 공소제기 이후의 수사도 진행된다.

4. 범죄와 관련한 증거를 수집·보전하고 범인을 검거하여 공소를 제기함을 목적으로 하는 활동

수사는 범인을 검거하여 공소제기 여부를 결정하기 위한 활동이다.

---

[1] 이재상, 『형사소송법』(박영사, 2003), p.167.

제2절 수사의 성격

 일반적으로 수사의 기본성격은 사실 형사절차의 일환이라고 할 수 있다. 무엇보다 수사는 심증 형성을 지향하는 일련의 활동(하강과정)인 동시에 이미 획득한 판단을 분명하게 증명하는 하나의 활동이다.

1. 형사절차의 일환

 일반적으로 범죄수사는 공소를 제기하기 위한 일련의 준비활동이라고 할 수 있다. 또한 국가가 고유 권한을 가지고 수행하는 형벌권의 행사를 지원하는 일종의 형사절차를 말한다. 그리고 공소제기뿐만 아니라 공소제기에 필요한 자료수집도 범죄수사의 목적이 되는 것이므로 필히 기소 이전뿐만 아니라 기소 후에도 지속적으로 행해지는 것이다.[2]

2. 수사관이 심증형성을 지향하는 활동(하강과정)

 범죄수사란 사실을 정확하게 파악하여 그 결과를 형사절차에 내놓는 중요한 작업이다. 따라서 수사관은 자기가 사실의 진실성에 대해 확신 있는 판단을 가지지 않으면 아니 된다. 즉 수사관이 가지고 있는 판단이 재판에서 법관의 심증을 획득할 수 있는 것이어야 하기 때문이다.[3]

3. 획득한 판단을 증명으로 실체적 진실을 발견하는 과정

 수사관이 심증을 굳혔을 경우에는 그 증거를 통해서 우선 그 심증을 증명해야만 한다. 따라서 수사관은 현장관찰, 성실한 탐문, 감별수사 등 다양한 수사기법을 활용한 수사활동을 통하여 자료를 발견하고 검증 등 일련의 노력 이후, 이어서 검사는 자신의 심증을 굳히게 되고 궁극적으로는 소송제기를 행할 수 있다. 결국 이것이 재판에서 판사의 심증에 영향을 주게 되고 유죄판결을 얻어내게 된다. 피의자로

---

[2] 중앙경찰학교, 『수사』 (중앙경찰학교, 2009), p10; 신현기, 『경찰학개론』 (파주: 법문사, 2015), p.547.
[3] 강용길, 앞의 책, p.151; 신현기, 『경찰학개론』 (파주: 법문사, 2015), p.549.

부터 자백이 있더라도 수사관은 충분한 증거를 확보하여 실체적 진실에 접근하지 않으면 안 된다.4)

제3절 수사의 지도이념

수사의 기본이념은 개인의 인권을 존중하면서 사건의 진상을 명백히 하는 것이다. 수사의 목적이 사건의 진상규명이지만 목적달성을 위하여 사용되는 수단·방법에 있어 개인의 인권존중이라는 헌법상의 규정이 강조된다.

1. 실체적 진실의 발견의 원리

실체적 진실의 발견의 원리란 수사절차에서의 증거는 기소·불기소를 결정하는 자료가 되며 또한 공판절차에서 유·무를 판단하는 증거로 사용되므로 공소유지의 적정과 형사재판의 공정을 위해서 피의사건은 진상이 파악되어, 죄 있는 자는 빠짐없이 처벌되어야 하지만 죄 없는 사람을 유죄로 오인해서는 안 된다.

2. 적법절차 원리

적법절차의 원리란 피의자의 기본적 인권보장과 수사의 공정을 위하여 정의 관념에 합치되는 법절차로서 실정법상의 형식적 구속이 아닌 실질적으로 공정하고 합리적인 절차를 의미로서 현대사회에서 특히 강조되는 원리이다.5)

3. 무죄추정의 원리

무죄추정의 원리란 형사절차에서 피의자 또는 피고인은 유죄의 판결이 확정될 때까지 무죄로 추정된다는 원리이다.

---

4) 신현기 외 8인, 앞의 책, p.622.
5) 이재상, 전게서, p.24-27.

4. 필요한 최소한도의 원리

필요한 최소한도의 원리란 강제처분에 의한 강제수사는 물론 임의수사에서도 수사는 인권 제한적 처분이 수반되기 때문에 수사는 필요한 최소한도 내에서 이루어져야 한다는 원리이다.

5. 합리성의 원리

합리성의 원리란 수사는 과학이나 사회통념, 경험법칙에 비추어 합리성을 지니고 있어야 한다. 확실한 증거 수집과 토대로 피의자 자백을 받아야 하며 육감적 방법이나 미신적 방법을 지양하고 과학적 수사방법을 통하여 합리적인 수사를 하여야 한다[6]는 원리이다.

제4절 수사의 내용

수사는 범죄사건의 구체적인 범죄사실의 규명을 내용으로 하는 범죄의 실체적 측면을 의미한다. 수사의 내용은 수사의 사실적 내용(사실적 실체)과 수사의 법률적 내용(법률적 실체)으로 나눌 수 있다.

1. 수사의 사실적 내용

수사의 사실적 내용이란 범죄의 사실적 내용을 입증하기 위한 우사의 요소를 말하며, 수사의 요소, 행동의 필연성, 사건의 형태성의 충족이 요구된다.

(1) 수사의 요소

수사의 요소란 범죄사실의 인정에 필요한 요소로 4하의 원칙, 6하의 원칙, 8하의 원칙이 적용된다.

---

[6] 김충남, 『경찰수사론』 (서울: 박영사, 2013), p.9.

> - 4하의 원칙: 누가(주체), 언제(일시), 어디서(장소), 무엇을 했나(행위·결과)
> - 6하의 원칙: 4하 원칙 + 왜(동기) + 어떻게(수단, 방법)
> - 8하의 원칙: 6하 원칙 + 누구와(공범) + 누구에게(객체, 피해자와의 관계)

(2) 행동의 필연성

행동의 필연성이란 행동은 이유나 원인, 반드시 그렇게 해야 하는 조건이 있기 마련인데 범인이 범죄행위를 할 수 밖에 없었던 조건인 행위의 필연성, 즉 범인은 왜 그 시간에 그 장소에서 그러한 범죄행위를 하였는지 파악되어야 한다.

(3) 사건의 형태성

사건의 형태성이란 수사 자료를 질서 있게 전체적으로 구성하여 범죄사실의 전체적인 형태를 파악하는 말한다. 즉 수사관이 획득한 증거를 통하여 사건의 전체와 연관시켜 종합된 형태로 파악하는 것을 의미한다.

2. 수사의 법률적 내용

수사의 법률적 내용이란 수사과정을 통해 밝혀진 결과가 형벌법규 및 형사소송법규에 비추어 볼 때 범죄의 성립 요건을 충족하는지의 여부 즉, 범죄수사의 결과에 대한 법률적 평가를 말한다.

(1) 구성요건 해당성

범죄가 성립하기 위해서는 일정한 행위가 구성요건에 해당하고 위법성과 책임이 구비되어야 한다. 구성요건해당성은 어떠한 행위가 범죄를 구성하기 위해서는 형법에 규정한 범죄에 해당하여야 한다는 요건을 의미한다.

(2) 위법성

 범죄는 구성요건에 해당하는 위법, 유책한 행위이다. 위법성은 범죄의 성립요건의 하나이며 모든 범죄는 반드시 위법성을 갖춰야 범죄로서 성립한다. 그러나 현행 형법은 구성요건에 해당하나 적법한 위법성조각 사유로 정당행위(제20조), 정당방위(제21조), 긴급피난(제22조), 자구행위(제23조), 피해자의 승낙에 의한 행위(제24조) 등을 규정하고 있다.

(3) 책임성

 책임성이란 구성요건에 해당하고 위법한 행위를 한 사람에 대한 인격적인 비난으로서 객관적으로 구성요건에 해당하는 위법한 행위를 한 자에 대하여 가하여지는 비난 가능성을 말한다.

(4) 가벌성

 범죄성립요건의 충족으로 범죄가 성립하여도 범죄발생에 있어 처벌조건에 관한 추가 검토가 필요하다. 즉 인적 처벌 조각사유와 객관적 처벌조건의 충족여부도 검토하여야 한다.

제2장 수사의 기본원칙

제1절 범죄수사의 3대원칙

흔히 3S의 원칙으로도 불리어지고 있는 일명 범죄수사의 3대원칙은 첫째, 신속착수의 원칙, 둘째, 현장보존의 원칙, 셋째, 공공협력의 원칙을 의미한다.[7] 이에 대해 자세히 살펴보면 다음과 같다.

1. 신속착수의 원칙 Speedy Initiation

우리 사회에서 범죄가 발생한 다음 그 범죄의 흔적은 시간이 흐르면서 그 경과의 속도에 따라 빠른 시간 내에 변질되기도 하고 때로는 멸실되어 버리는 일련의 단계를 거치게 된다. 이와 같은 이유로 인해 범죄수사는 가급적 빠르며 또한 신속하게 이루어져야만 하는 특성을 지니고 있다. 만일 범죄현장에 경찰관이 빠른 시간 내에 도착했다면 범죄현장에서 곧바로 범죄자를 검거할 수도 있을 것이다. 무엇보다 현장에 남아 있던 범죄증거의 보존과 채취를 통해 각종 인적·물적 증거물들을 확보함으로써 훗날 범인을 신속하게 검거하는 데 있어서 많은 도움이 될 것이라는 사실에 재언을 요하지 않는다.[8]

2. 현장보존의 원칙 Scene Preservation

우리는 흔히 범죄가 벌어진 현장을 가리켜 증거의 보고(寶庫)라고 부르고 있다. 특히 범죄현장에는 발생한 범죄를 증명해 주는 결정적인 증거가 되는 지문이라든가 혈흔 혹은 머리카락과 체모를 비롯해 체액이나 사체 등이 고스란히 놓여 있는 게 일반적이다. 통상적으로 자연적 요인(지문이나 혈흔 등은 햇볕, 광선, 바람, 눈, 빗물에 의해)뿐만 아니라 인위적 요인(가족이나 외부인이 훼손)에 의해서도 범죄증거

---

[7] 신현기·남재성, 『새경찰학개론』(서울: 우공출판사, 2013), p.423.
[8] 이만종, 『경찰수사총론』(서울: 청록출판사, 2007), p.58.

들이 변질될 가능성이 얼마든지 있다. 이러한 이유 때문에 수사를 하는 경찰관들은 그 범죄현장의 각종 증거물을 보존하는데 특별히 주의해야만 한다.9)

3. 공공협력의 원칙 Support by the Public

위에서 지적했듯이 만일 범죄의 현장을 소위 증거의 보고라고 한다면, 우리 민중이 살아가고 있는 사회는 곧 증거의 바다라고 불리어지고 있다. 일반적으로 범죄 후의 흔적들은 그것을 직접 보았던 목격자 등을 통해서 입에서 입을 통해 전달되는 경우가 매우 많다. 이것을 참고로 하여 경찰은 이른바 탐문수사를 실시하여 흔히 수사의 단서를 민중을 통해 얻게 되는 경우가 많다. 경찰은 모든 사건들에 대해 민중으로부터 신고와 밀접한 협조를 얻어야만 그 해당 범죄수사를 완벽하게 해결하는 성공에 도달할 수 있는 것이다. 이 때문에 경찰은 평상시에 시민들로부터 항상 협조를 얻어낼 수 있는 다방면의 노력을 펼쳐 나가야 하는 일에 게을리 해서는 안 된다.10)

제2절 수사의 기본원칙

1. 임의수사의 원칙

경찰이 소속된 수사기관으로부터 정식으로 수사가 시작될 경우에는 수사관이 직접 수사를 받아야 하는 대상자로부터 완전한 동의를 받은 후 수사를 진행하는 것을 바로 임의수사의 원칙이라고 부른다. 이렇게 임의수사 원칙에 따라 수사가 개시되는 것이 가장 이상적인 것이다. 무엇보다 수사대상자의 동의 내지는 승낙을 받는 경우 중의해야 할 것이 있다. 바로 수사관이 그 수사대상자에 대해 절대로 승낙을 강요해서도 안 되고 강요를 해서도 안 된다. 다시 말해 수사관은 당사자나 제3자로부터

---

9) 신현기, 『경찰학개론』 (파주: 법문사, 2015), p.550.
10) 신현기 외 8인, 앞의 책, p.629. 시민들로부터 협력을 얻는 방법은 수사기관의 방침이나 활동을 시민에게 주지시켜 이해를 얻는다. 수사기관에 대한 시민들의 의식구조를 조사해서 개선을 위해 노력한다. 시민들의 권익보호를 통해 신뢰를 얻는 풍토를 조성한다. 수사관 자신의 솔선적인 법규준수 및 건전한 생활태도를 유지한다. 시민들의 조사나 면접시 공손한 언행을 통해 시민에게 좋은 인상을 주는 것 등이다(중앙경찰학교, 앞의 책, p.12).

의심 받을 만한 태도 혹은 방법을 활용하는 것 등은 절대로 금물이다. 이에 반해 강제수사는 조금 다른데, 이는 형사소송법 내에서 규정하고 있는 특별한 경우에 한해서만 예외로 허용되는 것이다. 강제수사는 상대방의 의사에 반하여 직접적으로 강제행위를 통해 진행된다. 강제수사의 방법은 체포나 수색뿐만 아니라 상대방에게 의무를 부과하는 게 일반적이다. 그 방법적인 면에서 볼 때, 소환과 제출명령도 일종에 강제수사에 직접적으로 해당된다.11) 따라서 수사는 어디까지나 인권침해 문제와도 밀접하게 연계되는 만큼 수사관이 수사를 진행할 때, 비록 그것이 임의수사라고 할 경우에도 역시 필요한 범위 내에서만 그쳐서 진행되어야 한다.12)

2. 강제수사법정주의

형사소송법에 특별한 규정이 있는 경우에 한해서만 수사기관의 강제처분이 허용된다. 그리고 이것을 우리는 이른바 강제수사법정주의라고 부르고 있다.

3. 영장주의

수사를 진행하는 경찰은 수사를 진행하면서 구속수사가 필요하다고 판단되는 경우 수사를 지휘하는 담당 검사를 통해 법원의 영장판사로부터 영장을 발부 받을 수 있다. 이렇게 해서 영장을 받게 되면 그 영장을 바탕으로 수사상 강제처분을 합법적으로 행할 수 있다. 하지만 시급한 경우에는 예외규정도 적용된다. 즉 사전에 영장 없이 현행범인체포와 긴급체포 및 영장집행 현장에서 압수나 수색 등을 행할 수 있다는 예외가 인정되고 있다. 그럼에도 불구하고 이 경우도 역시 수사경찰은 사후에 영장을 청구하는 등의 필요조건을 갖추면 된다.

4. 수사비례의 원칙

수사비례의 원칙이란 수사경찰이 수사를 마무리한 후 그것으로부터 얻게 되는 결

---

11) 신현기 외 8인, 앞의 책, p.624; 범죄수사규칙, 제6조 참조; 신현기, 『경찰학개론』 (파주: 법문사, 2015), p.551.
12) 신현기, 『경찰학개론』 (파주: 21세기사, 2008), pp.496~498; 신현기, 『경찰학개론』 (파주: 법문사, 2015), p.551; 이만종, 『경찰수사총론』 (서울: 청록출판사, 2007), p.59..

과(이익)와 피고인이 얻을 수 있는 소위 법익침해 사이에 균형을 잃어버리게 되어서는 안 된다는 원칙을 말한다. 즉 위 양자 간에 큰 차이가 거의 없어야 한다는 원칙을 의미한다. 예를 들어 별로 중요하지 않은 경미한 사건에 대해 수사경찰이 입건한 후 처리하고자 하는 것은 이른바 범죄인지권의 남용이라는 문제를 발생시킬 가능성이 크다는 것이다. 따라서 이것은 분명 수사비례의 원칙에 부합한다고 볼 수 없다.[13]

5. 수사비공개의 원칙

일반적으로 수사경찰이 이미 발생된 어떤 범죄에 대해 수사를 착수하는 경우 그 수사의 개시 및 실행을 사실상 비공개로 진행하고 있다. 이것을 우리는 이른바 수사비공개의 원칙 또는 수사밀행의 원칙이라고 칭한다. 그럼에도 불구하고 사실상 재판이 열릴 경우에는 그 공판절차가 이른바 공개주의를 채택하여 추진하고 있다. 이것은 어떤 범죄와 연계된 피해자와 피의자 및 참고인 등의 순수한 인권을 최대한 보호하기 위해서다. 또 하나 중요한 것은 아직 범인이 검거되지도 않았는데 영장청구사실과 수사진행 사실이 사회에 알려질 경우 피의자는 즉시 잠수하게 될 것이 명확하고 그 결과 검거는 사실 곤란에 처할 가능성이 크기 때문이다. 다른 또 하나는 한국의 형법에는 이른바 피의사실공표죄가 규정되어 있는 관계로 수사경찰이 범죄수사를 진행하면서 그 사건에 대해 인지하게 된 제반 사실을 공판청구 이전에 공표하면 절대로 안 되며 만일 공표할 경우에는 피의사실공표죄에 의해 처벌받을 수 있다.[14]

6. 자기부죄강요금지의 원칙

대한민국 헌법은 자기부죄거부의 권한에 대해 전적으로 보장해 주고 있다. 또한 형사소송법에도 피의자의 진술거부권을 보장하고 있다. 이러한 일련의 원칙은 수사의 기본원칙으로 공식 인정되어 있는 것이다. 역시 피의자에 대한 고문도 절대금지라는 원칙이 바로 이것에 그 뿌리를 두고 있는 것이다.[15]

---

13) 신현기, 『경찰학개론』(파주: 법문사, 2015), p.552.
14) 조철옥, 앞의 책, p. 482; 신현기, 『경찰학개론』(파주: 법문사, 2015), p.552.
15) 신현기, 『경찰학개론』(파주: 법문사, 2015), p.552; 이만종, 『경찰수사총론』(서울: 청록출판사, 2007), p.59.

7. 제출인 환부(還付)의 원칙

경찰 관련 수사기관은 수사상 당연히 필요해서 그에 따라 전격 압수했던 압수물을 피압수자인 제출인에게 바로 돌려주는 이른바 환부를 해주는 것을 원칙으로 하고 있다. 하지만 만일 그 압수한 물품이 타인으로부터 훔쳐냈던 장물일 수도 있는데 이런 경우는 원래 잃어버린 피해자를 보호하기 위해 법적으로 정해진 절차조건에 따라 피해자 환부를 허용하고 있다.[16]

제3절 수사실행의 5원칙

통상적으로 수사실행을 이야기할 때 우리는 다음과 같은 5개의 원칙을 제시한다. 말하자면 첫째, 수사자료 완전수집의 원칙, 둘째, 수사자료 감식과 검토의 원칙, 셋째, 적절한 추리의 원칙, 넷째, 검증적 수사의 원칙, 다섯째, 사실판단증명의 원칙 등이다.[17]

1. 수사자료 완전수집의 원칙

수사자료 완전수집의 원칙은 수사상에서 경찰수사관은 발생한 사건에 대해 수사를 진행하면서 그와 관련된 모든 자료들을 완전하게 수집해야 한다는 원칙을 말한다. 범인은 누구인가 등 그 사건과 관련해 자료가 누락되거나 멸실되는 일이 없도록 자료를 모두 수집하는 일이 중요하다. 이처럼 수사자료를 수집하는 것을 가르켜 기초수사라고 부른다. 무엇보다 범죄사건에 있어 기초수사를 철저히 함으로써 사건을 신속하고 명확하게 해결할 수 있는 것이다.[18]

2. 수사자료 감식과 검토의 원칙

무엇보다 범죄수사를 진행하는데 있어서 기초수사를 통하여 수집된 자료들을 세부

---
16) 조철옥, 앞의 책, p. 483; 신현기, 『경찰학개론』 (파주: 법문사, 2015), p.553.
17) 강용길 외, 앞의 책, p. 158; 신현기, 『경찰학개론』 (파주: 법문사, 2015), p.553.
18) 이만종, 『경찰수사총론』 (서울: 청록출판사, 2007), p.61.

적으로 감식함은 물론 이를 자세하게 검토하는 일은 대단히 중요하다고 본다. 예를 들어 어떤 범죄현장에서 칼이나 망치 같은 살인 흉기가 발견되었다고 해서 그것이 100% 살인행위를 한 증거물이라고 확정하는 것은 절대로 아니라는 점이다.

즉 수사가 완전히 끝나고 그 물증이 확실하게 검증된 경우에만 이를 인정할 수 있는 것이다. 실제로 그 칼이나 망치라는 흉기들이 반드시 그 범행에 사용되었던 것인지 아니면 그 흉기를 사용했던 진범이 누구인지를 수사경찰은 정밀수사를 진행하여 정확하게 검증해 내어야만 비로소 그것이 범죄에 직접적으로 증거자료로서 가치를 인정받을 수 있는 것이다. 무엇보다 수사경찰관의 일반상식이나 과거의 풍부한 경험적 판단에만 의해서는 절대로 안 되며 나아가서 과학적인 감식을 통해 보다 정확하게 검증된 것이어야만 한다.

3. 적절한 추리의 원칙

경찰관은 수사자료를 수집하고 검토한 다음에 이것을 기초로 그 관련 사건에 대해 가상의 추리를 해 볼 수 있을 것이다. 이와 같이 가상의 추리를 통해 수사를 펼치게 되는데 만일 그 추리를 통해 행해진 수사가 그대로 사실로 나타났을 때는 그대로 사실로 입증되는 것이다.[19]

4. 검증적 수사의 원칙

검증적 수사의 원칙은 수사경찰관들이 범죄를 면밀히 수사하는 데 있어서 다방면에서 추측을 하는 것이 일반적이다. 하지만 여기서 과연 그 어떤 추측이 가장 올바르고 정당한 것인지에 관해 그 시시비비를 정확하게 가려내는 일은 상당히 중요한 일이다. 이와 같은 여러 다방면의 추측들을 여러 가지 차원에서 적극적으로 검토하는 일이 중요하다는 것을 의미한다.[20]

---

19) 이만종, 『경찰수사총론』 (서울: 청록출판사, 2007), pp.63-64.
20) 신현기, 『경찰학개론』 (파주: 법문사, 2015), p.553.

5. 사실판단증명의 원칙

사실판단증명의 원칙은 경찰수사관이 합법적 차원에서 과학적 바탕에 토대를 두고 수사활동을 통해서 획득한 확신력이 있는 심증(판단)을 검찰청의 담당 검사에게 송치하게 되는 것을 말한다. 물론 이것이 바로 정식 공판정에서 이른바 재판심리를 받게 되는 것이다. 특히 이러한 경우에 재판정에 정식으로 제시된 그 해당 심증이 경찰수사관 뿐만 아니라 또 다른 사람을 통해서도 그 진실이 객관적으로 검증되어야만 한다는 것이 곧 이른바 사실판단증명의 원칙이라고 볼 수 있다.[21]

---

21) 신현기, 『경찰학개론』(파주: 법문사, 2015), p.554.

제3장　수사기관

제1절 수사기관의 의의

수사기관이란 법률상 범죄수사를 할 수 있는 권한이 인정되어 있는 국가기관을 말한다. 현행법상으로는 검사와 사법경찰관리가 있다. 오늘날 모든 국가들은 어느 나라를 막론하고 전국적 수사망을 갖는 수사조직 유지하고 있다. 왜냐하면 범죄가 발생한 경우 범죄수사를 즉각적으로 수행해야 하는데 이 경우 신속한 기동성이 필요하기 때문이다.[22]

제2절 수사기관의 종류

한국의 수사기관은 형사소송법상의 검사(일부 범죄 수사)와 일반사법경찰관(모든 범죄 수사) 및 사법경찰관리로 이루어져 있다. 하지만 사법경찰 종류에는 크게 2가지로 나누어진다. 그 중에 하나는 일반사법경찰관(리)이고 또 하나는 바로 특별사법경찰관(리)가 존재한다. 또한 고위공직자범죄수사처법에 따른 고위공직자범죄수사처가 있다.

1. 검사

형사소송법상 검사는 기소권을 행사하는 관청인 동시에 수사기관이며 개개의 검사가 고유의 권한에 따라 권한을 행사하는 독임제 관청이다. 또한 공익의 대표자로서의 지위에서 검사의 직무범위는 일부 범죄 수사우선권, 경찰수사에 대한 보완수사권과 수사통제권, 범죄수사에 관한 특별사법경찰관리의 지휘, 공소제기와 그 유지 및 법원에 대한 법령의 정당한 적용의 청구, 재판집행의 지휘 및 감독, 국가를 당사자로 하는 소송의 수행 및 수행에 관한 지휘 감독 등 법률에 따라 검사는 첫째, 수사,

---

[22] 신현기, 『경찰학개론』 (파주: 법문사, 2015), p.555; 이만종, 『경찰수사총론』 (서울: 청록출판사, 2007), p.82.

둘째, 공소, 셋째, 재판, 넷째, 형집행이라고 하는 4단계 체계로 구축되어 있는 형사절차에서 수사 및 독점권을 행사하고 있다.[23]

무엇보다 검찰청은 법무부의 외청으로 이루어져 있다. 검찰청은 각급 법원에 대응해서 전국에 설치되어 있다.[24] 서울 서초동에 대검찰청, 6개의 고등검찰청, 18개 지방검찰청, 40개의 지청으로 구성되어 있다. 2019년 3월 개원한 수원고등법원, 고등검찰청은 각각 수원 영통구 하동 990번지·991번지에 건립되었다. 수원고등법원은 연면적 8만 9411.06㎡에 지하 3층, 지상 19층 규모이고, 수원고등검찰청은 연면적 6만 8231.97㎡에 지하 2층, 지상 20층 규모로 지어졌다. 수원고등법원은 서울·부산·대전·대구·광주고등법원에 이어 우리나라 6번째 고등법원이다. 수원시는 고등법원 설립으로 광역시급 위상을 갖추게 됐다.[25]

범죄수사와 밀접한 조직부서는 검찰총장 하의 중앙수사부와 범죄정보기획관, 과학수사기획관이 있으며 각 지방검찰청과 지청에 특별수사부, 형사부, 마약 및 조직범죄수사부 등이 설치되어 있다.[26]

개정 형사소송법에 의하면 검사는 기소권을 갖지만 직접 수사권은 대통령령으로 정하는 부패범죄나 선거범죄 등에 국한된다. 검사의 일반적 수사지휘권이 폐지되어 검사는 경찰 수사에 대해 보완 수사나 시정조치 요구권만 갖게 된다.

법률 개정에 따라 검사가 직접수사권을 갖는 사건의 범위는 부패범죄, 경제범죄, 공직자범죄, 선거범죄, 방위사업범죄, 대형참사 등 대통령령으로 정하는 중요범죄, 경찰공무원이 범한 범죄, 사법경찰관이 송치한 범죄와 관련하여 인지한 각 해당 범죄와 직접 관련성이 있는 범죄에 국한된다(검찰청법 4조 1항).

---

[23] 이만종, 『경찰수사총론』(서울: 청록출판사, 2007), p.82.
[24] 오늘날과 같은 지방검찰청이 설치된 것은 1948년 8월이며, 2018년 10월 현재 서울중앙·동부·남부·북부·서부, 의정부, 인천, 수원, 춘천, 대전, 청주, 대구, 부산, 울산, 창원, 광주, 전주, 제주 등 18개의 지방검찰청과 그 산하에 40개의 지청이 설치되어 있다(https://100.daum.net/encyclopedia/view/14XXE0054192).
[25] https://100.daum.net/encyclopedia/view/14XXE0054192.
[26] 박노섭·이동희, 『수사론』(서울: 경찰공제회, 2009), p. 92.

개정 이전의 검사의 '범죄 수사에 관한 사법경찰관리 지휘·감독'(구법 4조 1항 2호)은 '특별 사법경찰관리의 지휘·감독'(개정법 4조 1항 2호)으로 축소 변경되었다.

또한 검사작성 피의자신문조서의 전문예외요건으로 검사작성 피의자신문조서는 적법한 절차와 방식에 따라 작성된 것으로 공판준비, 공판기일에 피의자였던 피고인이나 변호인이 그 내용을 인정한 때에 한하여만 증거로 삼을 수 있고(개정법 312조 1항) 피고인이 성립의 진정을 부인하는 경우에도 피의자신문조서의 증거능력을 인정할 수 있는 영상녹화물 관련 조항(구법 312조 2항)은 삭제되었다. 검사가 작성한 조서의 증거능력을 경찰이 작성한 조서와 같은 수준(312조 4항)으로 낮춘 것이다. 그러나 검사작성 피의자신문조서의 증거능력을 수정하는 내용(개정법 312조 1항)은 공포 후 4년 안에 시행하되, 대통령령으로 구체적인 시행시기를 정하도록 하고 있다.

2. 사법경찰관리

위에서 언급했듯이 사법경찰관(리)의 종류에는 두 가지가 있는데 바로 범죄수사를 담당하는 대표적인 수사기관인 동시에 모든 범죄의 수사 개시권, 수사 진행권, 수사 종결권(2021. 1. 1.)을 갖는 일반사법경찰관(리)와 검사를 보조하여 수사의 직무를 행하는 특별사법경찰관(리)가 바로 그것이다. [27]

형사소송법 개정안과 검찰청법 개정안의 주요 내용은 첫째, 경찰에 대한 검사의 수사지휘권을 폐지하고, 경찰에게 1차 수사권과 제한된 범위에서 수사 종결권을 주는 것이고, 둘째, 검사의 직접수사 범위를 제한하는 검찰청법의 개정이다. 기존의 체제에서 검사의 수사권 일부를 제한하는 대신 경찰의 수사 범위를 넓힌 것이다. 앞으로 검사의 직접수사 대상이 아닌 사건은 1차적 수사 종결권을 갖는 경찰이 혐의를 인정한 사건만 검찰청에 송치하게 된다.

또 하나 중요한 사항은 검사작성 피의자신문조서의 전문예외요건을 규정한 312조 1항의 개정과 2항의 삭제이다. 이 부분이 시행되면 검사작성 피의자신문조서는 사법

---

27) 이만종, 『경찰수사총론』 (서울: 청록출판사, 2007), p.83.

경찰관 작성 피의자신문조서와 다른 점이 없게 된다.

(1) 일반사법경찰관(리)

일반사법경찰관(리) 경우는 법적으로 사항적·지역적으로 그 어떠한 제한도 받지 않으며 전국적 단위에서 수사 직무를 행할 수 있도록 보장되어 있다. 사법경찰관으로는 수사관, 경무관, 총경, 경정, 경감, 경위 계급이 있다. 그리고 사법경찰리에는 경사, 경장, 순경이 위치하고 있다.[28] 하지만 경찰공무원법 부칙 제6조에 따라서 경찰청과 해양경찰청에 근무하는 경무관의 경우는 형사소송법 196조의 적용을 받지 않는다고 되어 있다. 하지만 사법경찰리 경우는 사법경찰관의 지휘를 받아 범죄수사를 보조하는 역할을 수행하고 있다.

형사소송법 제197조 1항은 사법경찰관은 범죄 혐의가 있다고 인식하는 때에는 수사에 착수하고, 검사는 송치사건의 기소 여부 결정이나 공소 유지, 사법경찰관이 신청한 영장청구 여부 결정 등을 위해 필요한 경우 경찰에 보완 수사를 요구할 수 있다(197조의2 1항). 사법경찰관은 '정당한 이유가 없는 한 지체 없이' 검사의 보완 수사 요구를 이행하여야 한다(197조의2 2항). 사법경찰관이 정당한 이유 없이 검사의 보완 수사 요구에 따르지 않으면 검찰총장이나 각급 검찰청 검사장이 경찰청장을 비롯한 징계권자에게 해당 경찰에 대한 직무배제나 징계를 요구할 수 있다(197조의2 3항).

(2) 특별사법경찰관(리)

형사소송법 제245조의10에 의하면 특별사법경찰관리의 직무를 행할 자는 삼림, 해사, 전매, 세무, 군수사기관, 그 밖에 특별한 사항에 관하여 사법경찰관리의 직무를 행할 특별사법경찰관리와 그 직무의 범위는 법률로 정한다. 또한 특별사법경찰관은 모든 수사에 관하여 검사의 지휘를 받는다. 특별사법경찰관리에 속하는 자는 다음과 같다.

---

[28] 검찰의 경우도 대략 4,600여명(경찰수사인력의 1/3) 이상의 수사인력을 보유하고 스스로 수사를 행하고 있다.

즉 법률상 당연히 사법경찰관리의 권한이 있는 사람들은 교도소장, 소년교도소장, 구치소장, 보호감호소장, 치료감호소장, 출입국관리공무원, 근로감독관, 선장과 해원, 국가정보원 직원, 제주도 자치경찰공무원 등이다. 이 밖에도 교도소, 소년교도소, 구치소, 보호감호소, 치료감호소 등의 직원, 산림보호, 문화재 보호, 의약품 단속, 관세범 단속, 어업감독, 환경단속, 공중위생 단속, 저작권 침해 단속, 도로시설 관리, 하천감시, 개발제한구역 단속, 검사장의 지명에 의해 사법경찰관리로서의 권한이 인정되는 자가 존재하는데, 그것을 직무분야별로 살펴보면 약 40개 분야나 된다. 꽤 많은 편이다.[29]

3. 고위공직자범죄수사처(공수처)

2020년 2월 4일 공포된 '고위공직자범죄수사처의 설치 및 운영에 관한 법률'(이하 '공수처법'으로 약칭함)은 2020. 7. 15.부터 시행되었다(공수처법 부칙 1조).

(1) 공수처 수사의 대상

공수처는 국가인권위원회처럼 별도 독립기구의 지위를 가지며 고위공직자와 그 가족의 범죄행위에 대한 수사를 맡게 된다. 공수처는 기본적으로 전·현직 고위공직자가 재직 중 저지른 직무상 범죄 등을 수사하게 되고, 범죄 수사 과정에서 인지한 범죄도 해당 고위공직자와 직접 관련성이 있다면 공수처가 수사할 수 있다(2조). 이 법을 제안한 입법자의 문제의식은 종래의 검사가 선택적 수사, 선택적 기소를 하여 기소독점권을 남용할 위험이 있으므로 검사를 견제할 기구가 필요하다는 데 있다.

수사대상인 고위공직자에는 대통령을 비롯해 국회의원과 국무총리, 판·검사, 경무관급 이상 경찰 등으로 그 대상을 모두 합치면 7000여 명이 넘는다. 이 가운데 5,000명가량이 판·검사 등 법조인이다. 고위공직자의 가족에는 배우자와 직계의 존속·비속이 포함되며, 대통령은 배우자와 4촌 이내의 친족까지 포함된다(2조).

---

29) 신현기, 『경찰학개론』 (파주: 법문사, 2015), p.557 참조.

(2) 공수처의 권한과 기소독점주의 예외

원칙적으로 공수처는 기소권을 제외한 수사권과 영장청구권, 검사의 불기소처분에 대한 재정신청권(30조)을 갖는다. 예외적으로 판·검사나 경무관급 이상의 경찰이 기소 대상에 포함된 경우에는 공수처가 기소권까지 행사한다(3조 1항 2호). 검사의 기소권 독점의 예외를 인정한 것이다. 공수처가 불기소 결정을 한 경우에는 수사과정에서 알게 된 관련 범죄 사건을 대검찰청에 이첩하여야 한다(27조).

(3) 공수처가 수사 및 기소한 사건의 관할

공수처가 수사한 사건의 기소는 서울중앙지검이 맡게 되고(26조), 공수처가 기소한 사건은 서울중앙지법이 재판한다(31조).

(4) 공수처와 검찰청의 상호 견제

공수처 소속 검사의 범죄 혐의는 검찰청이 수사한다(25조).

(5) 중복수사의 방지

검사나 경찰 등 다른 기관의 범죄 수사가 공수처의 수사와 중복되는 경우 공수처에서 수사하는 것이 적절하다고 판단되면 수사처장은 사건 이첩을 요청할 수 있으며, 해당 기관은 이에 따라야 한다. 반대로 다른 수사기관이 고위공직자 범죄 수사를 하는 것이 적절하다고 판단되는 경우에 공수처는 사건을 이첩할 수 있다(24조).

(6) 공수처의 조직

공수처는 처장 1명과 차장 1명을 포함한 25명 이내의 검사와 40명 이내의 수사관으로 구성된다. 처장은 차관급 보수와 대우를 받는다. 국회 입법 과정에서 논란이 됐던 공수처장 임명 절차는 국회에 설치된 추천위원회가 15년 이상 법조경력을 가진 사람 2명을 후보로 추천하면 대통령이 1명을 지명한 뒤 국회 인사청문회를 거쳐 대통령이 임명한다. 추천위원회는 법무부 장관과 법원행정처장, 대한변호사협회장, 여당 추천 인사 2명, 야당 추천 인사 2명 등 7명으로 구성하고, 위원 6명의 찬성이 있어야 의결할 수 있다. 차장은 10년 이상의 법조경력자 중 처장의 제청에 따라 대통령이 임명한다(7조).

공수처 검사는 10년 이상의 법조 경력자 가운데 재판이나 수사, '공수처 규칙으로 정하는 조사업무' 실무를 5년 이상 수행한 사람을 인사위원회가 추천하면 대통령이 임명한다(8조). 공수처와 검찰청 간의 인사교류를 막기 위해 현직 검사 출신은 공수처 검사 정원의 절반을 넘지 못하고(8조 1항), 검사 퇴직 후 3년이 지나지 않으면 처장이 될 수 없으며, 차장 역시 검사 퇴직 후 1년이 지나야 임용할 수 있다(13조 2항). 공수처 수사관의 자격요건은 변호사 자격 보유자, 7급 이상 공무원 중 조사·수사업무 종사자, 5년 이상 공수처 규칙으로 정하는 조사업무 종사자 등이다(10조).

공수처 검사의 임용과 전보 등 인사 관련 사항을 심의·의결하는 인사위원회는 처장이 위원장이 되고 차장과 일반인 외부 위원 1명, 여당 추천 인사 2명, 야당 추천 인사 2명 등 7명으로 구성된다(9조).

(7) 공직 임용 제한 등

공수처 처장과 차장, 공수처 검사는 퇴직 후 2년이 지나지 않으면 검사로 임용될 수 없다. 특히 처장과 차장은 퇴직 후 2년간 대통령 지명 몫의 헌법재판관이나 검찰총장, 국무총리, 중앙행정기관과 대통령 비서실·경호처, 국가안보실, 국정원의 정무직공무원으로 임용될 수 없다. 공수처 검사 역시 퇴직 후 1년이 지나지 않으면 대통령 비서실 임용이 제한된다(16조). 대통령의 영향력을 차단하려는 조치이다. 공수처의 독립성을 보장하기 위해 대통령과 청와대는 공수처 사무 관련 업무보고나 자료제출 요구·지시, 의견제시, 협의 등을 일체 할 수 없다(3조 3항).

< 고위공직자범죄수사처 설치에 따른 국가 권력기관 현황 >

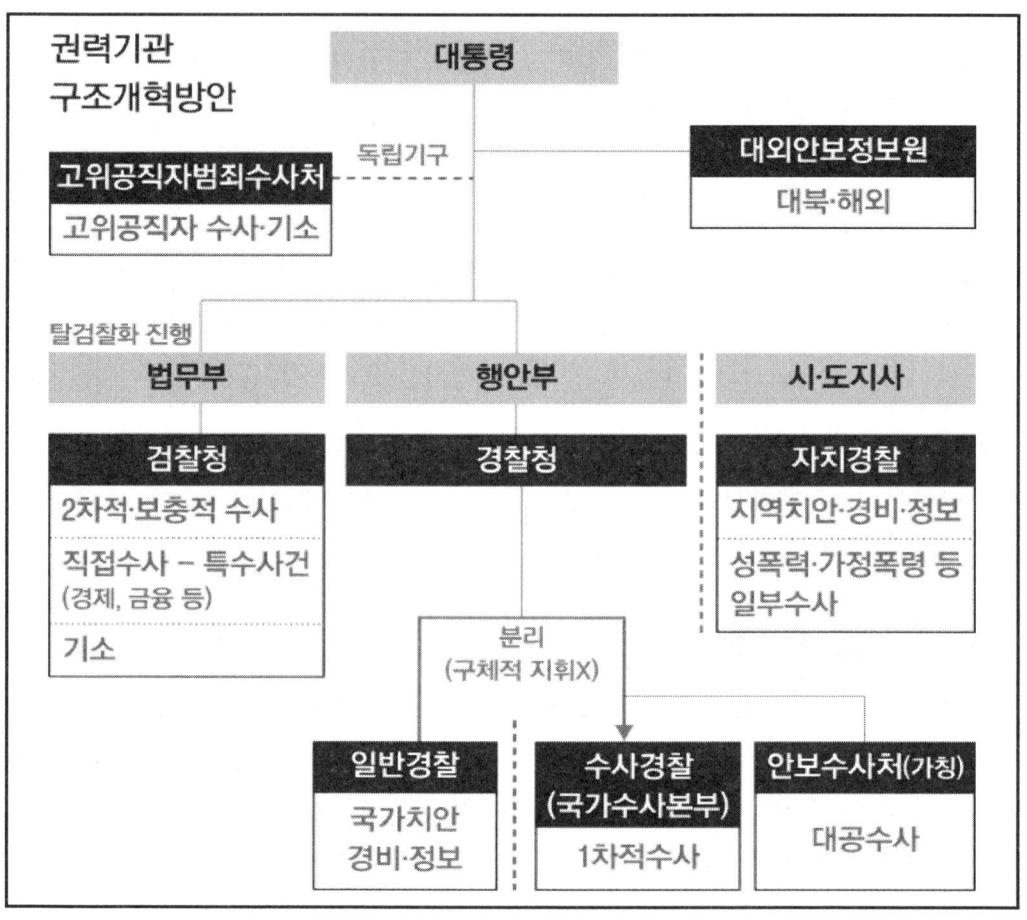

※ 출처: 경향신문. 2018.01.14.

< 공수처법 제2조 내용 요약 >

용어		용어의 정의
고위공직자 (제1호)	정부	대통령
		국무총리와 국무총리비서실 소속 정무직공무원
		「공공감사에 관한 법률」 제2조 제2호 '중앙행정기관' 정무직공무원
		대통령비서실·국가안보실·대통령경호처·국가정보원 소속 3급 이상 공무원
		검찰총장 및 검사 / 경무관 이상 경찰공무원 / 장성급 장교
		감사원·국세청·공정거래위원회·금융위원회 소속 3급 이상 공무원
	국회	국회의장 및 국회의원
		국회사무처, 국회도서관, 국회예산정책처, 국회입법조사처의 정무직공무원
	법원·헌법재판소	대법원장 및 대법관 / 헌법재판소장 및 헌법재판관 / 판사
		대법원장비서실, 사법정책연구원, 법원공무원교육원, 헌법재판소사무처의 정무직공무원
	선관위	중앙선거관리위원회의 정무직공무원
	지자체	특별시장·광역시장·특별자치시장·도지사·특별자치도지사 및 교육감
	기타	금융감독원 원장, 부원장, 감사
가족(제2호)		배우자, 직계존비속(대통령의 경우 배우자와 4촌 이내 친족)
고위공직자 범죄 (제3호)	형법	제122조~제133조(직무유기, 직권남용, 뇌물수수 등) ※ 특가법 등으로 가중처벌되는 경우를 포함
	직무와 관련되는 형법	제141조(공용서류 등의 무효, 공용물 파괴),
		제225조, 제227조, 제227조의2, 제229조(공문서위조 및 동행사) ※ 위조공문서 행사죄는 제225조, 제227조 및 제227조의2에 한정
		제355조~제357조(횡령·배임·배임수재) 및 제359조(미수범) ※ 특경법 등으로 가중처벌되는 경우를 포함
	특가법	제3조(알선수재)
	변호사법	제111조(공무원 취급 사건·사무 관련 수재)
	정치자금법	제45조(정치자금 부정수수죄)
	국정원법	제18조(정치 관여죄), 제19조(직권남용죄)
	국회증언감정법	제14조 제1항(위증 등의 죄)
관련범죄(제4호)		고위공직자와 형법 제30조~제32조(공동정범, 교사범, 방조범)의 관계 있는 자가 범한 제3호 각 목의 어느 하나에 해당하는 죄
		고위공직자를 상대로 한 자의 형법 제133조(뇌물공여), 제357조 제2항(배임증재)
		고위공직자범죄와 관련된, 형법 제151조 제1항(범인도피), 제152조(위증, 모해위증), 제154조~제156조(허위감정 및 통·번역, 증거인멸) 국회에서의 증언·감정 등에 관한 법률 제14조 제1항(위증 등의 죄)
		고위공직자범죄 수사 과정에서 인지한 그 고위공직자범죄와 직접 관련성이 있는 죄로서 해당 고위공직자가 범한 죄
고위공직자범죄등 (제5호)		고위공직자범죄(제3호) + 관련범죄(제4호)

출처: 수사실무지침, 국가수사본부, 2021. 4. 1.

< 고위공직자범죄등 인지통보서 >

제 호
수 신 : 고위공직자범죄수사처
제 목 : 고위공직자범죄등 인지통보서

아래 사람에 대하여 다음과 같이 고위공직자범죄등을 인지하였으므로 고위공직자범죄수사처 설치 및 운영에 관한 법률 제24조제2항에 따라 통보합니다.

피의자	성 명	홍길동	주민등록번호	000000-0000000
	주 거	○○시 ○○로 3, 000동 0000호(△△동, 율도아파트)		
	소 속	○○○○부 ○○국		
	직위(직급)	국장(1급)		
죄 명		형법 제129조(수뢰)		

인지 경위

㈜대도의 △△시 □□□□사업 관련 뇌물공여, 횡령 등 혐의 관련 첩보사건을 수사하던 중, 홍길동의 5,000만원 뇌물수수 혐의를 추가 인지하여 0000. 00. 00. 홍길동의 신체, 주거에 대한 압수수색을 실시하였음

범죄 사실

피의자 홍길동은 2018. 5. 1. 자신의 집무실에서 ㈜대도 대표인 임꺽정으로부터 200억 규모의 △△시 □□□□사업 사업체로 선정되는데 도움을 달라는 부탁을 받고, 그 대가로 현금 5,000만원을 수수한 혐의임

비고
작성: 정수사관
결재: 수사부서장

○○○○경찰서

사법경찰관 경정   허 균

출처: 수사실무지침, 국가수사본부, 2021. 4. 1.

4. 수사기관 상호간의 관계

(1) 검사 상호 관계

검찰 사무에 관한 지휘·감독, 직무의 위임·이전 및 승계, 직무집행의 상호 원조

(2) 검사와 사법경찰관리와의 상호 관계

그 동안 검사와 경찰은 수직관계, 상명하복관계, 수사지휘, 지휘감독, 상하관계였으나 형사소송법 제195조 제1항의 개정으로 검사의 사법경찰관리의 수사지휘가 폐지되어 대등 관계, 상호협력관계, 수평적관계가 된 사안으로 가장 획기적 내용이다.

하지만 검사와 특별사법경찰관리는 상명하복관계이다.

경찰은 독자적 수사의 개시와 수사의 진행 수사의 종결권을 가지게 되었으며 이는 경찰에게 수사의 전문성과 책임성이 부여된 반면 검사는 원칙적으로 수사개시권이 없으며, 특정 범죄에 대한 1차적 수사권을 갖게 되고 경찰의 송치사건에 대한 기소여부와 공소유지에 집중하게 됨으로써 공정성과 객관성이 도모하게 되었다.

< 검사와 경찰의 상호관계 >

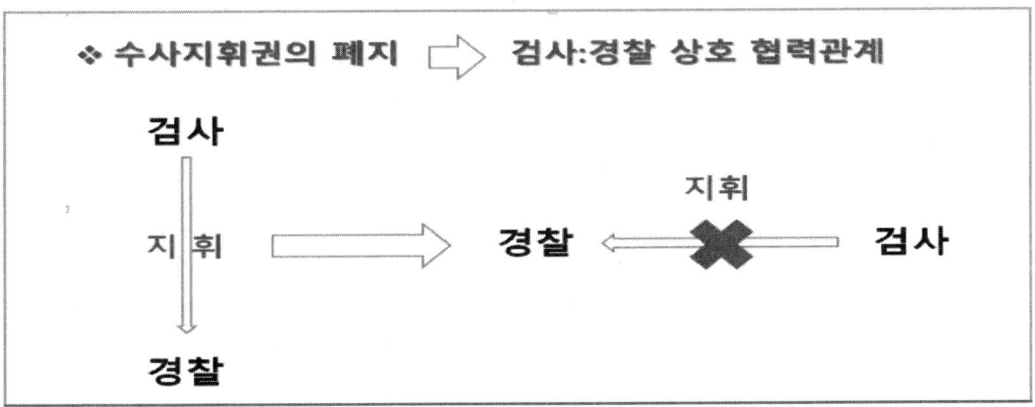

(3) 사법경찰관리 상호간의 관계

법률에 따라서 우리나라 일반사법경찰관(리)는 국내에서 발생하는 모든 범죄에 관해 수사를 행하는 것이 가능하다. 그러나 특별사법경찰관(리)는 수사대상이 일정 한도는 한정되어 있다. 이에 반해 일반사법경찰관(리)는 역시 특별사법경찰관(리)의 직무범위에 해당하는 행정범죄에 대해서도 수사를 행하는 것이 가능하도록 규정되어 있다.[30]

---

[30] 신현기, 『경찰학개론』 (파주: 법문사, 2015), p.558; 이만종, 『경찰수사총론』 (서울: 청록출판사, 2007), p.84.

제4장 수사경찰

제1절 수사경찰의 의의

 수사경찰은 형사상의 범죄사건이 발생한 다음 일련의 수사활동을 통해서 진실을 정확하게 밝혀내고 범죄를 일으킨 범인을 체포 및 검거해서 해당 범죄사실을 조사하며 증거를 발견, 수집, 보전하는 등 수사기관 내에서 활동을 펼치는 경찰을 말한다. 이처럼 수사경찰은 사후 진압적 활동인 동시에 일련의 사법경찰작용에 해당한다.[31]

1. 수사의 목적

 수사의 목적이란 무엇인가. 첫째, 피의사건의 진상을 정확하게 파악하는 것을 의미한다. 둘째, 범죄에 대한 수사가 종결된 후 기소여부를 최종적으로 결정하는 일련의 활동이다. 셋째, 재판으로 넘어간 후 공소의 제기와 유지에 목적이 있다. 넷째, 범죄를 발생시킨 자에 대해 유죄판결을 받게 하는 데 목적이 있다. 다섯째, 형사소송법의 목적 실현에 수사의 목적이 있다.[32]

2. 범죄수사의 단계

 통상적으로 범죄가 발생하게 되면 경찰은 즉사 다음의 활동을 진행한다. 즉 내사하고 입건한 후 실행을 하고 송치한 다음에 송치 후 수사를 진행한다.[33]

(1) 수사의 前단계(내사)

 내사란 무엇인가. 내사는 수사 이전의 단계이다. 예를 들어 신문 등에 나온 출판물

---

31) 허경미, 앞의 책, p. 368; 신현기, 『경찰학개론』 (파주: 법문사, 2015), p.547; 이만종, 『경찰수사총론』 (서울: 청록출판사, 2007), p.21.
32) 신현기, 『경찰학개론』 (파주: 법문사, 2015), p.547; 이만종, 『경찰수사총론』 (서울: 청록출판사, 2007), p.26.
33) 신현기·남재성, 『새경찰학개론』 (서울: 우공출판사, 2013), p. 420; 신현기, 『경찰학개론』 (파주: 법문사, 2015), p.547.

의 기사, 누군가로부터 익명의 신고, 사회에 떠도는 소문 등에 범죄혐의에 대해 그 유무를 조사할 만 한 어떤 가치가 있다고 판단되는 일련의 내용이 있을 경우, 그 진실을 정확하게 밝혀서 최종적으로 입건을 할 것인지 말 것인지를 판단하게 된다. 다시 말해 추후 수사를 개시할 것인지 아닌지에 대해 조사를 진행하는 단계를 의미한다.

이렇게 해서 실무상 조사결과 후 어떠한 범죄혐의가 있는 것이 발견되고 입건할 필요가 있을 경우에는 범죄인지보고서를 작성한다. 이렇게 인지한 후(사법경찰관리 집무규칙 제20조 제1항) 정식으로 수사를 실에 옮긴다. 이렇게 조사한 후 범죄혐의가 없고 입건할 필요도 없는 경우에는 내사를 종결한다(동조 제2항).

(2) 수사의 개시(입건)

입건은 수사기관이 자기 스스로 일련의 사건을 인지한 다음에 수사를 개시하게 되는 것을 의미한다. 사실상 입건은 내사를 통해서 범죄의 인지나 고소 혹은 고발의 접수를 비롯해 자수와 자복 그리고 변사체검시 및 검사의 수사지휘를 통해서 시작되는 것이 일반적이다. 결국 입건은 수사기관 내에 항상 비치되어 있는 사건접수용지에 필요 사항을 기재한 후 사건번호를 정상적으로 부여받은 단계를 말한다.

수사기관이 자기 스스로 사건을 인지한 다음 수사를 즉시 개시하는 것을 입건이라 말한다. 왜 입건을 하는가. 즉 입건의 원인은 다음과 같이 내사를 통해 해당 범죄의 인지나 고소·고발의 접수, 자수, 자복, 변사체 검시, 검사의 수사지휘를 비롯해 다른 사법경찰업무를 취급하는 관서로부터 이송사건의 수리 따위가 있다.[34]

그리고 실무상으로 입건은 수사기관에 항상 비치되어 있는 사건접수부에 해당 사건을 기재한 다음 사건번호를 정식으로 부여하는 단계를 말한다. 그리고 입건 후에는 혐의자가 피의자의 신분이 되기도 한다. 무엇보다 사건을 인지한 후 수사를 착수한 때에는 이른바 범죄인지보고서를 작성해야 한다. 그리고 해당 사건에 대해 그

---

34) 신현기, 『경찰학개론』 (파주: 법문사, 2015), p.549.

사건번호를 부여받아야 하는 것이 일반적이다(사법경찰관리집무규칙 제21조 제1항).

(3) 수사의 실행

일반적으로 사법경찰관은 형사소송법과 사법경찰관리집무규칙 및 범죄수사규칙 등을 비롯해 관계법령을 잘 준수하는 동시에 그 범위 내에서 수사를 실행에 옮겨야 한다. 무엇보다 수사를 실행하기 전에 현장에서 수집된 관련 자료를 심층 검토한 후 사건에 대한 수사를 어떤 방법과 방향으로 펼쳐 나가야할 것인가를 최종적으로 결정해야만 한다. 우리는 이것을 소위 수사방침의 수립이라고 말한다. 예를 들어 수사방침이 제대로 정해지지 않는다면 그 사건을 일으킨 범인을 검거하는 것은 사실상 어렵게 될 가능성이 커진다. 사실 범인이 검거된다고 할지라도 수많은 시간과 노력이 낭비되는 상황이 발생할 수 있다.

(4) 사건송치

일반사법경찰관은 일련의 사건에 대해 진상을 파악하고 적용할 법령이나 처리의견을 제시할 수 있을 만큼 정리가 되면 해당 사건을 마침내 검찰에 송치하게 된다. 이러한 절차에 따라 경찰의 수사행위는 마무리 및 종결되는 것이다.

(5) 송치후의 수사

수사를 마친 후 경찰이 검찰에 사건을 송치한 후 피의자의 여죄가 추가로 발견이 될 경우 또는 검사의 공소제기라든가 그 유지를 위한 보강수사 지시가 내려질 경우에는 이에 부응하여 추가로 수사활동을 전개하게 된다.

제2절 수사경찰의 조직

1. 국가수사본부(경찰청)

경찰청과 그 소속기관 등 직제 제12조 및 경찰청과 그 소속기관 등 직제 시행규칙 제9조에 근거를 두고 있다. 2021. 1. 1. 국가수사본부가 설치되기 이전의 경찰의 수사조직은 경찰청에 수사국을 두는데 국장은 치안감 또는 경무관으로 보하였으며 수사국장 소속하에 4개과(수사기획과, 형사과, 수사과, 중대범죄수사과, 범죄정보과)로 조직되어 있었다.35)

또한, 사이버안전국은 국장을 치안감 또는 경무관으로 보하며 사이버 안전국장 소속하에 2개과 1센터(사이버안전과, 사이버수사과, 디지털포렌식센터)로 조직되었었으며, 외사국은 국장을 치안감 또는 경무관으로 보하고 외사국장 소속하에 4개과(외사기획과, 외사정보과, 외사수사과, 국제협력과)로 조직되어 있었다.36)

그러나 2021. 1. 1.부터 경찰의 수사조직은 경찰청 내에 설치된 국가수사본부의 국가수사본부장을 비롯한 2관(수사기획조정관 및 과학수사관리관), 4국(수사국, 형사국, 사이버수사국, 안보수사국)이 있으며 수사인권과 등 18과 1센터인 디지털포렌식센터, 각 계.팀으로 조직되어 있다.

구성원의 직급은 국가수사본부장 치안정감 1명, 국장급 치안감 5명, 관리관 경무관 1명, 과장급 총경 19명 및 다수의 경정이하 경찰공무원으로 구성되어 있으며

국가수사본부장 소속하에 각 관.국을 두는데 관.국장을 치안감 또는 경무관으로 보하며 세부적으로 살펴보면 수사기획조정관(치안감) 소속에 수사인권과, 수사운영지원과, 수사심사정책과의 3개의 과로 조직되어 있으며,

(1) 과학수사관리관

과학수사관리관(경무관) 소속에 과학수사과, 범죄분석과의 2개의 과로 조직되어 있다.

---

35) https://www.police.go.kr/www/agency/orginfo/orginfo01.jsp(검색일: 2020. 3. 21).
36) https://www.police.go.kr/index.do(검색일: 2020. 4. 3).

(2) 수사국

수사국장(치안감) 소속에는 경제범죄과, 반부패공공범죄과, 중대범죄과, 범죄정보수사과의 4개의 과로 조직되어 있다.

(3) 형사국

형사국장(치안감) 소속에는 강력범죄과, 마약조직범죄과, 여성청소년범죄 수사과의 3개의 과로 조직되어 있다.

(4) 사이버수사국

사이버수사국장(치안감) 소속에는 사이버수사기획과, 사이버범죄수사과, 디지털포렌식센터의 2개의 과와 1센터로 조직되어 있다.

(5) 안보수사국

안보수사국장(치안감) 소속에는 안보기획관리과, 안보수사지휘과, 안보범죄분석과, 안보과의 4개의 과로 조직되어 있다.

(6) 국가수사본부장

경찰의 수사에 관하여 수사부서 소속 공무원을 지휘 감독하는 국가수사본부장에 대하여 살펴보면 소속은 경찰청에 두며 직급은 치안정감, 주요임무로 형사소송법에 따른 경찰의 수사에 관하여 각 시도경찰청장과 경찰서장 및 수사부서 소속공무원을 지휘, 감독한다.

국가수사본부장의 임기는 2년이며 중임할 수 없다. 또한 직무 집행 중 헌법이나 법률을 위배하였을 때 국회의 탄핵 소추 대상으로 경찰청 외부를 대상으로 모집하여 임용 필요 시 자격을 갖춘 사람 임용하여야 한다.

< 경찰청 조직 개편안 >

출처: 행정안전부, NEWSIS, 2020.12.29.

　경찰의 수사조직은 경찰청에 경찰수사를 총괄 지휘하는 국가수사본부와 18개 각 시도경찰청 및 255개 경찰서의 수사부서, 행정안전부 소속의 국립과학수사연구원은 서울의 본원, 부산의 남부분원, 장성의 서부분원, 대전의 중부분원, 원주의 동부분원으로 분포 운영되고 있다.

2. 시·도 경찰청

　2019년 세종특별자치시에 시.도 경찰청이 18번째로 개청되었다. 그리고 우리나라 18개 시.도 경찰청에 수사부서가 설치 운영되고 있다. 서울경찰청에는 경무관 계급으로 수사부장이 임명되어 수사를 지휘하고 있다. 그 하부에는 수사과와 형사과, 사이버안전과가 설치 운영 중이며 과장은 총경이 맡고 있다. 수사과에는 수사1계, 수사2계, 수사3계가 있고 형사과에는 강력계, 폭력계, 과학수사계, 광역수사대, 마약수사대가 등이 있다. 부산경찰청과 경기남부경찰청의 경우도 수사과와 형사과가 설치 운영 중이다. 수사과 밑에는 수사1계와 수사2계 및 사이버수사대가 있다. 그러나 그 밖에 시.도 경찰청에는 수사과가 설치되어 운영되고 있다. 그 하부에는 수사1계와 2계, 강력계, 폭력계(대구), 마약수사대, 과학수사대, 광역수사대 및 사이버수사대(반) 등이 설치 기능하고 있다.[37]

아울러 서울경찰청에는 경무관 계급의 보안부장, 총경의 외사과장 하부에 국제범죄수사대(1대~5대)를 설치 운영하고 있으며, 경기남부경찰청은 국제범죄수사1대~4대, 인천경찰청은 국제범죄수사1대~2대, 이외 부산경찰청 등 14개 시.도 경찰청에서도 국제범제수사대를 설치 운영하며, 불법 입.출국 사범, 해외성매매, 외국인 마약사범, 산업기술 유출 등 국제범죄 수사의 기능을 담당하고 있다.[38]

3. 경찰서

2021년 3월 현재 전국에는 255개 경찰서와 2007개 정도의 지구대와 파출소가 운영되고 있다. 경우에 따라서는 수사과와 형사과를 두거나 수사과만 두는 경우도 있다. 만일 수사과만 두는 경우에는 그 소속으로 형사계를 설치하고 있다.

4. 국립과학수사연구원

국립과학수사연구원은 각종 범죄 수사 중 획득한 증거물을 과학적으로 감정하고 연구해 가는 행정안전부 소속 국가기관으로, 서울, 부산(남부), 장성(서부), 대전(중부), 원주(본원)에 위치하고 있다.

---

[37] 신현기, 『경찰학개론』(파주: 법문사, 2015), p.562.
[38] https://www.police.go.kr/index.do(검색일: 2020.4.3).

제5장 형사법 체계

제1절 법의 분류

법은 공법과 사법으로 분류할 수 있으며 헌법을 최고의 법으로 하여 민사법과 형사법, 행정법과 노동법으로 나누어 볼 수 있다.

헌법은 국민의 기본권(인권)을 최대한 실현하고 보장하기 위하여 국민의 기본권과 통치구조로 제정되어 있다.

민사법인 민법은 총칙, 물권, 채권, 가족권의 체계로 되어 있고 민사소송법이 있다. 형사법인 형법은 범죄와 형벌에 관한 체계로 되어 있고 형사소송법이 있다.

제2절 형법의 체계

> 형법은 죄형법정주의를 기본원칙으로 하여 총칙과 각칙으로 나누어져 있으며 총칙에는 형법의 적용범위(효력), 범죄와 형벌에 대한 일반원칙이 규정되어 있고, 각칙에는 개인적, 사회적, 국가적 법익에 대한 개별적 범죄유형과 형벌을 규정하였다.

1. 범죄론

(1) 행위(고의·과실)

형법 제13조(범의) 죄의 성립요소인 사실을 인식하지 못한 행위는 벌하지 아니한다. 형법 제14조(과실) 정상의 주의를 태만함으로서 인하여 죄의 성립요소인 사실을 인식하지 못한 행위는 법률에 특별한 규정이 있는 경우에 한하여 처벌한다.

즉 범죄의 행위는 주관적으로 고의와 과실이 있고 작위와 부작위가 존재한다. 객관적으로는 행위주체, 객체, 행위태양이 있다. 또한 고의와 과실이 결합된 결과적 가중범도 있다.

> **<판례>**
>
> 행정상의 단속을 주안으로 하는 법규라 하더라도 명문 규정이 있거나 해석상 과실범도 벌할 뜻이 명백한 경우를 제외하고는 형법의 원칙에 따라 고의가 있어야 벌할 수 있다(대판 1986.7.22. 85도108).

(2) 구성요건해당성

형법상 금지 또는 요구되는 행위를 추상적, 일반적으로 기술해 놓은 것(형법각론)을 말한다.

1) 객관적 구성요건

형법 제17조(인과관계) 어떤 행위라도 죄의 요소되는 위험발생에 연결되지 아니한 때에는 그 결과로 인하여 벌하지 아니한다.

객관적 구성요건이라 함은 행위의 주체, 객체, 행위태양, 행위수단과 정황, 결과, 인과관계와 객관적 귀속을 말한다.

2) 주관적 구성요건[39]

형법 제13조(범의), 형법 제15조(사실의 착오) ① 특별히 중한 죄가 되는 사실을 인식하지 못한 행위는 중한 죄로 벌하지 아니한다. ② 결과로 인하여 형이 중할 죄에 있어서 그 결과의 발생을 예견할 수 없었을 때에는 중한 죄로 벌하지 아니한다.

주관적 구성요건이라 함은 고의(사실의 인식) 목적, 불법영득의사 등 행위자의 정

---

[39] 신호진, 『형법요론』 (서울: 문형사, 2008), p.122.

신적, 심리적 구성요건 상황을 의미하고 특별히 중한 죄가 되는 사실을 인식하지 못한 사실의 착오를 말한다.

(3) 위법성

위법성[40]은 전체 법질서에 위반되는 성질이며, 위법성 조각사유는 구성요건에 해당하여 위법성이 있는 행위를 처음부터 적법한 행위로 평가하게 하는 일정한 조건으로 정당행위, 정당방위, 긴급피난, 자구행위, 피해자의 승낙이 있다.

① 정당행위

형법 제20조(정당행위) 법령에 의한 행위 또는 업무로 인한 행위 기타 사회상규에 위배되지 아니하는 행위는 벌하지 아니한다.

② 정당방위

형법 제21조(정당방위) 자기 또는 타인의 법익에 대한 현재의 부당한 침해를 방위하기 위한 행위는 상당한 이유가 있는 때에는 벌하지 아니한다.

<판례>

운전자가 자신의 차를 가로막고 서서 통행을 방해하는 피해자를 향해 차를 조금씩 전진시키고 피해자가 뒤로 물러나면 다시 차를 전진시키는 방식의 운행을 반복한 경우, 이는 그 자체로 피해자에 대한 유형력의 행사에 해당하고, 피고인 주장의 사정만으로는 차 앞에 서 있는 사람을 향해 차를 전진시킨 행위가 정당방위나 정당행위에 해당하지 않는다(대판 2016.10.27. 2016도9302).

③ 긴급피난

형법 제22조(긴급피난) 자기 또는 타인의 법익에 대한 현재의 위난을 피하기 위한 행위는 상당한 이유가 있는 때에는 벌하지 아니한다.

---

40) 신호진, 『형법요론』 (서울: 문형사, 2008), p.260.

> **<판례>**
> 피고인이 자신의 진돗개를 보호하기 위하여 피해자의 개를 기계톱으로 내리쳐 등 부분을 절개한 것은 피난행위의 상당성을 넘은 행위로서 형법 제22조 제1항에서 정한 긴급피난의 요건을 갖춘 행위로 보기 어려울 뿐만 아니라 형법 제22조 제3항에서 정한 책임조각적 과잉피난도 해당하지 아니한다(대판 2016.1.26. 2014도2477).

④ 자구행위

형법 제23조(자구행위) 법정절차에 의하여 청구권을 보전하기 불능한 경우에 그 청구권의 실행불능 또는 현저한 실행곤란을 피하기 위한 행위는 상당한 이유가 있는 때에는 벌하지 아니한다.

⑤ 피해자의 승낙

형법 제24조(피해자의 승낙) 처분할 수 있는 자의 승낙에 의하여 그 법익을 훼손한 행위는 법률에 특별한 규정이 없는 한 벌하지 아니한다.

(4) 책임성(비난가능성)

구성요건에 해당하고 위법한 행위를 불법이라고 하며, 불법이 인정되면 책임이 검토된다. 책임은 행위자에 대한 비난가능성이며, 책임능력(책임조각)은 행위자가 사물을 변별하고 의사를 결정하는 능력을 말하는 것으로 다음과 같다.

① 형사미성년자

형법 제9조(형사미성년자) 14세가 되지 아니한 자의 행위는 벌하지 아니한다. 고 규정되어 있다. 따라서 14세 이상, 19세 미만의 죄를 범한 소년은 형사사건의 예에 따라 처벌한다. 물론 보호처분에 해당하는 사유가 인정될 때에는 관할 소년부에서 소년보호 사건으로 처리하게 된다.

또한 만10세 이상, 만14세 미만의 촉법소년과 만10세 이상, 만19세 미만의 우범소년에 대한 소년보호 사건에 대하여는 소년보호 재판을 받게 된다.

> **<판례>**
>
> 소년법 제60조 제2항의 소년이라 함은 특별한 정함이 없이 한 소년법 제2조에서 말하는 소년을 의미하고 이는 심판의 조건이므로 범행 시 뿐만 아니라 심판 시까지 계속되어야 한다(대판 2008.8.18. 2000도2704).

② 심신상실자

형법 제10조 제1항 심신장애로 인하여 사물을 변별할 능력이 없거나 의사를 결정할 능력이 없는 자의 행위는 벌하지 아니한다.

③ 한정책임능력자

형법 제10조 제2항 심신장애로 인하여 전항의 능력(사물을 변별할 능력이 없거나 의사를 결정할 능력)이 미약한 자의 행위는 형을 감경할 수 있다.

> **<판례>**
>
> 형법 제10조의 심신장애로 인하여 사물을 변별할 능력이 없거나 의사를 결정할 능력이 없는 자 및 이와 같은 능력이 미약한 자라 함은 어느 것이나 심신장애의 상태에 있는 사람을 말하고, 이 양자는 그 장애정도의 강약의 차이가 있을 뿐 정신장애로 인하여 사물의 시비 또는 선악을 변별할 능력이 없거나 그 변별한 바에 따라 행동할 능력이 없는 경우와, 정신장애가 위와 같은 능력을 결여하는 정도에는 이르지 않았으나 그 능력이 현저하게 감퇴된 상태를 말한다(대판 1984.2.28. 83도3007).

④ 농아자

형법 제11조 농아자의 행위는 형을 감경한다.

⑤ 원인에 있어서의 자유로운 행위

책임능력이 없는 자의 행위도 원인에 있어서의 자유로운 행위에 해당하면 형벌을 부과할 수 있다.

> **<판례>**
>
> 피고인이 음주운전을 할 의사를 가지고 음주 만취 후 운전을 하여 교통사고를 일으켰다면 음주 시 교통사고를 일으킬 위험성을 예견하였는데도 자의로 심신장애를 야기한 경우에 해당하므로 심신장애로 인한 감경 등을 할 수 없다.(대판 1995.6.13. 95도826).

2. 형벌론

(1) 형벌의 종류

형법 제41조(형의 종류) 형의 종류는 다음과 같다.

1. 사형, 2. 징역, 3. 금고, 4. 자격상실, 5. 자격정지, 6. 벌금, 7.구류, 8, 과료, 9. 몰수로 규정되어 있다.

형벌의 종류[41]를 생명형은 사형, 자유형은 징역, 금고, 구류, 명예형은 자격상실, 자격정지, 재산형은 벌금, 과료, 몰수로 분류할 수 있다.

(2) 누범

금고 이상의 형을 받아 그 집행을 종료하거나 면제를 받은 후 3년 이내에 금고 이상에 해당하는 죄를 범한 것을 말한다.

> **<판례>**
>
> 형법 제35조 누범에 해당하는 전과사실과 새로이 범한 범죄 사이에 일정한 상관관계가 있다고 인정되는 경우에 한하여 적용되는 것으로 제한하여 해석해서는 아니 된다(대판 2008.12.24. 2006도1427).

---

41) 신호진, 『형법요론』 (서울: 문형사, 2008), p.667.

(3) 선고유예

형법 제59조 제1항 (선고유예의 요건) 1년 이하의 징역이나 금고, 자격정지 또는 벌금의 형을 선고할 경우에 제51조의 사항을 참작하여 개전의 정상이 현저한 때에는 그 선고를 유예할 수 있다. 단, 자격정지 이상의 형을 받은 전과가 있는 자에 대하여는 예외로 한다.

> **<판례>**
>
> 형법 제 59조에 의하여 형의 선고를 유예하는 판결을 할 경우에도 유예된 형에 대한 판단을 하여야 하는 것이므로 선고유예 판결에서도 그 판결 이유에서는 할 형의 종류와 양, 즉 형을 정해 놓아야 하고 그 선고를 유예하는 형이 벌금형일 경우에는 그 벌금액뿐만 아니라 환형유치 처분까지 해 두어야 한다(대판 2015.01.29. 2014도15120).

(4) 집행유예

형법 제62조(집행유예의 요건) ① 3년 이하의 징역이나 금고 또는 500만 원 이하의 벌금의 형을 선고할 경우에 제51조의 사항을 참작하여 그 정상에 참작할 만한 사유가 있는 때에는 1년 이상 5년 이하의 기간 형의 집행을 유예할 수 있다. 다만, 금고 이상의 형을 선고한 판결이 확정된 때부터 그 집행을 종료하거나 면제된 후 3년까지의 기간에 범한 죄에 대하여 형을 선고하는 경우에는 그러하지 아니하다. ② 형을 병과할 경우에는 그 형의 일부에 대하여 집행을 유예할 수 있다.

(5) 가석방

형법 제72조(가석방의 요건) ① 징역 또는 금고의 집행 중에 있는 자가 그 행상이 양호하여 개전의 정이 현저한 때에는 무기에 있어서는 20년, 유기에 있어서는 형기의 3분의 1을 경과한 후 행정처분으로 가석방을 할 수 있다. ② 전항의 경우에 벌금 또는 과료의 병과가 있는 때에는 그 금액을 완납하여야 한다.

(6) 형의 시효와 소멸

 형법 제77조(시효의 효과) 형의 선고를 받은 자는 시효의 완성으로 인하여 그 집행이 면제된다.

 형법 제78조(시효의 기간) 시효는 형을 선고하는 재판이 확정된 후 그 집행을 받음이 없이 다음의 기간을 경과함으로 인하여 완성된다.

1. 사형은 30년
2. 무기의 징역 또는 금고는 20년
3. 10년 이상의 징역 또는 금고는 15년
4. 3년 이상의 징역이나 금고 또는 10년 이상의 자격정지는 10년
5. 3년 미만의 징역이나 금고 또는 5년 이상의 자격정지는 7년
6. 5년 미만의 자격정지, 벌금, 몰수 또는 추징은 5년
7. 구류 또는 과료는 1년

 형법 제81조(형의 실효) 징역 또는 금고의 집행을 종료하거나 집행이 면제된 자가 피해자의 손해를 보상하고 자격정지 이상의 형을 받음이 없이 7년을 경과한 때에는 본인 또는 검사의 신청에 의하여 그 재판의 실효를 선고할 수 있다.

 형법 제82조(복권) 자격정지의 선고를 받은 자가 피해자의 손해를 보상하고 자격정지 이상의 형을 받음이 없이 정지기간의 2분의 1을 경과한 때에는 본인 또는 검사의 신청에 의하여 자격의 회복을 선고할 수 있다.

3. 형법 각론

개인적 법익에 대한 죄	생명·신체를 해하는 죄	살인죄, 상해죄, 폭행죄, 과실치사상죄, 낙태죄, 유기죄
	자유를 해하는 죄	체포·감금죄, 협박죄, 약취유인죄, 강간죄
	명예신용을 해하는 죄	명예훼손죄, 신용·업무와 경매에 관한 죄
	사생활평온을 해하는 죄	비밀침해죄, 주거침입죄
	재산을 해하는 죄	절도죄, 강도죄, 사기죄, 공갈죄, 횡령죄, 배임죄, 장물죄, 손괴죄, 권리행사방해죄
사회적 법익에 대한 죄	공공의 안전과 평온을 해하는 죄	공안을 해하는 죄, 폭발물에 관한 죄, 방화·실화죄, 일수·수리방해죄, 교통방해죄
	공공의 신용을 해하는 죄	통화위조죄, 문서위조죄, 유가증권위조죄, 인장위조죄
	공중의 건강을 해하는 죄	아편죄, 음용수죄
	풍속을 해하는 죄	성풍속에 관한 죄, 도박죄
국가적 법익에 대한 죄	국가의 존립을 해하는 죄	내란죄, 외환죄, 국기에 관한 죄, 국교에 관한 죄
	국가기능의 작용을 해하는 죄	공무원 직무에 관한 죄, 공무집행방해죄, 도주죄, 범인은닉죄, 위증죄, 증거인멸죄, 무고죄

제3절 형사소송법의 체계

민법의 사적자치 원칙을 실현하는 절차법이 민사소송법이고 형법의 국가형벌권을 실현하는 절차법이 형사소송법이다.

1. 형사소송의 이념

(1) 적법절차의 원칙

헌법 제12조 ① 모든 국민은 신체의 자유를 가진다. 누구든지 법률에 의하지 아니하고는 체포·구속·압수·수색 또는 심문을 받지 아니하며, 법률과 적법한 절차에 의하지 아니하고는 처벌·보안처분 또는 강제노역을 받지 아니한다.

② 모든 국민은 고문을 받지 아니하며, 형사상 자기에게 불리한 진술을 강요당하지 아니한다.

③ 체포·구속·압수 또는 수색을 할 때에는 적법한 절차에 따라 검사의 신청에 의하여 법관이 발부한 영장을 제시하여야 한다. 다만, 현행범인인 경우와 장기 3년 이상의 형에 해당하는 죄를 범하고 도피 또는 증거인멸의 염려가 있을 때에는 사후에 영장을 청구할 수 있다.

④ 누구든지 체포 또는 구속을 당한 때에는 즉시 변호인의 조력을 받을 권리를 가진다. 다만, 형사피고인이 스스로 변호인을 구할 수 없을 때에는 법률이 정하는 바에 의하여 국가가 변호인을 붙인다.

⑤ 누구든지 체포 또는 구속의 이유와 변호인의 조력을 받을 권리가 있음을 고지받지 아니하고는 체포 또는 구속을 당하지 아니한다. 체포 또는 구속을 당한 자의 가족 등 법률이 정하는 자에게는 그 이유와 일시·장소가 지체없이 통지되어야 한다.

⑥ 누구든지 체포 또는 구속을 당한 때에는 적부의 심사를 법원에 청구할 권리를 가진다.

⑦ 피고인의 자백이 고문·폭행·협박·구속의 부당한 장기화 또는 기망 기타의 방법에 의하여 자의로 진술된 것이 아니라고 인정될 때 또는 정식재판에 있어서 피고인의 자백이 그에게 불리한 유일한 증거일 때에는 이를 유죄의 증거로 삼거나 이를 이유로 처벌할 수 없다. 고 규정하여 묵비권, 영장주의, 변호인의 조력을 받을 권리, 구속적부심사청구권리가 명문화 되어 있고,

헌법 제27조 제3항과 제4항에 신속한 공개재판을 받을 권리, 무죄추정권, 헌법 제28조에 형사보상 청구권 등을 두고 있다. 또한 형사소송법 제308조의 2에서는 적법한 절차에 따르지 아니하고 수집한 증거는 증거로 할 수 없다. 이와 같이 적법절차의 원칙은 공정한 법정 절차에 의하여 형벌권이 실현되어야 한다는 원칙을 말한다.

<판례>

피고인의 방어권 행사의 보장을 비롯한 적법절차의 준수는 형사소송에서 어길 수 없는 원칙이며 공소장 변경제도는 피고인의 방어권 행사를 보장하기 위한 제도 중의 하나이어서 그의 중요성이 아무리 강조되어도 지나침이 없다 할 것이나, 정의와 형평의 기조 아래서는 실체적 진실의 신속한 발견 역시 형사소송이 목적하는 바이므로 형사소송에서는 적법절차를 준수하면서 동시에 실체적 진실을 발견하도록 요청되는데, 공소사실의 변경과 관련하여 이처럼 일응 상반되는 두 가지 요청을 적절히 조화시키기 위하여는 피고인의 방어권 행사에 실질적으로 불이익을 줄 우려가 없을 경우에 한하여 법원으로 하여금 검사의 공소장변경 절차를 거치지 아니하고 공소사실과 다른 범죄사실을 인정할 수 있게 함이 상당하다 할 것인바,...(대판(전합) 1999.4.15. 선고 96도1922).

(2) 실체적 진실주의

실체적 진실주의라 함은 소송에 관하여 객관적 진실을 발견하여 사안의 진상을 명백히 하자는 주의로써 형사소송의 수사와 공판절차 뿐만 아니라 모든 단계에서도 적용되는 이념이다.

형사소송법 제275조의 2 피고인은 유죄의 판결이 확정될 때 까지는 무죄로 추정된다는 무죄추정의 원칙, 형사소송법 제308조의 2 위법수집증거 배제법칙, 동법 제309조 자백배제의 법칙, 동법 제310조의 2 전문법칙 등이 실체적 진실주의를 구현하고 있다.

(3) 신속한 재판의 원칙

헌법 제27조 제3항 모든 국민은 신속한 재판을 받을 권리를 가진다. 형사피고인은 상당한 이유가 없는 한 지체 없이 공개재판을 받을 권리를 가진다. 고 규정되어 있고, 형사피고인의 기본적 인권을 보장하고 수사와 공소제기 절차에서는 형사소송법 제202조, 제203조 구속기가의 제한, 동법 제247조 기소편의주의, 동법 제255조 공소취소제도, 동법 제249조 공소시효제도가 있다.

공판절차에서는 형사소송법 제266조(공소장부본의 송달) 법원은 공소의 제기가 있는 때에는 지체 없이 공소장의 부본을 피고인 또는 변호인에게 송달하여야 한다. 단, 제1회 공판기일 전 5일까지 송달하여야 한다. 동법 제266조의 5 공판준비절차, 동법 제267조, 제270조 공판기일의 지정과 변경, 동법 제273조, 제274조 공판기일의 증거조사와 증거제출, 동법 제279조 재판장의 소송지휘권을 인정하고, 심급에 따라 구속기간을 제한하였으며 동법 제318조의 4에서는 판결의 선고는 변론을 종결한 기일에 하여야 한다는 등 재판은 신속하게 진행되어야 하고 지연해서는 안 된다는 원칙을 말한다.

2. 수사절차[42]

(1) 수사의 개시

형사소송법 제195조(검사의 수사) 검사는 범죄의 혐의 있다고 사료하는 때에는 범인, 범죄사실과 증거를 수사하여야 한다.

형사소송법 제196조(사법경찰관리) ① 수사관, 경무관, 총경, 경정, 경감, 경위는 사법경찰관으로서 모든 수사에 관하여 검사의 지휘를 받는다.

② 사법경찰관은 범죄의 혐의가 있다고 인식하는 때에는 범인, 범죄사실과 증거에 관하여 수사를 개시·진행하여야 한다.

③ 사법경찰관리는 검사의 지휘가 있는 때에는 이에 따라야 한다. 검사의 지휘에 관한 구체적 사항은 대통령령으로 정한다.

---
[42] 강동욱 외3, 『형사소송법 강의』 (서울: 오래, 2018), pp.220~234.

④ 사법경찰관은 범죄를 수사한 때에는 관계 서류와 증거물을 지체 없이 검사에게 송부하여야 한다.

⑤ 경사, 경장, 순경은 사법경찰리로서 수사의 보조를 하여야 한다.

⑥ 제1항 또는 제5항에 규정한 자 이외에 법률로써 사법경찰관리를 정할 수 있다. 고 규정하여 검사와 사법경찰관에게 수사의 개시와 진행권을 부여하고 있다.

(2) 수사의 진행

수사를 진행함에 있어 형사소송법 제199조(수사와 필요한 조사) ① 수사에 관하여는 그 목적을 달성하기 위하여 필요한 조사를 할 수 있다. 다만, 강제처분은 이 법률에 특별한 규정이 있는 경우에 한하며, 필요한 최소한도의 범위 안에서만 하여야 한다. ② 수사에 관하여는 공무소 기타 공사단체에 조회하여 필요한 사항의 보고를 요구할 수 있다. 고 규정하여 임의수사를 원칙으로 하고 강제처분에 대하여는 강제수사 법정주의를 택하고 있다.

이러한 영장주의는 긴급한 경우 예외적으로 긴급체포(형사소송법 제200조의 3, 제200조의 4), 현행범인 체포(형사소송법 제212조), 체포목적의 수색(형사소송법 제216조 제1항 제1호), 체포 현장에서의 압수·수색·검증(형사소송법 제제216조 제1항 제2호), 범죄 장소에서의 압수수색검증(형사소송법 제216조 제3항)에서 사후 영장을 허용하고 있다.

(3) 수사의 종결[43]

① 공소제기

형사소송법 제246조(국가소추주의) 공소는 검사가 제기하여 수행한다. 동법 제238조(고소, 고발과 사법경찰관의 조치) 사법경찰관이 고소 또는 고발을 받은 때에는 신속히 조사하여 관계서류와 증거물을 검사에게 송부하여야 한다.

---

43) 강동욱 외3, 『형사소송법 강의』 (서울: 오래, 2018), pp.331~333.

즉 수사 결과 범죄혐의가 충분하고 소송조건을 구비하여 유죄판결을 받기에 충분하다고 인정한 때에는 공소를 제기한다.

② 불기소 처분

수사 결과 범죄 혐의가 인정되지 않거나 피의사실을 인정할 증거가 없는 경우 또는 범죄구성 요건에 해당하지 않는 경우 "혐의 없음" 결정을 한다(검찰사건사무규칙 제69조 제3항 제2호).

범죄구성 요건에 해당 되나 위법성 조각사유나 책임 조각사유로 범죄를 구성하지 않는 경우 "죄가 안 됨" 처분을 한다(검찰사건사무규칙 제69조 제3항 제4호).

고소.고발 사건에서 혐의 없음, 죄가 안됨, 공소권 없음 사유가 명백한 경우, 고소인, 고발인이 출석요구에 불응하거나 소재불명으로 진술청취를 할 수 없는 경우 등의 경우에 "각하" 처분을 한다(검찰사건사무규칙 제69조 제3항 제5호).

③ 타관 송치

형사소송법 제256조(타관송치) 검사는 사건이 그 소속검찰청에 대응한 법원의 관할에 속하지 아니한 때에는 사건을 서류와 증거물과 함께 관할법원에 대응한 검찰청 검사에게 송치하여야 한다. 따라서 군사법원 재판권 사건은 군 검찰관에게, 소년법상 소년보호사건에 해당하는 경우 관할 소년부에 송치하여야 한다(소년법 제49조).

3. 공소제기 절차[44]

(1) 공소제기의 기본원칙

공소제기의 기본원칙은 국가소추주의와 기소독점주의로서 형사소송법 제246조(국가소추주의) 공소는 검사가 제기하여 수행한다. 고 하여 국가소추주의와 기소독점주의를 규정하고 있다.

---

44) 강동욱 외3, 『형사소송법 강의』(서울: 오래, 2018), pp.350~368.

(2) 공소제기의 방식

형사소송법 제254조(공소제기의 방식과 공소장) ①공소를 제기함에는 공소장을 관할법원에 제출하여야 한다.

형사소송규칙 제118조 제2항 공소장에는 제1항에 규정한 서류 외에 사건에 관하여 법원에 예단이 생기게 할 수 있는 서류 기타 물건을 첨부하거나 그 내용을 인용하여서는 아니 된다. 고 규정하여 공소장 일본주의를 채택하고 있다.

예외로서 즉결심판에 관한 절차법 제4조(서류·증거물의 제출) 경찰서장은 즉결심판의 청구와 동시에 즉결심판을 함에 필요한 서류 또는 증거물을 판사에게 제출하여야 한다. 고 하여 즉결심판 절차에서는 공소장 일본주의가 적용되지 않는다.

> **<판례>**
>
> 형사소송법 제254조 제3항에 의하면 공소장에는 피고인의 성명, 기타 피고인을 특정할 수 있는 사항, 죄명, 공소사실, 적용 법조를 기재하게 되어 있고, 형사소송규칙 제118조 제2항은 공소장에는 사건에 관하여 법원에 예단이 생기게 할 수 있는 서류 기타 물건을 첨부하거나 그 내용을 인용하여서는 아니 된다고 규정하고 있으므로, 공소장에는 법령이 요구하는 사항만 기재하고, 공소사실의 첫머리에 공소사실과 관계없이 법원이 예단이 생기게 할 사유를 불필요하게 나열하는 것은 옳지 않으며, 공소사실과 관련이 있는 것도 원칙적으로 범죄의 구성요건에 적어야 하고, 이를 첫머리 사실로서 길고 장황하게 나열하는 것이 적합하지 아니하다(대판 1999.5.14. 선고 99도202).

(3) 공소제기의 효과

① 인적 효력범위

형사소송법 제248조(공소효력의 범위) ①공소는 검사가 피고인으로 지정한 사람 외의 다른 사람에게는 그 효력이 미치지 아니한다. ②범죄사실의 일부에 대한 공소는 그 효력이 전부에 미친다.

형사소송법 제253조 제2항(시효의 정지와 효력) 공범의 1인에 대한 전항의 시효정지는 다른 공범자에게 대하여 효력이 미치고 당해 사건의 재판이 확정된 때로부터 진행한다.

② 물적 효력범위

형사소송법 제248조 제2항(공소효력의 범위) 범죄사실의 일부에 대한 공소는 그 효력이 전부에 미친다.

4. 공판절차[45]

(1) 공판준비절차

형사소송법 제266조 규정에 따라서 법원은 공소장 부본을 송달하고 피고인 또는 변호인의 의견서를 제출받아 검사에게 송부하고 공판기일의 지정 및 통지를 한다. 이어서 피고인 등의 소환을 하고 공판기일 전 증거조사를 하게 된다.

(2) 공판기일의 절차

제1심 공판기일의 절차는 모두절차, 사실심리절차, 판결절차로 나눌 수 있다. 모두절차로서 피고인에 대한 진술거부권의 고지(형사소송법 제283조의2 제2항), 피고인을 확인하는 인정신문(동법 제284조), 검사의 공소사실과 적용법조 등을 낭독하는 모두진술(동법 제285조), 피고인 및 변호인의 모두진술(동법 제286조), 재판장의 쟁점정리와 당사자들의 입증계획(동법 제287조) 등의 순서로 이루어지고,

다음으로 사실심리절차로서 증거조사(동법 제290조), 피고인에 대한 신문(동법 제296조의 2), 검사와 피고인, 변호인의 의견진술(동법 제302조, 제303조)의 순서로 사실심리절차가 이루어지고 나면 변론의 종결로 판결의 선고가 이루어진다(동법 제318조의 4 제1항).

---

[45] 강동욱 외3,『형사소송법 강의』(서울: 오래, 2018), pp.382~432.

제6장 형사 증거법

제1절 증거의 개념과 종류46)

1. 증거의 개념

형사소송법 제307조(증거재판주의) 제1항에 사실의 인정은 증거에 의하여 한다. 제2항 범죄사실의 인정은 합리적 의심이 없는 정도의 증명에 이르러야 한다고 규정되어 있다. 즉 사건의 실체적 진실을 밝혀 국가형벌권을 실현하기 위한 형사소송(재판) 과정에 있어서 사실관계를 확인하는 객관적 자료를 증거라고 할 수 있다.

2. 증거의 종류

(1) 직접증거와 간접증거

직접증거란 요증사실47)의 증명에 직접 이용되는 증거로서 범행현장을 직접 목격한 증인의 예를 들 수 있다. 간접증거란 요증사실을 간접적으로 추론할 수 있는 증거를 말한다. 예를 들어 범죄현장에 있는 지문, DNA(유전자), 범행도구 등을 들 수 있다.

> <판례>
>
> 범죄사실의 증명은 반드시 직접증거로만 이루어져야 하는 것은 아니고, 논리와 경험칙에 합치하는 한 간접증거로도 할 수 있다(대판 1993.3.23. 92도3327).

(2) 인적증거와 물적증거

인적증거는 증인의 증언, 감정인의 감정, 피고인의 진술 등 사람의 진술 내용이

---

46) 강동욱 외3, 『형사소송법 강의』(서울: 오래, 2018), pp.479~481.
47) 요증사실(要證事實)이란 소송에서 당사자의 입증을 필요로 하는 사실로 형사소송법에서는 엄격한 증명을 요하는 주요 사실을 말한다. 형벌권의 존재 여부와 그 구성요건에 해당되는 사실, 책임능력과 고의 및 과실, 심신미약·자수·자복·중지미수 등 형의 가중 또는 감면의 이유가 되는 사실 등이 여기에 속한다.

증거가 되는 것을 말한다. 물적증거는 범행에 사용한 흉기, 도구, 장물, 지문 등 물건의 존재 또는 상태가 증거로 되는 것을 말한다.

(3) 본증과 반증

검사가 제출하는 증거를 본증이라 하고 그 반대인 당사자인 피고인이 제출하는 증거를 반증이라 한다.

(4) 진술증거와 비진술증거

진술증거는 사람의 진술이 증거가 되는 것이고 서면을 포함한 물적증거는 비진술증거가 된다.

(5) 실질증거와 보조증거

실질증거란 주요사실의 존.부를 직적, 간접으로 증명하는 증거를 말한다. 보조증거에는 보강증거[48]와 탄핵증거가 있다.

제2절 증명[49]의 원칙

1. 증거재판주의(형사소송법 제307조)

(1) 엄격한 증명의 대상

(2) 자유로운 증명의 대상

(3) 증명을 요하지 않는 사실(불요증)

---

[48] 보강증거(補强證據)란 동일한 사실에 관한 성질을 달리하는 다른 증거로 피고인의 자백 이외의 증거이며 이는 피고인의 인권을 보장하려는 취지에 의한 제도이다.
[49] 증명(證明)이란 사전적 의미는 어떤 사항이나 판단 따위에 대하여 그것이 진실인지 아닌지 증거를 들어서 밝히는 것을 말하며, 소송법에서는 법관에게 쟁점이 되는 사실이 있고 없음에 관하여 확신을 얻게 할 목적으로 하는 당사자의 노력, 또는 이에 따라 법관이 확신을 얻은 상태를 말한다.

2. 거증책임

형사소송에서는 원칙적으로 거증책임은 검사에게 있다.

> **<판례>**
>
> 형사재판에 있어서 공소된 범죄사실에 대한 거증책임은 검사에게 있는 것이고, 유죄의 인정은 법관으로 하여금 합리적인 의심을 할 여지가 없을 정도로 공소사실이 진실한 것이라는 확신을 가지게 하는 증명력을 가진 증거에 의하여야 한다(대판 1996.3.8. 95도3081).

3. 자유심증주의

형사소송법 제308조(자유심증주의) 증거의 증명력은 법관의 자유판단에 의한다.

4. 위법수집증거의 배제 법칙

형사소송법 제308조의 2(위법수집증거의 배제)적법한 절차에 따르지 아니하고 수집한 증거는 증거로 할 수 없다.

5. 자백배제법칙

형사소송법 제309조(강제 등 자백의 증거능력) 피고인의 자백이 고문, 폭행, 협박, 신체구속의 부당한 장기화 또는 기망 기타의 방법으로 임의로 진술한 것이 아니라고 의심할 만한 이유가 있는 때에는 이를 유죄의 증거로 하지 못한다.

동법 제310조(불이익한 자백의 증거능력) 피고인의 자백이 그 피고인에게 불이익한 유일의 증거인 때에는 이를 유죄의 증거로 하지 못한다.

6. 전문법칙

형사소송법 제310조의 2(전문증거와 증거능력의 제한) 제311조 내지 제316조에 규정한 것 이외에는 공판준비 또는 공판기일에서의 진술에 대신하여 진술을 기재한 서류나 공판준비 또는 공판기일 외에서의 타인의 진술은 이를 증거로 할 수 없다.

> **<판례>**
>
> 문자메시지의 형태로 전송된 문자정보를 휴대전화기의 화면에 표시하여 이를 촬영한 이 사건 사진들에 대하여 피고인이 그 성립 및 내용의 진정을 부인한다는 이유로 이를 증거로 사용할 수 없다고 한 원심판결(서울서부지법 2006.4.6. 선고 2005노1051)에는, 위 문자정보의 증거로서의 성격 및 사진들의 증거능력에 관한 법리를 오해하여 판결 결과에 영향을 미친 위법이 있다(대판 2008.11.13. 선고 2006도2556).

7. 당사자 동의와 증거능력

형사소송법 제318조(당사자의 동의와 증거능력) ① 검사와 피고인이 증거로 할 수 있음을 동의한 서류 또는 물건은 진정한 것으로 인정한 때에는 증거로 할 수 있다.

② 피고인의 출정 없이 증거조사를 할 수 있는 경우에 피고인이 출정하지 아니한 때에는 전항의 동의가 있는 것으로 간주한다. 단, 대리인 또는 변호인이 출정한 때에는 예외로 한다.

형사소송법 제312조(검사 또는 사법경찰관의 조서 등) ①검사가 피고인이 된 피의자의 진술을 기재한 조서는 적법한 절차와 방식에 따라 작성된 것으로서 피고인이 진술한 내용과 동일하게 기재되어 있음이 공판준비 또는 공판기일에서의 피고인의 진술에 의하여 인정되고, 그 조서에 기재된 진술이 특히 신빙할 수 있는 상태하에서 행하여졌음이 증명된 때에 한하여 증거로 할 수 있다.

② 제1항에도 불구하고 피고인이 그 조서의 성립의 진정을 부인하는 경우에는 그 조서에 기재된 진술이 피고인이 진술한 내용과 동일하게 기재되어 있음이 영상녹화물이나 그 밖의 객관적인 방법에 의하여 증명되고, 그 조서에 기재된 진술이 특히 신빙할 수 있는 상태 하에서 행하여졌음이 증명된 때에 한하여 증거로 할 수 있다.

③ 검사 이외의 수사기관이 작성한 피의자신문조서는 적법한 절차와 방식에 따라

작성된 것으로서 공판준비 또는 공판기일에 그 피의자였던 피고인 또는 변호인이 그 내용을 인정할 때에 한하여 증거로 할 수 있다.

④ 검사 또는 사법경찰관이 피고인이 아닌 자의 진술을 기재한 조서는 적법한 절차와 방식에 따라 작성된 것으로서 그 조서가 검사 또는 사법경찰관 앞에서 진술한 내용과 동일하게 기재되어 있음이 원진술자의 공판준비 또는 공판기일에서의 진술이나 영상녹화물 또는 그 밖의 객관적인 방법에 의하여 증명되고, 피고인 또는 변호인이 공판준비 또는 공판기일에 그 기재 내용에 관하여 원진술자를 신문할 수 있었던 때에는 증거로 할 수 있다. 다만, 그 조서에 기재된 진술이 특히 신빙할 수 있는 상태하에서 행하여졌음이 증명된 때에 한한다.

⑤ 제1항부터 제4항까지의 규정은 피고인 또는 피고인이 아닌 자가 수사과정에서 작성한 진술서에 관하여 준용한다.

⑥ 검사 또는 사법경찰관이 검증의 결과를 기재한 조서는 적법한 절차와 방식에 따라 작성된 것으로서 공판준비 또는 공판기일에서의 작성자의 진술에 따라 그 성립의 진정함이 증명된 때에는 증거로 할 수 있다.

8. 탄핵증거

형사소송법 제318조의2(증명력을 다투기 위한 증거) ① 제312조부터 제316조까지의 규정에 따라 증거로 할 수 없는 서류나 진술이라도 공판준비 또는 공판기일에서의 피고인 또는 피고인이 아닌 자(공소제기 전에 피고인을 피의자로 조사하였거나 그 조사에 참여하였던 자를 포함한다. 이하 이 조에서 같다)의 진술의 증명력을 다투기 위하여 증거로 할 수 있다.

> **<판례>**
>
> 　탄핵증거는 진술의 증명력을 감쇄하기 위하여 인정되는 것이고 범죄사실 또는 그 간접사실의 인정의 증거로서는 허용되지 않는다(대판 1996.9.6. 95도2945).
>
> 　사법경찰리 작성의 피고인에 대한 피의자신문조서와 피고인이 작성한 자술서들은 모두 검사가 유죄의 자료로 제출한 증거들로서 피고인이 각 그 내용은 부인하는 이상 증거능력이 없으나 그러한 증거라 하더라도 그것이 임의로 작성된 것이 아니라고 의심할 만한 사정이 없는 한 피고인의 법정에서의 진술을 탄핵하기 위한 반대증거로 사용할 수 있다(대판 1988.2.27. 97도1770).

　② 제1항에도 불구하고 피고인 또는 피고인이 아닌 자의 진술을 내용으로 하는 영상녹화물은 공판준비 또는 공판기일에 피고인 또는 피고인이 아닌 자가 진술함에 있어서 기억이 명백하지 아니한 사항에 관하여 기억을 환기시켜야 할 필요가 있다고 인정되는 때에 한하여 피고인 또는 피고인이 아닌 자에게 재생하여 시청하게 할 수 있다.

제7장 범죄정보

제1절 범죄정보의 의의 및 수집 방법

1. 범죄정보의 의의

 범죄정보란 범죄행위와 관련된 지식, 즉 범죄행위를 계획하고 조직하였거나 인적 또는 물적 지원을 하고 지령에 관여하였을 때, 관여하고 있는 것으로 인정되었을 때 이미 알려졌거나 혐의를 받고 있는 범죄인과 공모관계를 맺은 집단과 관련된 확인이 가능한 정보를 말한다.[50]

 범죄정보는 관찰 및 연구, 정보교환, 정보기록의 검색과 조사를 통해 얻어진다. 수사관이 범죄정보원을 개발하고 양성하고 유지하거나 더 많은 정보를 알고 수사하는 경우 범죄사건의 해결은 더욱 쉬워질 것이다.[51]

2. 범죄정보의 수집 방법

(1) 관찰 및 연구

 수사관은 오감을 사용하여 관찰자가 되어 유용한 정보를 획득하기 위하여 특히 교육 및 훈련을 통하거나 인터넷, 서적, 논문, 신문, TV 등 다양한 방법으로 정보를 획득할 수 있도록 항상 노력하여야 한다.

(2) 정보의 교환

 수사관은 주요한 정보원인 피해자와 목격자의 면담, 동료 수사관의 조언 등 수용·확인 및 유능한 수사관의 객관적 비평이나 관점을 수용하는 등 유용한 정보 교환을 할 수 있도록 관리하여야 하며, 다양한 사회 경제적 수준의 사람들, 또한 우범요소를

---

50) 박주원, 『범죄정보체계론』 (서울: 수사연구사, 2004), p.6..
51) 김충남, 『경찰수사론』 (서울: 박영사, 2013), p152..

지닌 인물에 이르기까지 각계각층의 다양한 정보제공자를 확보하여 유용한 정보를 제공 받을 수 있도록 광범위하게 교제하여야 한다.

(3) 검색과 조사

모든 수사활동 중 정보기록에 대한 검색 및 조사는 지루하고 시간 소모적이며 가장 매력이 없는 잡일처럼 보일수도 있지만 정보기록을 통하여 특정인물에 대한 배경 및 사적인 사실관계를 파악하여 해당 범죄의 동기, 신상문제, 해당인물에 대하여 상세히 알 수 있으며 더 생산적인 정보를 파악하는데 유익하다.

(4) 인간관계

정보를 획득하는 데는 양호한 인간관계가 필요하다. 양호한 인간관계를 통하여 자신의 수사업무뿐만 아니라 합동수사에 유용한 정보를 획득할 수 있으므로 평소 건전한 인간관계를 형성하고, 신뢰와 협조 관계를 구축하는 것이 중요하다.

3. 범죄정보 제공자

범죄정보 획득은 정보제공자와의 관계가 중요하다. 정보제공자란 경찰의 관심사항이나 수사관련 정보를 제공하는 개인을 의미한다. 수사관은 정보제공 동기 및 관계에 대하여 일반 대중의 무관심, 사생활 보호, 정보출처의 기밀성, 상호 윤리, 신상보호, 적절한 인간관계, 상호간의 신뢰 및 약속, 유죄인정거래 등을 유의하면서 정보제공자를 공정하게 대우하고 신용을 유지하기 위하여 모든 노력을 기울여야 한다.

제2절 범죄정보 제공의 동기

범죄정보 제공은 경찰에게 정보를 제공하는 것이 대중의 의무라고 느끼는 지역사회구성원의 일반정신을 공공정신이라 한다. 정보제공자가 공공정신에 의하여 선의의 정보를 제공하기도 한다. 또한 평소 경찰과과 긍정적 경험 및 관계에 있는 사람들과 본인의 안정감 성취를 위하여 정보를 제공하기도 하고 수사기관에서 중요 정보제공자에게 제공하는 금전적 이익을 위하여 정보제공, 우범자들로부터 경찰에게 보호받기 위하여 정보제공, 복수를 위한 정보제공, 범행 후 양심의 가책과 참회를 위하여 정보제공, 정신질환자 등의 허위 정보제공, 경찰이 아니면서도 수사진행과정에 참여하고 싶은 욕망을 갖은 사람들의 정보제공, 경쟁상대를 제거하기 위한 정보제공 등 정보제공의 동기는 여러 가지가 있다.

제3절 범죄정보의 분석 및 평가

 수사활동을 진행하기 전에 수사관은 정보제골자로부터 획득한 정보에 대한 분석 및 평가를 하는 것은 매우 중요하다. 정보제공자가 신용할 수 있는 인물이라면 평가 업무는 정보의 유용성 여부만 결정하는 등 간단할 수도 있는 반면 정보제공자가 신뢰할 만한 사람이라면 해당 정보를 확인하기 위하여 모든 조치를 취하여야 한다. 이와 같이 정보제공자의 정보내용은 유효할 수도 있지만 반드시 그렇지 않을 수도 있음을 유의하며 수사관은 항상 사전에 모든 정보내용을 면밀히 분석하고 검토해야 한다.

제8장 수사의 진행과 절차

제1절 수사의 단서

수사를 진행하는데 있어서 가장 중요한 것이 바로 수사의 단서이다. 수사의 단서라 함은 수사경찰관이 수사에 착수할 수 있는 기본자료를 의미한다. 즉 수사관은 언제나 범죄의 첩보를 입수해서 수사의 단서를 찾게 되고 그 밖에 수사단서는 고소, 고발, 자수, 변사자 검시를 통해서 얻게 된다. 이러한 수사의 단서 종류에 대해 하나씩 나누어서 분석해보면 다음과 같다.

1. 수사관이 직접 인지한 경우

(1) 범죄첩보

범죄첩보는 기존에 범죄가 발생해서 아직 드러나지 않은 사안들 또는 범죄로 이행될 사안들은 모두 해당된다. 즉 사회 공공의 안녕과 질서유지를 위하여 범죄와 관련, 수사에 착수할 수 있을 정도의 가치와 내용이 있는 정보를 말한다. 수사첩보활동규칙 제2조 제4호에는 수사의 단서가 될 수 있는 일체의 범죄첩보를 말한다고 규정되어 있다. 따라서 경찰은 일상 업무를 수행하면서 항상 적극적인 자세로 문제의식을 가지고 사물을 관찰함으로써 정확한 사회 진단에 의한 범죄첩보를 수집하는데 혼신의 노력을 경주하여야 한다.[52]

(2) 불심검문

① 불심검문의 개념

불심검문은 범죄수사의 단서를 얻는데 있어서 매우 중요한 방법 중 하나이다. 무엇

---

[52] 신현기,『경찰학개론』(파주: 법문사, 2015), p.567 참조; 이만종,『경찰수사총론』(서울: 청록출판사, 2007), p.108.

보다 수사경찰은 불심검문을 통해서 이미 범죄를 발생시켰거나 혹은 범죄를 발생시킬 가능성이 있다고 의심할 만한 수사의 단서를 확보할 수 있다. 경찰이 불심검문을 실시하는 법적 토대는 바로 경찰관직무집행법 제3조와 형사소송법 제199조 임의수사 조항에 잘 명시되어 있다.53) 옛날에는 길거리에서 경찰관들이 시민을 상대로 많은 불심검문을 시행하면서 흉기 소지자, 범죄피의자, 절도범, 강력범죄자들을 상당히 많이 검거하기도 했다. 오늘날에는 시민의 인권보장 이슈가 확대되면서 길거리에서 불심검문은 생생한 범죄현장이 아니고서는 거의 목격하기도 어려워진 게 사실이다.54)

② 불심검문의 법적근거와 검문방법

경찰관직무집행법 제3조 제1항은 "경찰관은 수상한 거동 기타 주위의 사정을 합리적으로 판단하여 어떠한 죄를 범하였거나 범하려 하고 있다고 의심할 만한 상당한 이유가 있는 자 또는 이미 행하여진 범죄나 행하여지려고 하는 범죄행위에 관하여 그 사실을 안다고 인정되는 자를 정지시켜 질문할 수 있다"고 규정하고 있다.

불심검문의 방법으로 경찰관은 신분증을 제시하면서 소속과 성명을 밝히고 정지 질문할 수 있으며, 흉기의 소지여부를 조사할 수 있다. 현장에서 거동수상자를 발견한 경우 그 장소에서 질문하는 것이 당해인에게 불리하거나 교통에 방해가 될 때에는 인근 경찰관서인 경찰서, 지구대, 파출소 등으로 임의동행을 요구할 수 있고, 당해인은 동행요구를 거절할 수 있다. 동행한 경우 6시간을 초과하여 경찰관서에 머무르게 할 수 없고 당해인은 그 의사에 반하여 답변을 강요당하지 아니한다. 또한 경찰관은 당해인의 가족 또는 친지에게 동행목적과 이유를 고지하거나 당해인에게 즉시 연락할 수 있는 기회 제공과 변호인의 조력을 받을 수 있음을 고지하여야 한다.

③ 자동차 검문

자동차 검문이란 범죄의 예방과 진압을 목적으로 통행중인 차량을 정지시켜 질문

---
53) 이만종, 『경찰수사총론』 (서울: 청록출판사, 2007), p.107.
54) 신현기, 『경찰학개론』 (파주: 법문사, 2015), p.568 참조.

하는 것을 말한다.

경찰관직무집행법 제3조 (불심검문) ① 경찰관은 다음 각 호의 어느 하나에 해당하는 사람을 정지시켜 질문할 수 있다.

1. 수상한 행동이나 그 밖의 주위 사정을 합리적으로 판단하여 볼 때 어떠한 죄를 범하였거나 범하려 하고 있다고 의심할 만한 상당한 이유가 있는 사람

2. 이미 행하여진 범죄나 행하여지려고 하는 범죄행위에 관한 사실을 안다고 인정되는 사람

② 경찰관은 제1항에 따라 같은 항 각 호의 사람을 정지시킨 장소에서 질문을 하는 것이 그 사람에게 불리하거나 교통에 방해가 된다고 인정될 때에는 질문을 하기 위하여 가까운 경찰서·지구대·파출소 또는 출장소(지방해양경찰관서를 포함하며, 이하 "경찰관서"라 한다)로 동행할 것을 요구할 수 있다. 이 경우 동행을 요구받은 사람은 그 요구를 거절할 수 있다.

③ 경찰관은 제1항 각 호의 어느 하나에 해당하는 사람에게 질문을 할 때에 그 사람이 흉기를 가지고 있는지를 조사할 수 있다.

④ 경찰관은 제1항이나 제2항에 따라 질문을 하거나 동행을 요구할 경우 자신의 신분을 표시하는 증표를 제시하면서 소속과 성명을 밝히고 질문이나 동행의 목적과 이유를 설명하여야 하며, 동행을 요구하는 경우에는 동행 장소를 밝혀야 한다.

⑤ 경찰관은 제2항에 따라 동행한 사람의 가족이나 친지 등에게 동행한 경찰관의 신분, 동행 장소, 동행 목적과 이유를 알리거나 본인으로 하여금 즉시 연락할 수 있는 기회를 주어야 하며, 변호인의 도움을 받을 권리가 있음을 알려야 한다.

⑥ 경찰관은 제2항에 따라 동행한 사람을 6시간을 초과하여 경찰관서에 머물게 할 수 없다.

⑦ 제1항부터 제3항까지의 규정에 따라 질문을 받거나 동행을 요구받은 사람은

형사소송에 관한 법률에 따르지 아니하고는 신체를 구속당하지 아니하며, 그 의사에 반하여 답변을 강요당하지 아니한다.

도로교통법 제47조 (위험방지를 위한 조치) ① 경찰공무원은 자동차등 또는 노면전차의 운전자가 제43조부터 제45조까지의 규정을 위반하여 자동차등 또는 노면전차를 운전하고 있다고 인정되는 경우에는 자동차등 또는 노면전차를 일시정지 시키고 그 운전자에게 자동차 운전면허증(이하 "운전면허증"이라 한다)을 제시할 것을 요구할 수 있다.

② 경찰공무원은 제44조 및 제45조를 위반하여 자동차등 또는 노면전차를 운전하는 사람이나 제44조를 위반하여 자전거를 운전하는 사람에 대하여는 정상적으로 운전할 수 있는 상태가 될 때까지 운전의 금지를 명하고 차를 이동시키는 등 필요한 조치를 할 수 있다. 고 규정되어 있다.

모든 경우에 임의적 수단이어야 하며 당해인의 자유를 필요이상 제한할 수 없다.

(3) 변사사건의 처리

형사소송법 제222조(변사자의 검시) ①변사자 또는 변사의 의심 있는 사체가 있는 때에는 그 소재지를 관할하는 지방검찰청 검사가 검시하여야 한다.

②전항의 검시로 범죄의 혐의를 인정하고 긴급을 요할 때에는 영장 없이 검증할 수 있다.

③검사는 사법경찰관에게 전2항의 처분을 명할 수 있다.

범죄는 끊임없이 발생하고 있다. 살인사건이 발생한 후 사망자에 대한 사인이 불명확할 수 있다. 본 살인 사건이 타살로 인한 것인지 아니면 자살로 인한 것인지 그 원인이 사실상 불분명한 경우에 부검 등의 방법을 실시하기도 한다. 이러한 과정을 거쳐 그 변사가 만일 범죄로 인한 것이 밝혀지면 수사경찰에게는 이것이 곧바로 수사를 펼칠 수 있는 수사의 단서가 되는 것이다.[55]

변사자란 자연사 또는 병사가 아닌 범죄로 인한 사망이 의심되는 사체를 말한다. 따라서 수사의 단서로서 검시결과 범죄혐의가 발견되면 수사를 개시하게 된다.

(4) 현행범인의 발견

형사소송법 제211조(현행범인과 준현행범인) ①범죄의 실행 중이거나 실행의 즉후인 자를 현행범인이라 한다.

②다음 각 호의 1에 해당하는 자는 현행범인으로 간주한다.

1. 범인으로 호창되어 추적되고 있는 때
2. 장물이나 범죄에 사용되었다고 인정함에 충분한 흉기 기타의 물건을 소지하고 있는 때
3. 신체 또는 의복류에 현저한 증적이 있는 때
4. 누구임을 물음에 대하여 도망하려 하는 때

현행범인과 준현행범인은 누구든지 영장 없이 체포할 수 있다. 수사기관은 물론 일반인도 체포할 수 있다. 다만 일반인은 체포 권한은 있으나 의무는 없다.

형사소송법 제213조(체포된 현행범인의 인도) ①검사 또는 사법경찰관리 아닌 자가 현행범인을 체포한 때에는 즉시 검사 또는 사법경찰관리에게 인도하여야 한다.

②사법경찰관리가 현행범인의 인도를 받은 때에는 체포자의 성명, 주거, 체포의 사유를 물어야 하고 필요한 때에는 체포자에 대하여 경찰관서에 동행함을 요구할 수 있다.

---

55) 신현기, 『경찰학개론』(파주: 법문사, 2015), p.568 참조; 이만종, 『경찰수사총론』(서울: 청록출판사, 2007), p.113.

< 변사사건 발생 통보서 >

제 호		
수 신 :		
제 목 : 변사사건 발생 통보서		
우리 서 관내에서 아래와 같은 변사사건이 발생하였기에 「검사와 사법경찰관의 상호협력과 일반적 수사준칙에 관한 규정」 제17조제1항에 따라 통보합니다.		
발 견 일 시		
발 견 장 소		
신 고 일 시		
변 사 종 별	원 인	
	방 법	
변 사 자 인 적 사 항	성 명 : 주민등록번호 : 직 업 : 주 거 :	
발 견 자 인 적 사 항	성 명 : 직 업 : 주 거 : 변사자와관계 :	
발 견 경 위		작성: 접수사관 결재: 팀장
※ 기존 '변사사건 발생보고 및 지휘건의' 작성방법과 동일, 이하 작성 양식 생략		

출처: 수사실무지침, 국가수사본부, 2021. 4. 1.

< 교통사고 변사사건 발생 통보서 >

제 호		
수 신 :		
제 목 : 교통사고 변사사건 발생 통보		
우리 서 관내에서 아래와 같은 교통사고 변사사건이 발생하였기에 「검사와 사법경찰관의 상호협력과 일반적 수사준칙에 관한 규정」 제17조제1항에 따라 통보합니다.		

사 망	일 시	
	장 소	
사 고 일 시		
발 생 장 소		
변 사 자 인 적 사 항	성 명 : 주민등록번호 : 직 업 : 주 거 :	

피 의 자 (피내사자)	성 명		주민등록번호		연령	
	직 업		변사자와관계		성별	
	주 거					
	집전화번호		회사전화번호			
	진술일시		휴대전화번호			
	진술내용					
	※ 기존 '교통사고 변사사건 발생보고 및 지휘건의' 작성방법과 동일, 이하 작성 양식 생략			작성: 정수사관 결재: 팀장		

출처: 수사실무지침, 국가수사본부, 2021. 4. 1.

2. 자수와 피해자 신고로 알게 된 경우

범죄자의 자수 혹은 피해자의 직접적인 신고방식으로 알려지게 된 범죄인 경우에는 본인의 고소, 제3자의 고발, 본인의 자수, 피해자로부터 피해신고 등이 있다. 이 경우 수사경찰은 곧바로 수사의 단서를 얻게 되는 것이고, 이를 바탕으로 수사가 시작될 수 있다.56)

(1) 고소

① 고소의 개념

형사소송법 제223조(고소권자) 범죄로 인한 피해자는 고소할 수 있다.

고소란 범죄의 피해자(고소권자)가 수사기관에 범죄사실을 신고하여 범인을 처벌해 달라는 의사표시이다. 고소는 수사의 단서이지만 친고죄에서는 소송조건이 된다.

② 고소의 방법

고소의 방식은 서면 또는 구술로 수사기관에 하여야 하고 소소 또는 그 취소는 대리인으로 하여금 할 수 있다. 고소의 기간은 범죄의 공소시효 완성 전까지 언제든지 고소할 수 있다. 하지만 친고죄에 있어서는 형사소송법 제230조(고소기간) ①친고죄에 대하여는 범인을 알게 된 날로부터 6월을 경과하면 고소하지 못한다. 단 고소할 수 없는 불가항력의 사유가 있는 대에는 그 사유가 없어진 날로부터 기산한다.

위와 같이 고소권자는 고소의 방식과 고소기간 내에 고소권을 행사할 수 있다 하더라도 자기 또는 배우자의 직계존속은 고소할 수 없다(형사소송법 제224조). 그러나 성폭력범죄의 처벌 등에 관한 특례법 제18조와 가정폭력범죄의 처벌 등에 관한 특례법 제6조 제2항에서는 형사소송법 제224조의 적용을 배제하고 자기 또는 배우자의 직계존속에 대하여 고소를 허용하고 있다.

---

56) 신현기, 『경찰학개론』(파주: 법문사, 2015), p.568 참조; 이만종, 『경찰수사총론』(서울: 청록출판사, 2007), p.121.

③ 고소불가분의 원칙

형사소송법 제233조는 친고죄의 공범 중 그 1인 또는 수인에 대한 고소 또는 그 취소는 다른 공범자에 대하여도 효력이 있다고 규정하고 있다. 이를 고소의 주관적 불가분의 원칙이라 한다. 따라서 공범에게는 총칙 상 임의적 공범 또는 필요적 공범도 포함된다. 객관적 불가분의 원칙은 친고죄에서 범죄사실의 일부분에 대한 고소나 취소는 그 범죄사실 전부에 대하여 효력이 미친다는 원칙을 말한다.

④ 고소의 취소

형사소송법 제232조(고소의 취소) ①고소는 제1심 판결 선고 전까지 취소할 수 있다.

②고소를 취소한 자는 다시 고소하지 못한다.

③피해자의 명시한 의사에 반하여 죄를 논할 수 없는 사건에 있어서 처벌을 희망하는 의사표시의 철회에 관하여도 전2항의 규정을 준용한다.

또한 고소권자는 대리인으로 하여금 고소를 취소하게 할 수 있다(형사소송법 제236조). 고소취소의시기는 제1심 판결 선고 전까지 허용되고 그 방법은 서면 또는 진술로써 검사 또는 사법경찰관에게 하여야 한다.

(2) 고발

형사소송법 제234조(고발) ①누구든지 범죄가 있다고 사료하는 때에는 고발할 수 있다.

②공무원은 그 직무를 행함에 있어 범죄가 있다고 사료하는 때에는 고발하여야 한다.

고소와 고발의 큰 차이는 당사자와 제3자라는 점이다. 즉 고발은 고소권자나 제3자가 직접 나서서 수사기관에 관련 범죄사실을 직간접적으로 신고함으로서 궁극적으로 범인의 소추를 구하고자 하는 일련의 의사표시를 의미한다. 이렇게 볼 때, 고발이란 일반적인 수사개시에 있어서 하나의 단서에 불과하다고 볼 수 있다. 하지만 예외적으로 관세법이나 조세범처벌법 위반사건의 경우와 연계될 경우에는 소송조건이 될 수도 있다. 또한 누구든지 범죄가 발생되어 있다고 사료되는 경우 제3자는 고발하는 것이 가능하다. 하지만 자기 본인 혹은 자기 배우자의 직계존속은 고발해도 성립되지 않는다. 왜냐하면 법적으로 인정되지 않기 때문이다. 무엇보다 대리인에 의한 고발은 사실상 인정되지 않고 있으며 고발기간에는 역시 제한이 없다.57)

고발의 방식과 처리 절차는 고소의 경우에 준한다(형사소송법 제237조, 제238조, 제239조, 제257조). 그러나 고소와 달리 대리인에 의한 고발은 허용되지 않는다.

(3) 자수

형사소송법 제240조(자수와 준용규정) 제237조와 제238조의 규정은 자수에 대하여 준용한다.

말 그대로 자수는 범죄를 발생시킨 범인이 수사기관에 자기 스스로 범죄사실을 신고한 후 소추를 구하는 일련의 의사표시를 의미한다. 만일 범죄자가 범행을 감행한 후 지명수배를 받게 되어 체포를 앞두고 있는 때에도 자발적으로 신고했다면 이것은 어디까지나 자수로 인정될 수 있다는 것이 통설이다. 그리고 자수의 경우는 범죄사실을 신고하는 시기에 있어서 그 제한이 없는 게 일반적이다. 그리고 자수란 반드시 본인만 할 수 있는 것은 아니고 제3자인 타인에게 부탁해서 행하여도 가능하다. 하지만 범죄자가 자수의사만 수사기관에 단순히 전달하는 경우 이것은 법상, 수사상 자수로 인정되지 않는 게 통설이다.58)

(4) 피해신고

피해신고는 다음의 사항과 연계되어 이루어진다. 예를 들어 살인, 강도, 강간, 날치

---

57) 김상호·신현기 외 7인, 앞의 책, p. 633; 신현기, 『경찰학개론』 (파주: 법문사, 2015), p.569 참조; 이만종, 『경찰수사총론』 (서울: 청록출판사, 2007), p.128.
58) 이만종, 『경찰수사총론』 (서울: 청록출판사, 2007), p.130.

기, 천재지변, 도로의 붕괴, 인명구조를 비롯해서 여러 가지 경찰의 시급한 도움이 필요한 경우에 피해신고가 이루어질 수 있다. 무엇보다 피해신고는 신고자가 서면을 통해 수사기관에 제출하는 것이 일반적인 원칙이지만 통상적으로는 시급성을 요구받는 경우가 많아 주로 112전화 신고 방식으로 통해 이루어진다.[59]

제2절 내사 과정

내사란 일반적으로 미디어 뉴스, 일간신문, 각종 방송 소식, 출판물을 통한 기사, 시민들 간의 뜬소문, 익명의 누군가로부터 신고, 시민의 진정, 시민의 탄원서, 기타 사건수사를 진행하던 중 각종 범죄 관련 용의점 발견, 이곳저곳에서 거동수상자 등 다방면의 영역으로 부터 범죄혐의를 발견하는 등 범죄의 혐의유무를 조사할 만한 가치가 있다고 판단될 때 그 진상을 규명하기 위하여 사건이 형사사건으로 입건되기 이전 단계에서 조사하는 과정을 말한다.

이러한 과정에서 얻게 된 범죄협의들을 중심으로 수사경찰이 조사를 해볼 만한 가치가 있다고 판단될 때, 곧바로 입건하지 않고 수사경찰이 조사하는 단계를 우리는 범죄에 있어서 내사과정이라고 부른다. 무엇보다 이러한 내사 과정에서 보다 확실하게 범죄혐의가 인지된 경우에는 마침내 정식 수사가 진행되는 것이다. 그러나 내사를 펼쳤지만 곧바로 혐의가 발견되지 않는 경우는 그대로 있으면 안 되고 수사경찰은 경찰서장의 결재를 받은 후 마침내 내사를 종결하게 된다.[60]

그러나 수사의 단서로 규정되어 있는 형사소송법 제223조(고소권자) 범죄로 인한 피해자는 고소할 수 있다. 제234조(고발) 누구든지 범죄가 있다고 사료하는 때에는 고발할 수 있다. 제240조(자수) 자수가 있으면 내사 없이 수사를 개시하게 된다.

---

59) 신현기, 『경찰학개론』(파주: 법문사, 2015), p.569 참조.
60) 신현기, 『경찰학개론』(파주: 법문사, 2015), p.567 참조.

제3절 수사의 개시

1. 수사 개시의 의의

입건이란 수사기관이 사건을 접수하여 형사사건부에 사건을 기재하는 단계로서 이때부터 수사는 개시된다.

국가의 형벌권을 실현하는 형사절차(수사, 공소, 재판, 집행)는 수사에서 출발한다. 형사소송법 제195조(검사와 사법경찰관의 관계 등) ① 검사와 사법경찰관은 수사, 공소제기 및 공소유지에 관하여 서로 협력하여야 한다. 제196조(검사의 수사) 검사는 범죄혐의가 있다고 사료되는 때에는 범인, 범죄사실과 증거를 수사하여야 한다. 제197조(사법경찰관리) ① 경무관, 총경, 경정, 경감, 경위는 사법경찰관으로서 범죄의 혐의가 있다고 사료하는 때에는 범인, 범죄사실과 증거를 수사한다. ② 경사, 경장, 순경은 사법경찰리로서 수사의 보조를 하여야 한다.

따라서 수사란 범죄혐의 유무에 대한 수사기관의 인식을 필요로 하며, 범죄혐의를 확인하고 범인을 발견, 체포하고 증거를 수집하는 등 범죄를 재구성해 가는 수사기관의 활동을 말한다.

2. 수사의 실행

사건이 수리되면 수사기관이 수사를 실행하게 되는데 이때 수사해야 할 사항은 범인, 범죄사실, 증거 등 범죄의 사실적 내용과 범죄의 법률적 관계이다. 수사기관은 누가, 언제, 어디서, 무엇을, 누구에 대하여, 어떻게, 무엇을 하였는가를 규명하고, 나아가 공범의 유무, 범행의 동기, 원인을 파악하여 그에 따른 증거를 수집하고 범죄의 구성요건 해당성, 위법성, 유책성 등을 확인한다.

수사기간은 일반적으로 제한이 없으나 구속사건의 경우 구속한 날로부터 10일 이내에 수사를 완료하여야 하며, 고소 및 고발 사건은 수리한 때로부터 2개월 이내에 수사를 완료하여야 한다.

수사는 수사방침에 따라실행되어야 하며 수사방침은 수사에 종사하는 자의 수와 기능 등을 고려하여 합리적으로 편성하고 구체적으로 그 임무를 부여한다.

3. 수사의 조건

(1) 수사의 필요성

형사소송법 제199조 수사에 관하여는 그 목적을 달성하기 위하여 필요한 조사를 할 수 있다고 하여 수사 목적 달성 위한 수사의 필요성을 제한하고 있다. 특히 강제처분의 경우 법률에 특별한 규정이 있어야 하고 필요한 최소한도의 범위 안에서만 하여야 한다. 이는 수사기관의 남용을 방지하기 위한 것으로 보아야 한다.

이와 같이 수사의 필요성에 대하여 형사소송법 제195조 검사는 범죄혐의가 있다고 사료하는 때, 형사소송법 제196조 사법경찰관은 범죄의 혐의 있다고 인식하는 때에는 수사를 개시하게 된다. 따라서 수사를 개시함에 있어 구체적 사실에 근거한 범죄혐의를 필요로 한다.

또한 수사는 범죄 혐의를 확인하여 공소제기 여부를 목적으로 하고 있으므로 공소제기 가능성을 살펴보아야 한다. 예컨대 친고죄의 경우 고소 유무, 반의사불벌죄의 경우 처벌불원 여부, 공소시효 여부, 기타 공소권이 없는 경우 등 소송조건의 존재 유무에 대하여 그 필요성을 판단하여야 한다.

(2) 수사의 상당성

수사의 필요성이 인정되는 경우에도 그 수사를 실행함에 있어 사회통념상 상당성이 있어야 한다. 수사로 인하여 침해되는 법익과 수사상 달성하려는 공익의 형평성이 있어야 한다. 이를 수사비례의 원칙 이라 한다. 또한 수사상 필요한도 내에서의 수사활동이 이루어져야 하고 국민을 속이는 수사활동을 하여서는 안 된다는 것이다. 이를 수사의 신의칙이라 하며 함정수사 방법의 허용에 대한 문제가 되고 있다.

제4절 임의수사와 강제수사

 법적으로 보장된 수사기관은 사건이 발생하면 수사상 필요성이 제기되는 만큼 즉시 조사에 돌입할 수 있다. 수사는 임의 수사와 강제수사로 크게 나누어진다. 임의수사 방식에는 다음과 같이 피의자 신문, 참고인 조사, 감정, 통역 및 번역의 위촉, 임의제출물의 압수, 실황조사, 공무소 등에의 조회 및 촉탁조사(공조조사) 등이 존재하고 있다.

 무엇보다 수사기관은 필요하다고 인정될 경우 피의자를 직접 출석시켜서 진술을 들을 수 있도록 법이 인정하고 있다. 특히 수사기관은 사전에 피의자가 진술을 거부할 수 있다는 사실을 알려 주어야 한다. 그리고 피의자는 언제든지 퇴거하는 것이 가능하다. 이뿐만 아니라 수사기관은 필요한 경우 별도로 피의자 아닌 자를 출석시켜서 진술을 들을 수 있도록 법이 허용하고 있다. 이것을 우리는 이른바 참고인 조사라고 부른다. 무엇보다 수사기관은 필요한 경우 감정이나 통역을 위촉하는 것이 얼마든지 가능하다.

 그 밖에 수사상 필요하다고 인정되는 경우 공무소 혹은 공사단체에 조회해서 합당하고 반드시 필요한 사항에 대해 보고를 요구하는 것도 가능하다. 이것을 이른바 공무소 등에의 조회라고 부른다. 그리고 타 수사기관에 대해서 일정한 사실의 수사를 의뢰하는 것도 가능한데, 이것을 이른바 촉탁수사 또는 공조수사라고 부른다.61)

1. 임의수사

 수사기관은 사건이 발생하면 수사상 필요성이 제기되는 만큼 즉시 수사를 개시할 수 있다. 수사의 방법에는 임의수사와 강제수사가 있다. 수사는 원칙적으로 임의수사에 의하고 강제수사는 법률에 특별한 규정이 있는 경우에 한하여 필요한 최소한도의 범위 안에서만 하여야 한다. 이를 임의수사의 원칙이라 한다. 따라서 상대방에게 강제력을 행사하지 않고 동의나 승낙을 받아서 수사하는 것은 일반적으로 허용되고 있다.

 임의수사 방식은 피의자 신문, 참고인 조사, 감정, 통역, 번역의 위촉, 공무소등에의 조회 등을 중심으로 설명하기로 한다.

---
61) 이만종,『경찰수사총론』(서울: 청록출판사, 2007), p.135.

(1) 피의자 신문

① 피의자 신문의 개념

형사소송법 제242조(피의자 신문사항) 검사 또는 사법경찰관은 피의자에 대하여 범죄사실과 정상에 관한 필요사항을 신문하여야 하며 그 이익 되는 사실을 진술할 기회를 주어야 한다.

형사소송법 제200조(피의자 출석요구) 검사 또는 사법경찰관은 수사에 필요한 때에는 피의자의 출석을 요구하여 진술을 들을 수 있다.

수사기관은 수사와 관련하여 피의자의 출석을 요구하고 피의자 신문을 할 수 있다. 피의자는 출석요구에 대한 출석할 의무는 없으며 출석한 경우 언제든지 퇴거할 수 있다.

② 피의자 신문의 과정

수사기관의 피의자 출석요구는 서면을 원칙으로 한다. 팩스 등의 방법으로 가능하고 피의자 신문을 하기 전에 진술을 거부가 있음을 고지하여야 한다(형사소송법 제244조). 피의자를 신문함에 있어 성명 등 인정신문을 하고 피의사실에 대한 필요사항을 신문하여야 한다. 이때 피의자에게 이익이 되는 사실의 진술기회도 주어야 한다(형사소송법 제242조). 또한 범죄사실의 발견을 위한 필요시에는 대질조사도 할 수 있다(형사소송법 제245조). 피의자의 진술, 즉 피의자의 신문은 피의자 신문조서에 기재하여야 한다(형사소송법 제244조).

③ 피의자 진술의 영상녹화

제243조의2(변호인의 참여 등) ①검사 또는 사법경찰관은 피의자 또는 그 변호인·법정대리인·배우자·직계친족·형제자매의 신청에 따라 변호인을 피의자와 접견하게 하거나 정당한 사유가 없는 한 피의자에 대한 신문에 참여하게 하여야 한다.

②신문에 참여하고자 하는 변호인이 2인 이상인 때에는 피의자가 신문에 참여할 변호인 1인을 지정한다. 지정이 없는 경우에는 검사 또는 사법경찰관이 이를 지정할 수 있다.

③신문에 참여한 변호인은 신문 후 의견을 진술할 수 있다. 다만, 신문 중이라도 부당한 신문방법에 대하여 이의를 제기할 수 있고, 검사 또는 사법경찰관의 승인을 얻어 의견을 진술할 수 있다.

(2) 참고인 조사

형사소송법 제221조(제3자의 출석요구) ①검사 또는 사법경찰관은 수사에 필요한 때에는 피의자가 아닌 자의 출석을 요구하여 진술을 들을 수 있다. 이 경우 그의 동의를 받아 영상녹화 할 수 있다.

참고인에 대한 조사방법은 형사소송법 제48조(조서의 작성방법) 제1항 피고인, 피의자, 증인, 감정인, 통역인 또는 번역인을 신문하는 때에는 참여한 법원사무관등이 조사를 작성하여야 한다. 의 규정을 준용하고 진술거부권은 고지하지 않아도 된다.

(3) 공무소등에 대한 조회

형사소송법 제199조(수사와 필요한 조사) ①수사에 관하여는 그 목적을 달성하기 위하여 필요한 조사를 할 수 있다. 다만, 강제처분은 이 법률에 특별한 규정이 있는 경우에 한하며, 필요한 최소한도의 범위 안에서만 하여야 한다.

②수사에 관하여는 공무소 기타 공사단체에 조회하여 필요한 사항의 보고를 요구할 수 있다. 규정에 따라 수사기관은 공무소 또는 공사단체에 조회하여 수사에 필요한 사항에 대하여 보고를 요구할 수 있다. 따라서 조회를 협조요청 받은 상대방은 협조할 의무를 지게 된다. 그러나 협조이행 여부를 강제할 수 없다고 할 수 있다.

(4) 감정 · 통역 · 번역의 위촉

형사소송법 제221조(제3자의 출석요구) ②검사 또는 사법경찰관은 수사에 필요한 때에는 감정 · 통역 또는 번역을 위촉할 수 있다.

위촉을 받은 자의 수락여부는 자유이다. 또한 출석에 응하지 않거나 출석하였다면 퇴거하는 것도 자유이다. 감정인, 통역인, 번역인은 다른 사람에게 위촉이 가능하다.

〔별지 제26호 서식〕

<피의자신문조서>

피 의 자 :

위의 사람에 대한 피의사건에 관하여 에서 사법경찰관 은 사법경찰리 ○○ ○○○을 참여하게 하고, 아래와 같이 피의자임에 틀림없음을 확인하다.

문 : 피의자의 성명, 주민등록번호, 직업, 주거, 등록기준지 등을 말하십시오.

답 : 성명은 (   )

　　 주민등록번호는

　　 직업은

　　 주거는

　　 등록기준지는

　　 직장주소는

　　 연락처는 자택전화　　휴대전화
　　　　　　 직장전화　　전자우편(e-mail)

　　 입니다.

사법경찰관은 피의사건의 요지를 설명하고 사법경찰관의 신문에 대하여 형사소송법 제244조의3의 규정에 의하여 진술을 거부할 수 있는 권리 및 변호인의 참여 등 조력을 받을 권리가 있음을 피의자에게 알려주고 이를 행사할 것인지 그 의사를 확인하다.

<　진술거부권 및 변호인 조력권 고지 등 확인　>

1. 귀하는 일체의 진술을 하지 아니하거나 개개의 질문에 대하여 진술을 하지 아니할 수 있습니다.
1. 귀하가 진술을 하지 아니하더라도 불이익을 받지 아니합니다.
1. 귀하가 진술을 거부할 권리를 포기하고 행한 진술은 법정에서 유죄의 증거로 사용될 수 있습니다.
1. 귀하가 신문을 받을 때에는 변호인을 참여하게 하는 등 변호인의 조력을 받을 수 있습니다.

문 : 피의자는 위와 같은 권리들이 있음을 고지받았는가요?

답 :

문 : 피의자는 진술거부권을 행사할 것인가요?

답 :

문 : 피의자는 변호인의 조력을 받을 권리를 행사할 것인가요?

답 :

이에 사법경찰관은 피의사실에 관하여 다음과 같이 피의자를 신문하다.

범 행 일 시	
범 행 장 소	
공범및모의경위	
피 해 자	
범행동기, 경위 및 수단·방법	

210mm × 297mm(백상지 80g/㎡)

피해부위 및 정도	
진단서 등 증거에 대한 의견	
범행 후의 조치 (합의 여부 등)	
기타 유리한 자료	

문 :

답 :

문 :

답 :

2. 강제수사

오늘날 우리나라에서 행해지고 있는 강제수사의 경우, 이를 행하는 방법에는 몇 가지가 있는데, 바로 체포영장에 의한 체포, 긴급체포, 현행범인의 체포, 피의자의 구속, 압수와 수색, 검증, 통신제한 조치, 증거보전, 증인 신문의 청구, 수사상의 감정유치 및 기타 감정에 의한 필요 처분 등이 바로 그것이다.62)

< 대인적 강제처분 >

(1) 체포영장에 의한 체포

체포란 수사기관이 범죄의 혐의가 있다고 의심할 만한 상당한 이유가 있는 자에 대해 일정 기간 그자의 신체활동의 자율을 빼앗는 것을 체포라 할 수 있으며, 통상체포와 긴급체포, 현행범인 체포로 나눌 수 있다.

체포의 요건으로 범죄를 발생시킨 피의자가 죄를 범했다는 상당한 이유나 증거가 있는 경우 그 어떠한 정당한 이유 없이 수사기관의 출석에 응하지 않는 경우 해당 검사가 요청하여 판사가 발부하게 되는 영장을 가지고 체포하는 것이 얼마든지 가능하다.63)

형사소송법 제200조의 2(영장에 의한 체포) ①피의자가 죄를 범하였다고 의심할 만한 상당한 이유가 있고, 정당한 이유 없이 제200조의 규정에 의한 출석요구에 응하지 아니하거나 응하지 아니할 우려가 있는 때에는 검사는 관할 지방법원판사에게 청구하여 체포영장을 발부받아 피의자를 체포할 수 있고, 사법경찰관은 검사에게 신청하여 검사의 청구로 관할지방법원판사의 체포영장을 발부받아 피의자를 체포할 수 있다. 다만, 다액 50만 원이하의 벌금, 구류 또는 과료에 해당하는 사건에 관하여는 피의자가 일정한 주거가 없는 경우 또는 정당한 이유 없이 제200조의 규정에 의한 출석요구에 응하지 아니한 경우에 한한다.

②제1항의 청구를 받은 지방법원판사는 상당하다고 인정할 때에는 체포영장을 발부

---
62) 신현기, 『경찰학개론』 (파주: 법문사, 2015), p.570 참조.
63) 신현기, 『경찰학개론』 (파주: 법문사, 2015), p.570 참조.

한다. 다만, 명백히 체포의 필요가 인정되지 아니하는 경우에는 그러하지 아니하다.

③제1항의 청구를 받은 지방법원판사가 체포영장을 발부하지 아니할 때에는 청구서에 그 취지 및 이유를 기재하고 서명 날인하여 청구한 검사에게 교부한다.

④검사가 제1항의 청구를 함에 있어서 동일한 범죄사실에 관하여 그 피의자에 대하여 전에 체포영장을 청구하였거나 발부받은 사실이 있는 때에는 다시 체포영장을 청구하는 취지 및 이유를 기재하여야 한다.

⑤체포한 피의자를 구속하고자 할 때에는 체포한 때부터 48시간 이내에 제201조의 규정에 의하여 구속영장을 청구하여야 하고, 그 기간 내에 구속영장을 청구하지 아니하는 때에는 피의자를 즉시 석방하여야 한다.

(2) 긴급체포

긴급체포란 수사기관이 현행범 이외의 피의자에 대해 사전영장을 발부받기 위한 시간이 없어 긴급한 경우에 영장 없이 구속을 일시적으로 인정하는 제도이다. 이는 피의자가 사형, 무기, 장기 3년 이상의 징역이나 금고에 해당하는 죄를 지은 경우, 그리고 도주의 우려가 있고 증거인멸의 염려가 있는 경우에 취한다. 이 경우 사법경찰관은 체포 후 즉시 검사의 승인을 얻어야 한다.[64]

제200조의3(긴급체포) ①검사 또는 사법경찰관은 피의자가 사형·무기 또는 장기 3년 이상의 징역이나 금고에 해당하는 죄를 범하였다고 의심할 만한 상당한 이유가 있고, 다음 각 호의 어느 하나에 해당하는 사유가 있는 경우에 긴급을 요하여 지방법원판사의 체포영장을 받을 수 없는 때에는 그 사유를 알리고 영장 없이 피의자를 체포할 수 있다. 이 경우 긴급을 요한다 함은 피의자를 우연히 발견한 경우 등과 같이 체포영장을 받을 시간적 여유가 없는 때를 말한다.

1. 피의자가 증거를 인멸할 염려가 있는 때
2. 피의자가 도망하거나 도망할 우려가 있는 때

---

64) 이만종, 『경찰수사총론』 (서울: 청록출판사, 2007), p.144.

②사법경찰관이 제1항의 규정에 의하여 피의자를 체포한 경우에는 즉시 검사의 승인을 얻어야 한다.

③검사 또는 사법경찰관은 제1항의 규정에 의하여 피의자를 체포한 경우에는 즉시 긴급체포서를 작성하여야 한다.

④제3항의 규정에 의한 긴급체포서에는 범죄사실의 요지, 긴급체포의 사유 등을 기재하여야 한다.

(3) 현행범인의 체포

특별한 이유가 없는 한 수사기관의 해당 수사관은 현행범을 체포하였거나 혹은 체포된 현행범을 인도 받은 경우에 이것에 대한 수사를 즉시 개시해야 함을 의무지우고 있다. 하지만 만의 하나 구금해야 하는 경우에는 추가로 구속영장을 발부 받아야만 한다. 만일 구속영장을 발부 받지 못하면 현행범을 즉시 석방해야 한다.65)

제211조(현행범인과 준현행범인) ①범죄의 실행 중이거나 실행의 즉후인 자를 현행범인이라 한다.

②다음 각 호의 1에 해당하는 자는 현행범인으로 간주한다.
1. 범인으로 호창되어 추적되고 있는 때
2. 장물이나 범죄에 사용되었다고 인정함에 충분한 흉기 기타의 물건을 소지하고 있는 때
3. 신체 또는 의복류에 현저한 증적이 있는 때
4. 누구임을 물음에 대하여 도망하려 하는 때

제212조(현행범인의 체포) 현행범인은 누구든지 영장 없이 체포할 수 있다.

(4) 피의자의 구속

① 구속의 개념과 목적

---

65) 이만종, 『경찰수사총론』 (서울: 청록출판사, 2007), p.146.

형사소송법 제201조(구속) ①피의자가 죄를 범하였다고 의심할 만한 상당한 이유가 있고 제70조제1항 각 호의 1에 해당하는 사유가 있을 때에는 검사는 관할지방법원판사에게 청구하여 구속영장을 받아 피의자를 구속할 수 있고 사법경찰관은 검사에게 신청하여 검사의 청구로 관할지방법원판사의 구속영장을 받아 피의자를 구속할 수 있다. 다만, 다액 50만 원이하의 벌금, 구류 또는 과료에 해당하는 범죄에 관하여는 피의자가 일정한 주거가 없는 경우에 한한다.

②구속영장의 청구에는 구속의 필요를 인정할 수 있는 자료를 제출하여야 한다.

③제1항의 청구를 받은 지방법원판사는 신속히 구속영장의 발부여부를 결정하여야 한다.

④제1항의 청구를 받은 지방법원판사는 상당하다고 인정할 때에는 구속영장을 발부한다. 이를 발부하지 아니할 때에는 청구서에 그 취지 및 이유를 기재하고 서명날인하여 청구한 검사에게 교부한다.

⑤검사가 제1항의 청구를 함에 있어서 동일한 범죄사실에 관하여 그 피의자에 대하여 전에 구속영장을 청구하거나 발부받은 사실이 있을 때에는 다시 구속영장을 청구하는 취지 및 이유를 기재하여야 한다.

피의자 구속은 피의자 신체의 자유를 제한하는 대인적 강제처분으로서 구인과 구금을 포함하는 개념이다. 피의자 구속의 목적은 형사소송 절차의 진행과 증거를 보존하고 형벌의 집행을 확보하기 위한 제도라고 할 수 있다.

② 구속의 요건과 사유

구속은 범죄의 객관적 혐의가 유죄의 확신이 인정되는 정도의 범죄 혐의의 상당성이 있어야 하고, 형사소송법 제201조에 준용되는 형사소송법 제70조(구속의 사유)에 ①법원은 피고인이 죄를 범하였다고 의심할 만한 상당한 이유가 있고 다음 각 호의 1에 해당하는 사유가 있는 경우에는 피고인을 구속할 수 있다.

1. 피고인이 일정한 주거가 없는 때
2. 피고인이 증거를 인멸할 염려가 있는 때

3. 피고인이 도망하거나 도망할 염려가 있는 때

②법원은 제1항의 구속사유를 심사함에 있어서 범죄의 중대성, 재범의 위험성, 피해자 및 중요 참고인 등에 대한 위해우려 등을 고려하여야 한다.

③다액 50만 원이하의 벌금, 구류 또는 과료에 해당하는 사건에 관하여는 제1항 제1호의 경우를 제한 외에는 구속할 수 없다. 라고 구속의 사유를 규정하고 있다.

③ 구속영장 실질심사제도

형사소송법 제201조의 2(구속영장의 청구와 피의자심문) ①제200조의2 · 제200조의3 또는 제212조에 따라 체포된 피의자에 대하여 구속영장을 청구 받은 판사는 지체 없이 피의자를 심문하여야 한다. 이 경우 특별한 사정이 없는 한 구속영장이 청구된 날의 다음날까지 심문하여야 한다.

②제1항 외의 피의자에 대하여 구속영장을 청구 받은 판사는 피의자가 죄를 범하였다고 의심할 만한 이유가 있는 경우에 구인을 위한 구속영장을 발부하여 피의자를 구인한 후 심문하여야 한다. 다만, 피의자가 도망하는 등의 사유로 심문할 수 없는 경우에는 그러하지 아니하다.

③판사는 제1항의 경우에는 즉시, 제2항의 경우에는 피의자를 인치한 후 즉시 검사, 피의자 및 변호인에게 심문기일과 장소를 통지하여야 한다. 이 경우 검사는 피의자가 체포되어 있는 때에는 심문기일에 피의자를 출석시켜야 한다.

④검사와 변호인은 제3항에 따른 심문기일에 출석하여 의견을 진술할 수 있다.

⑤판사는 제1항 또는 제2항에 따라 심문하는 때에는 공범의 분리심문이나 그 밖에 수사상의 비밀보호를 위하여 필요한 조치를 하여야 한다.

⑥제1항 또는 제2항에 따라 피의자를 심문하는 경우 법원사무관등은 심문의 요지 등을 조서로 작성하여야 한다.

⑦피의자심문을 하는 경우 법원이 구속영장청구서 · 수사 관계 서류 및 증거물을

접수한 날부터 구속영장을 발부하여 검찰청에 반환한 날까지의 기간은 제202조 및 제203조의 적용에 있어서 그 구속기간에 이를 산입하지 아니한다.

⑧심문할 피의자에게 변호인이 없는 때에는 지방법원판사는 직권으로 변호인을 선정하여야 한다. 이 경우 변호인의 선정은 피의자에 대한 구속영장 청구가 기각되어 효력이 소멸한 경우를 제외하고는 제1심까지 효력이 있다.

⑨법원은 변호인의 사정이나 그 밖의 사유로 변호인 선정결정이 취소되어 변호인이 없게 된 때에는 직권으로 변호인을 다시 선정할 수 있다.

⑩제71조, 제71조의2, 제75조, 제81조부터 제83조까지, 제85조제1항·제3항·제4항, 제86조, 제87조제1항, 제89조부터 제91조까지 및 제200조의5는 제2항에 따라 구인을 하는 경우에 준용하고, 제48조, 제51조, 제53조, 제56조의2 및 제276조의2는 피의자에 대한 심문의 경우에 준용한다.

구속영장 실질심사는 구속영장을 청구 받은 판사가 피의자를 직접 심문하여 구속의 요건과 사유를 심리·판단하는 제도이다.

④ 구속기간

형사소송법 제202조(사법경찰관의 구속기간) 사법경찰관이 피의자를 구속한 때에는 10일 이내에 피의자를 검사에게 인치하지 아니하면 석방하여야 한다.

형사소송법 제203조의2(구속기간에의 산입) 피의자가 제200조의2·제200조의3·제201조의2 제2항 또는 제212조의 규정에 의하여 체포 또는 구인된 경우에는 제202조 또는 제203조의 구속기간은 피의자를 체포 또는 구인한 날부터 기산한다.

따라서 사법경찰관의 피의자를 구속할 수 있는 기간은 10일이다.

제203조(검사의 구속기간) 검사가 피의자를 구속한 때 또는 사법경찰관으로부터 피의자의 인치를 받은 때에는 10일 이내에 공소를 제기하지 아니하면 석방하여야 한다.

제205조(구속기간의 연장) ①지방법원판사는 검사의 신청에 의하여 수사를 계속함에 상당한 이유가 있다고 인정한 때에는 10일을 초과하지 아니하는 한도에서 제203조의 구속기간의 연장을 1차에 한하여 허가할 수 있다.

따라서 검사의 피의자를 구속할 수 있는 기간은 20일이다.

⑤ 체포·구속 적부심사

형사소송법 제214조의2(체포와 구속의 적부심사) ①체포 또는 구속된 피의자 또는 그 변호인, 법정대리인, 배우자, 직계친족, 형제자매나 가족, 동거인 또는 고용주는 관할법원에 체포 또는 구속의 적부심사를 청구할 수 있다.

②피의자를 체포 또는 구속한 검사 또는 사법경찰관은 체포 또는 구속된 피의자와 제1항에 규정된 자 중에서 피의자가 지정하는 자에게 제1항에 따른 적부심사를 청구할 수 있음을 알려야 한다.

③법원은 제1항에 따른 청구가 다음 각 호의 어느 하나에 해당하는 때에는 제4항에 따른 심문 없이 결정으로 청구를 기각할 수 있다.

1. 청구권자 아닌 자가 청구하거나 동일한 체포영장 또는 구속영장의 발부에 대하여 재청구한 때
2. 공범 또는 공동피의자의 순차청구가 수사방해의 목적임이 명백한 때

④제1항의 청구를 받은 법원은 청구서가 접수된 때부터 48시간 이내에 체포 또는 구속된 피의자를 심문하고 수사관계서류와 증거물을 조사하여 그 청구가 이유 없다고 인정한 때에는 결정으로 이를 기각하고, 이유 있다고 인정한 때에는 결정으로 체포 또는 구속된 피의자의 석방을 명하여야 한다. 심사청구 후 피의자에 대하여 공소제기가 있는 경우에도 또한 같다.

체포·구속 적부심사 제도란 구속된 피의자에 대하여 법원이 그 체포·구속의 적법 여부를 심사하여 기각결정 또는 석방결정을 하는 제도를 말한다.

<체포 · 긴급체포 · 현행범인체포 · 구속 통지서>

```
제  호
수  신 : 귀하
제  목 : 체포 · 긴급체포 · 현행범인체포 · 구속 통지서
```

1. 피 의 자
   성   명 :
   주민등록번호 :
   주   거 :

2. 위 사람을   피의사건으로 하여   에 하였으므로 통지합니다.

3. 된 피의자의 법정대리인 · 배우자 · 직계친족 · 형제자매는 각각 변호인을 선임할 수 있습니다.

4. 된 위 피의자 본인 또는 그 변호인 · 법정대리인 · 배우자 · 직계친족 · 형제자매나 가족, 동거인 또는 고용주는   에 의 적부심사를 청구할 수 있습니다.

첨부 : 범죄사실의 요지 및   의 이유 1부

| 담 당 자 | | 소속 및 연락처 | |

사법경찰관

출처: 수사실무지침, 국가수사본부, 2021. 4. 1.

〔별지 제59호 서식〕

< **구속영장신청(체포영장)** >

○○○○경찰서

제 0000-00000 호

수 신 : ○○지방검찰청장

제 목 : 구속영장신청(체포영장)

　　　　다음 사람에 대한 ○○○○○○ 피의사건에 관하여 동인을 아래와 같이 체포영장에 의하여 체포하였는 바, 동인을 ○○○○○○에 구속하려 하니 . . . .까지 유효한 구속영장의 발부를 청구하여 주시기 바랍니다.

피의자	성 명	
	주민등록번호	- (세)
	직 업	
	주 거	
변 호 인		
체포한 일시·장소		
인치한 일시·장소		
구금한 일시·장소		
범죄사실 및 구속을 필요로 하는 이유		
필요적 고려사항	☐ 범죄의 중대성　　☐ 재범의 위험성 ☐ 피해자·중요참고인 등에 대한 위해 우려 ☐ 기타 사유 　　※ 구체적 내용은 별지와 같음	
피의자의 지정에 따라 체포이유등이 통지된 자의 성명 및 연락처		
재신청의 취지 및 이유		

○○○○경찰서

사법경찰관 　○○　　(인)

< 대물적 강제처분 >

(1) 압수와 수색

압수·수색은 대물적 강제처분으로 압수란 피의사건의 증거물 또는 몰수할 것으로 예상되는 물건의 점유를 취득하는 강제처분으로서 압류·영치가 있다.

수색이란 피의사건 관련 장소에 대하여 압수할 물건을 찾거나 피의자를 발견하고자 수색하는 강제처분을 말한다.

형사소송법 제106조(압수) ①법원은 필요한 때에는 피고사건과 관계가 있다고 인정할 수 있는 것에 한정하여 증거물 또는 몰수할 것으로 사료하는 물건을 압수할 수 있다. 단, 법률에 다른 규정이 있는 때에는 예외로 한다.

②법원은 압수할 물건을 지정하여 소유자, 소지자 또는 보관자에게 제출을 명할 수 있다.

③ 법원은 압수의 목적물이 컴퓨터용 디스크, 그 밖에 이와 비슷한 정보저장매체(이하 이 항에서 "정보저장매체 등"이라 한다)인 경우에는 기억된 정보의 범위를 정하여 출력하거나 복제하여 제출받아야 한다. 다만, 범위를 정하여 출력 또는 복제하는 방법이 불가능하거나 압수의 목적을 달성하기에 현저히 곤란하다고 인정되는 때에는 정보저장매체 등을 압수할 수 있다.

④ 법원은 제3항에 따라 정보를 제공받은 경우「개인정보 보호법」제2조제3호에 따른 정보주체에게 해당 사실을 지체 없이 알려야 한다.

형사소송법 제108조(임의 제출물 등의 압수) 소유자, 소지자 또는 보관자가 임의로 제출한 물건 또는 유류한 물건은 영장 없이 압수할 수 있다.

형사소송법 제109조(수색) ① 법원은 필요한 때에는 피고사건과 관계가 있다고 인정할 수 있는 것에 한정하여 피고인의 신체, 물건 또는 주거, 그 밖의 장소를 수색할 수 있다.

②피고인 아닌 자의 신체, 물건, 주거 기타 장소에 관하여는 압수할 물건이 있음을 인정할 수 있는 경우에 한하여 수색할 수 있다.

형사소송법 제218조(영장에 의하지 아니한 압수) 검사, 사법경찰관은 피의자 기타인의 유류한 물건이나 소유자, 소지자 또는 보관자가 임의로 제출한 물건을 영장없이 압수할 수 있다.

(2) 검증

일반적으로 검증은 장소나 물건의 존재 형태를 오관의 작용으로 직접 실험하고 경험하며 또는 인식하는 강제처분으로서 강제력이 따르는 게 일반적이다.[66]

형사소송법 제 215조(압수, 수색, 검증) ① 검사는 범죄수사에 필요한 때에는 피의자가 죄를 범하였다고 의심할 만한 정황이 있고 해당 사건과 관계가 있다고 인정할 수 있는 것에 한정하여 지방법원판사에게 청구하여 발부받은 영장에 의하여 압수, 수색 또는 검증을 할 수 있다.

②사법경찰관이 범죄수사에 필요한 때에는 피의자가 죄를 범하였다고 의심할 만한 정황이 있고 해당 사건과 관계가 있다고 인정할 수 있는 것에 한정하여 검사에게 신청하여 검사의 청구로 지방법원판사가 발부한 영장에 의하여 압수, 수색 또는 검증을 할 수 있다.

제216조(영장에 의하지 아니한 강제처분) ①검사 또는 사법경찰관은 제200조의2·제200조의3·제201조 또는 제212조의 규정에 의하여 피의자를 체포 또는 구속하는 경우에 필요한 때에는 영장 없이 다음 처분을 할 수 있다.

1. 타인의 주거나 타인이 간수하는 가옥, 건조물, 항공기, 선차 내에서의 피의자 수색. 다만, 제200조의2 또는 제201조에 따라 피의자를 체포 또는 구속하는 경우의 피의자 수색은 미리 수색영장을 발부받기 어려운 긴급한 사정이 있는 때에 한정한다.

---

[66] 이만종, 『경찰수사총론』 (서울: 청록출판사, 2007), p.156.

2. 체포현장에서의 압수, 수색, 검증

②전항 제2호의 규정은 검사 또는 사법경찰관이 피고인에 대한 구속영장의 집행의 경우에 준용한다.

③범행 중 또는 범행직후의 범죄 장소에서 긴급을 요하여 법원판사의 영장을 받을 수 없는 때에는 영장 없이 압수, 수색 또는 검증을 할 수 있다. 이 경우에는 사후에 지체 없이 영장을 받아야 한다.

제217조(영장에 의하지 아니하는 강제처분) ①검사 또는 사법경찰관은 제200조의 3에 따라 체포된 자가 소유·소지 또는 보관하는 물건에 대하여 긴급히 압수할 필요가 있는 경우에는 체포한 때부터 24시간 이내에 한하여 영장 없이 압수·수색 또는 검증을 할 수 있다.

②검사 또는 사법경찰관은 제1항 또는 제216조제1항 제2호에 따라 압수한 물건을 계속 압수할 필요가 있는 경우에는 지체 없이 압수수색영장을 청구하여야 한다. 이 경우 압수수색영장의 청구는 체포한 때부터 48시간 이내에 하여야 한다.

③검사 또는 사법경찰관은 제2항에 따라 청구한 압수수색영장을 발부받지 못한 때에는 압수한 물건을 즉시 반환하여야 한다.

③ 압수물의 환부·가환부

압수물의 환부란 압수물을 소유자 또는 제출인에게 반환하는 것이고, 가환부란 압수의 효력을 유지하면서 피압수자에게 가환부 하는 처분이다.

형사소송법 제218조의 2((압수물의 환부, 가환부) ①검사는 사본을 확보한 경우 등 압수를 계속할 필요가 없다고 인정되는 압수물 및 증거에 사용할 압수물에 대하여 공소제기 전이라도 소유자, 소지자, 보관자 또는 제출인의 청구가 있는 때에는 환부 또는 가환부하여야 한다.

②제1항의 청구에 대하여 검사가 이를 거부하는 경우에는 신청인은 해당 검사의 소속 검찰청에 대응한 법원에 압수물의 환부 또는 가환부 결정을 청구할 수 있다.

③제2항의 청구에 대하여 법원이 환부 또는 가환부를 결정하면 검사는 신청인에게 압수물을 환부 또는 가환부하여야 한다.

④사법경찰관의 환부 또는 가환부 처분에 관하여는 제1항부터 제3항까지의 규정을 준용한다. 이 경우 사법경찰관은 검사의 지휘를 받아야 한다.

〔별지 제91호 서식〕

＜수사결과 통지서＞

○○○○경찰서

제 0000-00000 호

수 신 : ○○지방검찰청장

제 목 : 압수·수색·검증영장신청

다음 사람에 대한 피의사건에 관하여 아래와 같이 압수·수색·검증하려 하니 까지 유효한 압수·수색·검증영장의 발부를 청구하여 주시기 바랍니다.

피의자	성 명	
	주민등록번호	(세)
	직 업	
	주 거	
변 호 인		
압 수 할 물 건		
수색·검증할 장소, 신체 또는 물건		
범죄사실 및 압수·수색·검증을 필요로 하는 사유		
7일을 넘는 유효기간을 필요로 하는 취지와 사유		
둘 이상의 영장을 신청하는 취지와 사유		
일출 전 또는 일몰 후 집행을 필요로 하는 취지와 사유		
신체검사를 받을 자의 성별·건강상태		

○○○○경찰서

사법경찰관 ○○ (인)

< 수사결과 통지서(송치) >

제 호	
수 신 : 귀하	
제 목 : 수사결과 통지서(고소인등·송치 등)	

귀하와 관련된 사건에 대하여 다음과 같이 결정하였음을 알려드립니다.

접수일시	. . .	사건번호	0000-000000
죄 명			
결정일			
결정종류	1. 송 치 (○) : (죄명:) 2. 이 송 ( ) : (죄명:) 3. 수사중지 ( )		
주요내용	**(예시)** 귀하가 접수한 사건에 대해 혐의가 있다고 판단하여 송치 결정으로 00지방검찰청(Tel:000)에 사건 송치합니다.		
담당팀장	○○과 ○○팀 경○ ○○○		☎ 02-0000-0000

제 호	
수 신 : 귀하	
제 목 : 수사결과 통지서(피의자·송치 등)	

귀하와 관련된 사건에 대하여 다음과 같이 결정하였음을 알려드립니다.

접수일시	. . .	사건번호	0000-000000
죄 명			
결정일			
결정종류	1. 송 치 (○) : (죄명:) 2. 이 송 ( ) : (죄명:) 3. 수사중지 ( )		
주요내용	**(예시)** 귀하의 00사건에 대해 혐의가 있다고 판단하여 송치 결정으로 00지방검찰청(Tel:000)에 사건 송치합니다.		
담당팀장	○○과 ○○팀 경○ ○○○		☎ 02-0000-0000

출처: 수사실무지침, 국가수사본부, 2021. 4. 1.

< 수사결과 통지서(불송치) >

제 호	
수 신 : 귀하	
제 목 : 수사결과 통지서(고소인등·불송치)	

귀하와 관련된 사건에 대하여 다음과 같이 결정하였음을 알려드립니다.

접수일시	. . .	사건번호	0000-000000
죄 명			
결 정 일			
결정종류	불송치 ( )		
이 유	형사소송법 제245조의6에 따라 결정 취지 및 이유를 기재하여야 함 ※「불송치 사건기록 작성기법」Ⅰ. 이론편 4. 불송치 결정 통지서 참고		
담당팀장	○○과 ○○팀 경○ ○○○		☎ 02-0000-0000

제 호	0000.00.00.
수 신 : 귀하	
제 목 : 수사결과 통지서(피의자·불송치)	

귀하와 관련된 사건에 대하여 다음과 같이 결정하였음을 알려드립니다.

접수일시	. . .	사건번호	0000-000000
죄 명			
결 정 일			
결정종류	불송치 ( )		
주요내용	※ 불송치의 사유만 간단하게 기재 (예시) 피의자의 행위는 정당방위에 해당하여 죄가안됨 공소시효가 만료되어 공소권 없음 등		
담당팀장	○○과 ○○팀 경○ ○○○		☎ 02-0000-0000

출처: 수사실무지침, 국가수사본부, 2021. 4. 1.

제5절 수사의 종결

형사소송법 제196조(사법경찰관리) 제4항 사법경찰관은 범죄를 수사한 때에는 관계 서류와 증거물을 지체 없이 검사에게 송부하여야 한다.

형사소송법 제202조(사법경찰관의 구속기간) 사법경찰관이 피의자를 구속한 때에는 10일 이내에 피의자를 검사에게 인치하지 아니하면 석방하여야 한다.

형사소송법 제246조(국가소추주의) 공소는 검사가 제기하여 수행한다.

수사는 범죄혐의를 밝혀 공소제기 여부를 결정하기 위한 수사기관의 활동이다. 수사절차는 공소제기를 결정할 정도의 피의사건이 명백하게 규명되었다고 판단되면 범죄사실에 대한 법령을 적용한 다음 검사에게 처리 의견을 제시할 정도에 이르면 수사의 절차는 종결하게 된다.

통상적으로 수사관에 의해서 범인이 검거되고, 나아가서 사법경찰이 구속할 수 있는 법적 기간으로 되어 있는 10일 내에 신병과 관련 범죄 서류를 모두 검찰에 보낸다. 특히 해당 검사는 추가로 10일간(10일 연장 가능) 동안 구속기간의 범죄 내에서 보완수사를 추가로 진행할 수 있도록 되어 있다. 마침내 검찰에 사건이 송치될 경우 수사경찰은 사건송치서, 압수물 총목록, 기록목록, 의견서, 피의자 환경조사서 등을 첨부해서 이관시켜 주어야 한다.67)

< 수사종결의 유형 >

(1) 공소제기

수사결과 객관적 범죄혐의가 충분하고 소송조건을 구비하여 유죄 인정을 받을 수 있다는 확신 있을 때 공소를 제기한다. 다만 형사소송법 제448조(약식명령을 할 수 있는 사건) ①지방법원은 그 관할에 속한 사건에 대하여 검사의 청구가 이는 때에는

---

67) 신현기,『경찰학개론』(파주: 법문사, 2015), p.572 참조.

공판절차 없이 약식명령으로 피고인을 벌금, 과료 또는 몰수에 처할 수 있다.

(2) 불기소 처분

① 혐의 없음

수사결과 범죄사실이 인정되지 않거나 충분한 증거가 없는 경우 또는 피의사실이 범죄를 구성하지 아니하는 경우에는 혐의 없음으로 결정한다(검사규칙 제69조).

② 죄가 안 됨

피의사실이 범죄구성요건에 해당하나 법률상 범죄의 성립을 조각하는 사유가 있어 범죄를 구성하지 아니하는 경우에는 죄가 안 됨으로 처분을 한다(검사규칙 제69조). 여기서 범죄의 성립을 조각하는 사유란 형법 제9조(형사미성년자) 14세가 되지 아니한 자의 행위는 벌하지 아니한다., 형법 제10조 제1항 심신장애로 인하여 사물을 변별할 능력이 없거나 의사를 결정할 능력이 없는 자의 행위는 벌하지 아니한다.는 규정의 경우 등 위법성 조각사유 또는 책임조각사유가 판명된 경우에 해당한다.

③ 공소권 없음

피의사건에 있어서 소송조건이 결여된 경우에는 공소권 없음으로 결정한다(검사규칙 제69조). 여기서 조송조건이 결여된 경우를 살펴보면 확정판결이 있을 경우, 사면이 있는 경우, 공소시효가 완성된 경우, 범죄 후 법령의 개폐로 형이 폐지된 경우, 법률의 규정에 의하여 형이 면제된 경우, 피의자에 관하여 재판권이 없는 경우, 친고죄에서 고소가 없는 경우, 반의사불벌죄에서 처벌을 원치 않는 경우, 피의자가 사망한 경우 등이 해당한다.

④ 각하

고소 또는 고발이 있는 사건에 관하여 혐의 없음, 죄가 안 됨, 공소권 없음의 사유에 해당함이 명백한 경우 형사소송법 제224조(고소의 제한), 형사소송법 제232조 제2항

고소를 취소한 자는 다시 고소하지 못한다., 형사소송법 제235조(고발의 제한)에 위반한 경우 고소·고발장 제출 후 고소인 또는 고발인이 출석에 불응하거나 소재가 불명 되어 고소·고발 사실에 대한 진술을 청취할 수 없는 경우에는 각하 처분을 한다.

(3) 기소유예·불기소처분

피의사실이 인정되나 형법 제51조(양형의 조건) 형을 정함에 있어서는 다음 사항을 참작하여야 한다.

1. 범인의 연령, 성행, 지능과 환경
2. 피해자에 대한 관계
3. 범행의 동기, 수단과 결과
4. 범행 후의 정황

규정된 사항을 참작하여 공소를 제기하지 않는 경우를 기소유예라고 한다. 또한 피의사건에 관하여 범죄의 객관적 혐의가 분명하고 소송조건을 구비한 경우에도 형사소송법 제247조 제1항 검사는 형법 제51조의 사항을 참작하여 공소를 제기하지 아니할 수 있다.

(4) 기소중지 불기소 처분

피의자의 소재불명으로 수사를 종결할 수 없는 경우에 그 사유가 해소될 때까지 수사를 중지하는 처분을 기소중지 결정이라고 한다(검사규칙 제73조). 또한 고소인 또는 참고인의 소재가 불명한 때에는 참고인 중지 결정을 할 수 있다(검사규칙 제74조).

(5) 타관송치

형사소송법 제256조(타관송치) 검사는 사건이 그 소속 검찰청에 대응한 법원의 관할에 속하지 아니한 때에는 사건을 서류와 증거물과 함께 관할법원에 대응한 검찰청 검사에게 송치하여야 한다., 형사소송법 제256조의 2(군검사에 의한 사건송치) 검사는 사건이 군사법원의 재판권에 속하는 때에는 사건을 서류와 증거물과 함께 재판권을 가진 관할 군검찰부 군검사에게 송치하여야 한다. 이 경우에 송치 전에 행한 소송행위는 송치 후에도 그 효력에 영향이 없다

< 불기소 처분에 대한 불복 >

고소인·고발인은 검사의 불기소처분에 대하여 검찰항고(항고·재항고), 재정심청, 헌법소원 등의 불복 방법이 있다.

(1) 검찰항고

고소인 또는 고발인은 검사의 불기소 처분에 불복하는 경우 불기소 처분 통지를 받은 날로부터 30일 이내에 관할 고등검찰청의 장에게 할고할 수 있다. 도한 항고를 기각 처분하는 경우 검찰총장에게 재항고 할 수 있다.

(2) 재정신청

고소권자로서 고소를 한 자는 검사로부터 공소를 제기하지 아니한다는 통지를 받은 때에는 고소할 고등법원에 그 당부에 관한 재정을 신청할 수 있다. 형사소송법 제260조(재정신청) ①고소권자로서 고소를 한 자(「형법」 제123조부터 제126조까지의 죄에 대하여는 고발을 한 자를 포함한다. 이하 이 조에서 같다)는 검사로부터 공소를 제기하지 아니한다는 통지를 받은 때에는 그 검사 소속의 지방검찰청 소재지를 관할하는 고등법원(이하 "관할 고등법원"이라 한다)에 그 당부에 관한 재정을 신청할 수 있다. 다만, 「형법」 제126조의 죄에 대하여는 피공표자의 명시한 의사에 반하여 재정을 신청할 수 없다.

②제1항에 따른 재정신청을 하려면 「검찰청법」 제10조에 따른 항고를 거쳐야 한다. 다만, 다음 각 호의 어느 하나에 해당하는 경우에는 그러하지 아니하다.

1. 항고 이후 재기수사가 이루어진 다음에 다시 공소를 제기하지 아니한다는 통지를 받은 경우

2. 항고 신청 후 항고에 대한 처분이 행하여지지 아니하고 3개월이 경과한 경우

3. 검사가 공소시효 만료일 30일 전까지 공소를 제기하지 아니하는 경우

③제1항에 따른 재정신청을 하려는 자는 항고기각 결정을 통지받은 날 또는 제2항 각 호의 사유가 발생한 날부터 10일 이내에 지방검찰청검사장 또는 지청장에게 재정신청서를 제출하여야 한다. 다만, 제2항 제3호의 경우에는 공소시효 만료일 전날까지 재정신청서를 제출할 수 있다.

(3) 헌법소원

고소하지 않은 피해자는 검사의 불기소 처분에 항고, 재항고, 재정신청을 할 수 없으므로 헌법소원을 할 수 있다.

< 공소시효 제도 >

(1) 공소시효의 의의

공소시효란 일정한 기간 동안 공소를 제기하지 않고 방치하는 경우에 국가의 소추권을 소멸시키는 제도를 말한다.

(2) 공소시효 기간 및 시효정지

형사소송법 제249조(공소시효의 기간) ①공소시효는 다음 기간의 경과로 완성한다.

1. 사형에 해당하는 범죄에는 25년
2. 무기징역 또는 무기금고에 해당하는 범죄에는 15년
3. 장기 10년 이상의 징역 또는 금고에 해당하는 범죄에는 10년
4. 장기 10년 미만의 징역 또는 금고에 해당하는 범죄에는 7년
5. 장기 5년 미만의 징역 또는 금고, 장기10년 이상의 자격정지 또는 벌금에 해당하는 범죄에는 5년
6. 장기 5년 이상의 자격정지에 해당하는 범죄에는 3년
7. 장기 5년 미만의 자격정지, 구류, 과료 또는 몰수에 해당하는 범죄에는 1년

②공소가 제기된 범죄는 판결의 확정이 없이 공소를 제기한 때로부터 25년을 경과하면 공소시효가 완성한 것으로 간주한다.

형사소송법 제253조(시효의 정지와 효력) ①시효는 공소의 제기로 진행이 정지되고 공소기각 또는 관할위반의 재판이 확정된 때로부터 진행한다.

②공범의 1인에 대한 전항의 시효정지는 다른 공범자에게 대하여 효력이 미치고 당해 사건의 재판이 확정된 때로부터 진행한다.

③범인이 형사처분을 면할 목적으로 국외에 있는 경우 그 기간 동안 공소시효는 정지된다.

(3) 공소시효의 적용배제

형사소송법 제253조의 2(공소시효의 적용 배제) 사람을 살해한 범죄(종범은 제외한다)로 사형에 해당하는 범죄에 대하여는 제249조부터 제253조까지에 규정된 공소시효를 적용하지 아니한다.

성폭력범죄의 처벌에 등에 관한 특례법 제21조 공소시효에 관한 특례, 아동·청소년의 성보호에 관한 법률 제20조 공소시효에 관한 특례 제도를 두어 공소시효를 적용하지 않는다. 따라서 13세 미만의 사람 및 신체장애가 있는 사람에 대하여 형법 제297조 강간, 제298조 강제추행, 제299조 준강간, 준강제추행, 제301조 강간 등 상해치상, 제301조의2 강간 등 살인·치사 죄 등의 경우와 헌정질서 파괴범죄, 형법의 내란의 죄, 외환의 죄, 군형법, 반란의 죄, 이적죄, 군사법원법 제291조부터 제295조까지의 규정은 공소시효 적용을 배제하고 있다.

<수사의 종결 결과>

종결 형식			
	공소제기		객관적 혐의가 충분하고 소송조건을 구비
	불기소 처분	혐의 없음	피의사실이 인정되지 아니하거나 증거가 없는 경우, 범죄를 구성하지 아니하는 경우
		죄가 안됨	위법성조각사유, 책임조각사유, 친족, 동가 가족의 범인은닉, 증거인멸
		공소권 없음	소송조건 결여, 형면제 사유, 일반사면, 피의자 사망 등
		각하	고소, 고발사건에 대해 혐의 없음, 죄가 안됨, 공소권 없음 해당함이 명백
		기소유예	범죄의 혐의가 인정되고 소송조건이 구비되었으나 정황 등을 참작하여 공소를 제기하지 아니하는 경우
		기소중지	피의자 소재 불명
		참고인 중지	고소인, 고발인, 중요 참고인의 소재 불명
		공소보류	국가보안법 위반의 경우 양형을 참작
		타관송치	타 검찰청, 법원 소년부에의 송치
불복	검찰의 불기소처분에 대하여 검찰항고, 재정신청, 헌법소원 등이 가능		

출처: 강용길 외 8인, 앞의 책, p.177; 신현기, 『경찰학개론』(파주: 법문사, 2015), p.572 참조.

제1편 - 수사의 기초이론 117

< 수사 체계도 >

```
                              상소
                               ↑
                              선고
                               ↑
                            변론종결              법정구속가능
                      증인신청, 서증제출
                      감정신청, 검증신청
                      사실조회신청         정식재판청구
    법원    보                문서송부촉탁신청등            ↑
   (재판)   석                   변론          약식명령문송달
          청                                      ↑
          구              공판기일지정/소환      약식명령고지
                    구공판                구약식
                          검사의 공소제기  →  불기소처분
                               ↑
                          구속상태유지
                               ↑
                          구속적부심사청구      인정
                               ↑                    → 불구속/석방
    수                    구속영장 발부(판사)
    사     사건의 송치           ↑           기각
    기                    구속영장 실질심사
    관     구속기간              ↑           기각
                          구속영장 청구(검사)
          구속수사              ↑
                          구속영장 신청(경찰)
                               ↑
                              입건
                    ↗      ↑       ↖
                내사   고소/고발  현행범  긴급체포

                            사건발생
```

출처: 중앙경찰학교, 『수사경찰론』(충주: 중앙경찰학교, 2009)의 자료를 참조하여 재구성함; 신현기, 『경찰학개론』(파주: 법문사, 2015), p.571 참조.

제9장 수사의 지휘

제1절 수사지휘의 의의 및 중요성

1. 수사지휘의 의의

수사지휘란 수사기관의 책임자가 수사의 착수로부터 종결에 이르기까지 각 단계별 수사의 진행 상황을 파악하고 수사 실행방법의 적부를 수시로 검토하여 수사경찰에게 필요한 지시와 감독으로 적정한 수사, 즉 합법성과 합리성, 타당성 있는 수사가 되는 방향으로 진행 시켜 나가는 관리자의 기술적 활동을 의미한다.[68]

2. 수사지휘의 중요성

수사지휘는 적정수사 실현을 위한 구체적 감독기술로서 수사에서 수사지휘의 적부는 수사의 성패를 좌우하는 중요한 관건이 된다. 따라서 모든 수사요원의 능력, 기술, 소질, 지식, 경험 등이 수사목적 달성을 위한 충분히 발휘될 수 있도록 수사조직의 편성, 수사요원의 지휘, 사건의 지휘가 이루어져야 한다.

3. 수사지휘의 내용

수사지휘는 수사기술을 구체화하기 위한 감독기술로서 수사조직의 편성, 수사요원과 사건의 지휘 등을 그 내용으로 한다. 수사조직의 편성이나 수사요원의 지휘는 준비적, 정서적 업무로서 수사 행정 관리에 속하는 업무이나 사건지휘는 구체적 사건 수사에 대하여 행하는 실행적, 동적 업무라고 할 수 있다.

제2절 수사조직 편성의 지휘

---

[68] 김충남, 『경찰수사론』 (서울: 박영사, 2013), p.164.

수사조직은 조직관리의 측면에서 무리, 낭비, 모순 등이 없도록 수사요원의 지식, 경험, 능력 등을 토대로 능률의 원리에 따라 편성하여야 한다. 수사조직의 목적을 명백히 하고 목적 달성에 필요한 모든 업무를 분석하여 합리적으로 분담하며, 인원, 장비, 비용 등 필요한 수단이 충족되어 조직의 목적과 수단 면에서 조직 전체가 균형을 이루고 수시로 보고, 연락, 통제가 가능하도록 연락 체계를 갖추어야 한다. 수사조직이 완성되어 수사실행 단계에 들어가면 수사진행에 따라 수사목적이 이해되고 있는지 여부를 확인하여야 한다.[69]

제3절 수사사건과 수사요원의 지휘

수사기관의 책임자는 우선 관리자로서의 일반적인 자격요건을 구비하여야 한다. 즉 수사에 대한 넓고 정확한 지식과 기술, 수사활동의 근거가 되는 법규의 숙지, 부하통솔의 기술, 수사방법의 연구 및 개선의 자세, 수사요원의 지도 및 교양, 부하로부터의 보고 청취 및 상사에게 정확한 보고, 형식적이고 계급적인 권위보다 실질적인 인간관계를 위주로 한 사적, 인격적 권위의 형성 등을 바탕으로 민주적 지휘, 책임범위의 설정, 명확하고 구체적인 지휘, 정확한 지시 및 보고, 지휘성과의 확인이 반복적으로 이루어져야 한다.

제4절 수사지휘를 통한 수사보고서 작성 방법

1. 수사보고서의 개념

수사보고서에 대해 하나의 개념으로 정의된 것은 없다. 다만 네이버 국어사전에는 '사법경찰관이 범죄 수사에 관한 보고를 기록한 문서'[70]라고 정의하고 있다. 학계에서는 수사보고서의 개념에 대해 견해가 나누어지고 있지만 수사보고서는 "수사의

---

69) 김충남, 『경찰수사론』 (서울: 박영사, 2013), p.165.
70) 네이버 국어사전 (https://dict.naver.com/search.nhn?, 방문일:22.05.20.)

주체가 수사와 관련한 일정한 사항을 내부적으로 보고하기 위하여 작성한 수사서류"라고 보는 것이 타당하다는 견해이다.

따라서 수사보고서를 작성할 때에는 일상생활에서 사용하는 쉬운 용어를 사용하고, 사투리, 약어, 은어, 외국어, 전문용어 등은 괄호나 각주 표시로 설명을 붙여 명확하게 하는 것이 필요하다. 또한 수사보고서를 작성할 때에는 띄어쓰기나 항목의 구분은 사무관리시행규칙 제11호에 따르는 것이 좋다.[71]

2. 수사보고서 작성 대상

수사보고서 작성 대상은 사건과 관련한 모든 수사활동을 근거로 남기는 서류와 실제 수사를 통해 확인된 사실의 정리, 사건과 관련한 모든 일이 수사보고의 대상이다. 사건관계자 등으로부터 각종 서류를 제출받은 경우, 탐문활동을 한 경우, 사건과 관련한 각종 정보를 검색한 경우, 사건관계자 등과 통화를 한 경우, 출석요구를 하였으나 출석하지 않은 경우 등이 빈번하게 작성되는 서류이다.

3. 수사보고서 작성 방법

수사보고서는 작성할 수사사항을 가능한 한 상세히 기재한다. 기록목록에는 문서의 제목만 남으므로 수사보고서가 어떠한 내용인지 알 수 있도록 부제목도 기재하며, 기록으로 남길 수사사항이 발생하면 지체 없이 작성하여 수사보고서에 기재된 내용의 임의성이 의심받지 않도록 한다. 내용이 많을 경우 항목을 나누고 첨부물이 있다면 첨부 목록을 기재한 후 첨부한 서류와 함께 간인하고, 첨부되는 서류에 대한 접수경로와 입증하고자 하는 내용들을 정리할 때도 작성한다.

4. 수사보고서의 작성 효과

수사보고서는 시간적으로 진행되는 수사과정을 상호 연결, 산발적으로 수집되는 정보들을 이해하기 쉽도록 하는 효과가 있다. 또한 각종 서류 등을 취득한 경위를 밝히는 의미를 가지며 진술조서와 함께 수사관의 수사결과보고에 논리적 근거를 제

---

[71] 중앙경찰학교, 『수사실무 I 론』 (충주: 중앙경찰학교, 2021), p.54.

공하는 역할, 여타 수사서류를 보충하는 역할, 해당 사건의 재판에서 유·무죄 및 양형 판단에 증거로 쓰일 수도 있다.[72]

< 수사보고서 작성례 >

○○○○경 찰 서

제 0000-00000 호

수 신 : 경찰서장

제 목 : 수사보고(출석불응)

      피의자 김 ○○에 대한 사기 피의사건에 관하여 아래와 같이 수사하였기 보고합니다.

1. 피의자 인적사항
   성명: 김 ○○(金 ○○) 만 40세
   주거: 서울 강부구 미아동 20-5 코리아아파트 101-308

2. 수사사항
   피의자는 사기 피의자로 3회에 걸친 출석요구에 대하여 계속 출석불응하여 수사를 방해하고 있음을 보고합니다. 끝.

경로	수사지휘 및 의견	구분	결 재	일시

---

72) 중앙경찰학교, 『수사(KICS』 (충주: 중앙경찰학교, 2021), p.83.

제5절 언론대응 요령 및 지휘

1. 보도자료 작성 제공 방법

보도자료는 보도를 목적으로 기자에게 제공하는 것으로 일반 기사와 같은 방식으로 작성하여 제공하는 것으로 국민의 입장에서 필요한 정책을 적극 발굴, 일목요연한 사실을 설명하여 작성, 맞춤법 준수, 전문용어, 약어, 영문, 이니셜은 피하여 알기 쉽도록 작성하고 성명·사생활 등 개인정보 침해 문제가 발생하지 않도록 유의, 사진·영상자료 제공 시 초상권·명예훼손 침 및 관련 법률 위반 여부를 면밀히 검토하고, 사진은 가급적 문안에 맞는 것으로 제공한다.

또한, 기사는 가장 적절한 시점에 배포하고 기자가 보충 취재할 수 있는 시간적 여유가 있도록 제공한다. 보도자료는 각 언론사에 동등하게 제공하고 브리핑은 백드롭이 설치된 장소에서 책임간부가 실시한다.

2. 언론대응 요령

기자가 경찰업무 관련 취재 시 신속한 보도예상보고로 적절한 대응조치를 강구하여야 한다. 또한 보도진상보고는 보도된 내용이 사실과 다를 때에는 타 언론사로의 전파를 막기 위해 신속하게 각 언론사에 보도내용과 사실과의 차이점을 적시하여 알려주어야 한다. 인터뷰 요청 시 주제와 맞는 대상자 파악 및 인터뷰 일정, 사전 자료준비 등의 시간을 확보한다.

오보·왜곡·과장 보도에 대하여 언론중재위원회에 조정 및 중재를 위한 정정보도, 반론보도, 추후보도, 손해배상 청구 등 시정요청과 손해배상 청구 등 법률 소송과 명예훼손, 형사고발 등 피해 구제를 요청하는 등 적극적인 대응이 필요하다.

3 수사사건 언론취재 대응 및 지휘

수사단계에서의 언론취재에 대한 대응 기준은 수사개시 전 내사 단계의 취재에 대하여는 일체의 사실 확인 및 공표가 불가하며 수사 중인 사건은 종결 시까지 원칙적으로 공표가 불가하니 중대한 공익상 필요가 있는 경우 수사의 배경 및 진행사항에 대한 공표는 가능하다. 아울러 종결된 사건의 경우는 충분한 객관적 증거 등에 바탕을 둔 사실 발표에 한정한다.

 중요사건 수사상황 발표, 엠바고 요청 시 사전에 수사부서와 홍보부서가 협의해야 하며, 아울러 권한 있는 간부로 대 언론 창구 일원화하여야 한다.

< 언론 대응 요령 >

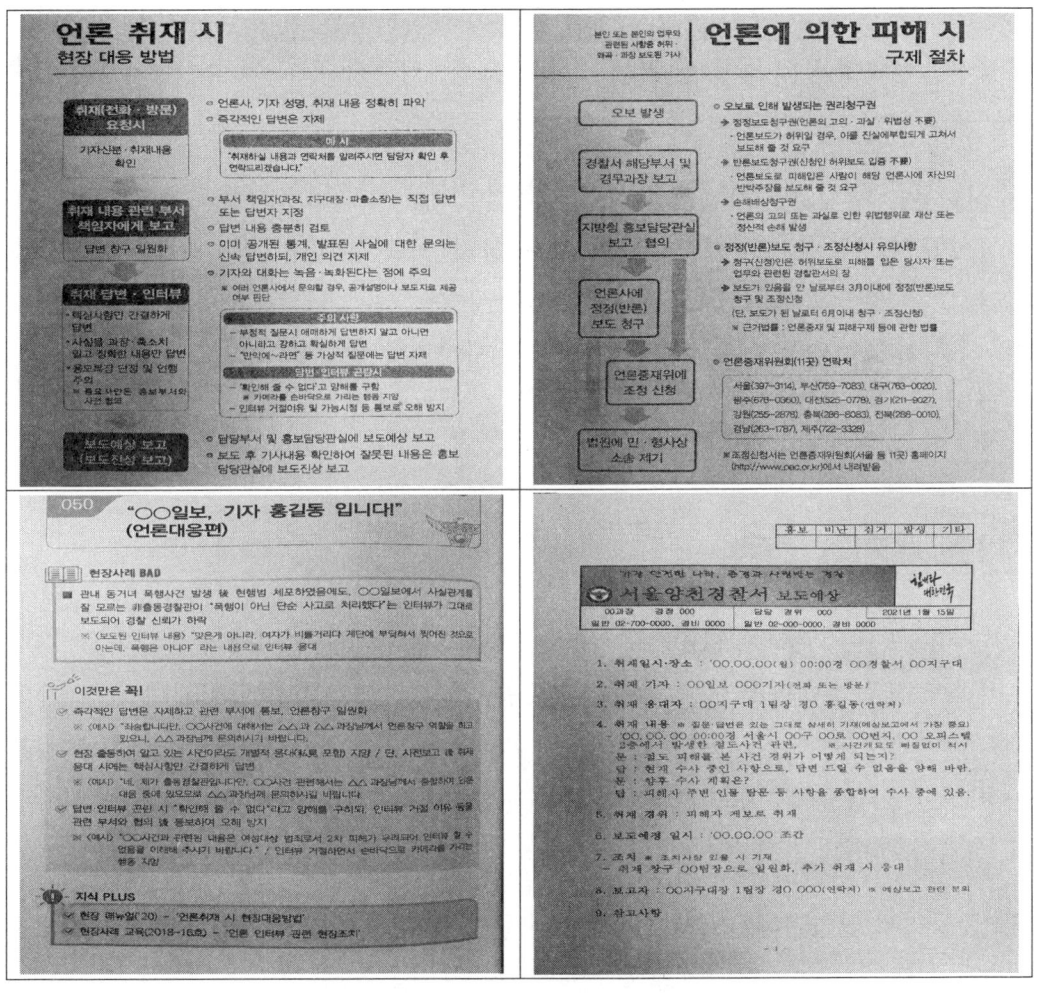

출처: 김균태 외2인, 『실무중심 경찰수사론』 (서울: 박영사, 2020), p.158.

제10장 수사지휘와 수사의 행정

제1절 수사본부의 설치 및 운영

살인, 강도, 강간, 방화, 대규모 조직폭력단 사건 등 중요하다고 인정되는 사건, 기타 사회적 이목을 집중시키거나 중대한 영향을 미칠 우려가 있다고 인정되는 중요 사건이 발생한 경우 경찰의 조직 기능을 통일적으로 강력하게 발휘하여 적정하고 효율적인 종합수사의 실효를 거둘 수 있도록 '범죄수사규칙' 및 수사본부운영규칙'에 근거하여 수사본부를 설치·운영한다.

수사본부는 구체적인 특별 중요사건의 해결이라는 특정의 임무를 수행하기 위하여 정상적인 수사체제와는 별도로 임시로 편성되는 조직이다(범죄수사규칙 제13조). 따라서 수사본부의 설치를 통한 사건 수사 시에는 수사본부장의 지휘에 따라야 하며, 다른 경찰관서에서 당해 사건에 관한 수사자료를 얻었을 때에는 수사본부에 신속히 연락하여야 한다.[73]

제2절 유치장 관리

일반적으로 우리나라 경찰기관에서 유치장은 경찰서에만 설치되어 운영되고 있다. 우리나라 전국의 경찰서가 2020년 4월 기준 255개인데, 즉 이에 비례해서 255개의 유치장이 존재한다고 보면 된다. 하지만 현재 모든 경찰서가 유치장을 가지고 있기는 하지만 모두 운영하는 것은 아니고 효율성을 기하기 위해 이른바 통합 유치장제를 시행하고 있다.

예를 들어서 안양권에는 5개의 경찰서가 존재한다. 즉 안양동안경찰서만 유치장을

---

[73] 김충남, 『경찰수사론』 (서울: 박영사, 2013), p.178.

운영하기로 하고 그 주변에 있는 안양만안경찰서, 군포경찰서, 의왕경찰서, 과천경찰서 소속의 유치인들을 모두 유치 관리해 주는 제도를 운영해 오고 있다. 이러한 통합유치장제는 적은 경찰인력으로 경찰의 비용을 절약할 수 있는 바람직한 제도로 평가된다. 더욱이 유치인 1명을 보호 관리하는데 최소 10여명의 경찰인력이 필요하다고 보면 엄청난 국민의 세금 낭비라고 볼 수 있으므로 많은 이점을 가지고 있다. 하지만 각 경찰서가 다소 떨어져 있는 다른 경찰서 유치장에 유치인을 맡기고 데려다가 조사를 진행하는 과정에서 행여 사고라도 발생하면 큰 일이 아닐 수 없다는 단점도 동시에 지니고 있다.[74]

1. 유치의 의의

흔히 유치는 경찰서의 유치장에 가두고 수사를 진행하는 것을 의미한다. 예를 들어 피의자, 피고인, 구류인, 의뢰 입감자가 도주, 증거인멸, 자해행위, 통모행위, 도주원조 등을 하지 못하도록 미리 예방 내지는 방지하는데 목적이 있다. 이뿐만 아니라 유치인의 건강도 함께 보호하기 위해 범인의 신체적 자유를 구속시키는 것으로 이해된다.[75]

2. 유치장 보호근무의 중요성

무엇보다 경찰의 유치장에서 유치인에 대한 보호 근무는 유치인의 인권을 최대한 보장하는 일이다. 경찰은 자해행위, 통모행위, 유치인의 도주, 죄증인멸 등을 사전에 철저하게 방지함은 물론이고 유치인의 건강이라든가 유치장 내의 질서를 유지시켜야 하는 등의 그야말로 중요한 각종 업무이면서 동시에 책임을 져야 한다. 만의 하나 유치인이 자해행동 등으로 인해 어떤 예측하지 못한 사고라도 발생하면 해당 경찰은 수사상에서 많은 어려움에 직면할 수도 있다.

이러한 중대한 문제는 결국 경찰을 바라보는 국민의 신뢰에 손상이 발생하는 위험도 예상되므로 항상 주의해야 한다. 유치장을 관리하는 경찰팀은 수감된 유치인이

---

74) 신현기, 『경찰학개론』(파주: 법문사, 2015), p.586 참조.
75) 신현기, 『경찰학개론』(파주: 법문사, 2015), p.585 재인용.

자해행위 등을 하지 못하도록 언동을 철저히 감시해야 한다. 유치장에서 절망한 나머지 어떤 돌발 사고를 발생시킬 위험이 항상 도사리고 있는 만큼 이러한 예상되는 사고를 사전에 미리 방지해야 한다. 또한 유치장 근무를 하는 경찰관들은 수사상의 각종 자료를 발견하고 수집하는 등의 적극적인 임무도 동시에 수행해야 하며 잠시도 방심하면 안 되는 매우 중요한 임무를 수행하는 부서이다.[76]

< 유치인 관리 >

수용시 조치	입출감 지휘서	▶ 유치인보호 주무자가 발부하는 피의자입(출)감 지휘서에 의하여 입(출)감하며, 동시에 3인 이상의 입(출)감에는 간부가 입회 순차적으로 입(출)감
	준수사항 지시	▶ 유치인보호관은 새로 입감한 유치인에게 유치장에서의 준수사항을 지시하고 접견, 연락절차 등 설명
분리 수용	공범자 등 분리	▶ 형사범과 구류인, 20세 이상인 자와 20세 미만인 자, 신체장애인, 사건 관계의 공범자 등은 유치실이 허용하는 한 분리 유치
	여자의 유치	▶ 남자와 여자는 분리 수용 ▶ 여자 유치인이 유아(생후 18개월 이내)대동신청서를 제출하여 경찰서장이 허가하면 신청서를 피의자입(출)감지휘서에 첨부하여 대동 유치 → 유치장에서 출생한 유아에 대해서도 위와 같이 처리
흉기 등 검사		▶ 피의자를 유치할 때에는 신체에 흉기, 독극물 등의 은닉소지 여부를 철저히 검사. 다만, 여성유치인은 여성유치인보호관(없는 경우 여성경찰관 또는 여의사)이 검사
		▶ 정밀신체검사대상: 살인 등 죄질이 중한 사범, 반입금지 물품 휴대의심자, 타유치인 위해 및 자해우려자
가족에의 구속통지		▶ 피의자를 체포, 구속한 때에는 지체 없이 서면으로 그 가족이나 그가 지정한 자에게 통지 → 형소법 제87조 경찰서장이 통지
구속통지 신상통지		▶ 유치인으로부터 신청이 있을 때에는 그 가족 또는 대리인에게 수사상 지장이 없는 범위 내에서 유치인의 신상에 관한 통지 가능

출처: 이상원·김상균, 『범죄수사론』 (파주: 양서원, 2005), p. 306; 신현기·남재성, 『새경찰학개론』 (서울: 우공출판사, 2013), p. 439; 신현기, 『경찰학개론』 (파주: 법문사, 2015), p.587 재인용.

---

76) 이상원·김상균, 앞의 책, pp. 305~306; 신현기·남재성, 『새경찰학개론』 (서울: 우공출판사, 2013), p. 439; 신현기, 『경찰학개론』 (파주: 법문사, 2015), p.585 재인용.

3. 유치장 관리책임의 구분

(1) 경찰서장

우리나라 255개의 전국 경찰서의 서장은 범죄를 발생시킨 피의자에 대한 유치와 유치장의 유지관리에 대해 전반적인 지휘 감독을 함은 물론 전적으로 그 총괄책임을 지고 있다.[77]

(2) 유치주무자

각 경찰서의 수사과장은 직속상관인 경찰서장을 직접 보좌하는 동시에 보호근무를 담당하고 있는 유치인보호관(이하 유치인보호관이라 함)을 직접 지휘 및 감독함은 물론 피의자 유치는 물론이고 유치장의 관리도 직접적으로 책임을 지고 있다.

(3) 경찰서의 수사지원팀장과 수사서무반장

우리나라 경찰서의 수사지원팀장과 수사서무반장은 유치인보호 주무자를 직접 보좌한다. 그리고 피의자의 유치와 유치장의 관리에 이상이 없도록 만전을 기해야 한다.

(4) 야간 또는 공휴일

우리나라 경찰서의 운영규정은 야간과 공휴일 경우에는 상황실장이나 경찰서장이 미리 지정하는 자가 유치인보호를 위한 주무자의 직무를 직접 대리하며 그 전적인 책임을 지는 방식에 따른다.[78]

제3절 변사사건의 처리

변사사건의 처리란 노쇠사, 병사 등 자연사 이외의 부자연사에 의한 변사사건이 발생하였을 때 변사체의 사인을 규명하여 자·타살 여부를 명확히 하고 신원을 파악

---

[77] 경찰대학, 앞의 책, p.370.
[78] 신현기,『경찰학개론』(파주: 법문사, 2015), p.588 재인용.

하여 범죄수사에 활용하며, 사체는 유가족에게 인도하는 활동을 말한다.

변사사건의 처리는 사법검시와 행정검시로 구분할 수 있으며 형사소송법 제222조(변사자의 검시), 범죄수사규칙, 행정검시규칙에 의하여 조치한다.[79]

< 검시 종류별 조치사항 >

구분	사법검시		행정검시
	사인이 명확한 경우	사인이 명확하지 않은 경우	
보고	변사체를 발견하거나 신고를 받았을 때 즉시 경찰서장에게 보고		
	검사에게 발생보고 및 지휘건의		검사의 지휘 불필요
검시·부검	- 대행검사 시 의사의 참여를 요구하여 검시를 시행하며 검시조서 작성 - 의사의 사체검안서 작성 첨부	- 수사상 필요한 경우 영장 받아 검증하되 의사 기타 적당한 감정인에게 사체해부를 위촉 - 긴급을 요할 경우 영장 없이 검증할 수 있으며 사후 영장을 받아야 함 · 이 경우 검증조서와 감정서를 작성하고 검시조서 생략 가능	- 발생보고 받은 경찰서장은 변사체가 행정검시 대상에 해당된다고 인정될 때 지역관서장(지구대장, 파출소장)에게 행정검시를 명함 - 지역관서장의 조치 · 의사의 검안을 거쳐 행정검시조서 작성 · 행정검시조서, 사체검안서, 사체이순서 첨부하여 경찰서장에게 처리결과보고
사체 인도	- 발생시간 접수 12시간 이내에 유족에게 인도	- 사건 접수 24시간 이내에 유족에게 인도	- 검시 후 즉시 유족에게 인도

---

79) 김충남, 『경찰수사론』 (서울: 박영사, 2013), p.178.

제4절 호송

1. 의의

일반적으로 호송이라 함은 예를 들어 즉결인, 형사피고인, 피의자, 구류인 등을 검찰청, 법원, 교도소나 경찰서의 유치장으로 연행하기 위해 이동하면서 총체적으로 간수하는 것을 말한다.

2. 호송의 종류와 요령

호송의 방법은 다음과 같이 직송과 체송 방식이 있다. 그리고 호송내용으로는 이감호송, 왕복호송, 집단호송, 비상호송 등이 있다.

<호송의 종류와 요령>

호송방법	직송	▶ 피호송자를 목적지에 직접 호송
	체송	▶ 중병의 피의자를 치료 후 호송
호송내용	이감호송	▶ 피호송자를 다른 장소로 이동 혹은 특정관서로 인계하는 것
	왕복호송	▶ 피호송자를 특정장소로 호송 후 용무를 마친 다음 다시 발송관서 또는 호송관서로 호송
	집단호송	▶ 한 번에 다수의 피의자를 호송
	비상호송	▶ 비상사태시 다른 곳에 수용하기 위한 호송
호송수단		▶ 도보, 차량, 항공기, 선박 등

출처: 이상원.김상균, 『범죄수사론』 (파주: 양서원, 2005), p.320; 신현기.남재성, 『새경찰학개론』 (서울: 우공출판사, 2013), p.425; 신현기, 『경찰학개론』 (파주: 법문사, 2015), p.590 재인용.

3. 사고발생시의 조치

호송관은 호송업무를 진행하는 동안 혹시나 피호송자가 도주 또는 자살 기타의 사고가 발생하였을 경우에는 다음과 같은 일련의 조치들을 신속히 취하는 것이 좋다.80)

(1) 피호송자가 도주하였을 때

이 경우에는 즉시 사고가 발생한 장소를 관할하는 경찰서에 신고한 다음 도주피의자를 신속하게 수배해야 한다. 그리고 수사상 필요한 관련 사항들을 알려 주어야 한다. 이 경우 소속장에게 전화 혹은 기타 다른 신속한 방법을 최대한 활용하여 보고한 다음에 그 지휘를 받는 게 일반적이다.

그리고 호송관서의 장은 호송해달라는 요청, 즉 접보 즉시 상급 감독관서와 관할검찰청에 즉보 해야 함을 의무로 한다. 이와 함께 호송인을 인수하게 될 관서에 즉시 통지하고 도주피의자를 즉시 수사하는 작업에 착수해야 하는 의무를 지고 있다. 이럴 경우 도주한 자에 대한 호송관련 일체서류와 금품 등은 미리 호송관서에서 보관하도록 해야 한다.81)

(2) 피호송자가 사망하였을 때

호송관이 호송을 진행하다가 갑자기 피호송자가 사망하게 되는 경우가 발생할 수 있다. 이럴 경우 즉시 사망지의 관할경찰관서에 신고해야 한다. 그런 후 그 사체, 서류, 영치금품 등은 즉시 신고관서에 인도함을 의무로 한다. 단, 인위적으로 어떻게 할 수 없는 부득이한 상황에서는 다른 도착지의 관할경찰서에 인도해도 무난하다.

이러한 과정에 따라서 인도를 받은 관할 경찰관서는 신속하게 호송관서 및 인수관서에 발생한 사망 일시 그리고 원인 등을 통지해 주어야 하고 서류와 금품은 역시 호송관서에 송부해 주어야 한다. 이후 호송관서의 장은 접보 하게 된 즉시 상급 감독

---

80) 경찰대학, 앞의 책, pp. 390~391; 신현기・남재성, 『새경찰학개론』(서울: 우공출판사, 2013), p. 425.
81) 신현기, 『경찰학개론』(파주: 법문사, 2015), p.591 재인용.

관서 및 관할검찰청에 보고해야 한다. 물론 즉시 사망자의 유족이나 연고자에게 이러한 사고를 통지해 주어야 한다. 호송인 측으로부터 시체를 인도 받은 경우, 즉 사후 24시간 내에 그 인도받은 사체를 인수할 자가 아무도 없을 경우에는 구, 시, 읍, 면의 장에게 시체를 가매장하도록 의뢰 및 조치를 취해야 한다.[82]

(3) 피호송자가 발병하였을 때

호송관이 호송을 진행하는 중이 피호송자가 질병에 걸릴 수도 있다. 만일 질병이 다행히 경증이기 때문에 호송에 있어서 별로 지장이 없으며 당일로 호송을 마무리하는 것이 가능할 때에는 해당 호송관이 재량으로 합당한 응급조치를 취한 후 호송작업을 계속 진행해야 한다.

특히 피호송인이 중증으로 그 호송 작업이 계속 진행되기가 다소 어렵다고 인정될 경우에는 피호송자 의 모든 서류와 금품 등을 그 해당 발병지에서 최대한 가까운 관할 경찰관서에 즉시 인도해 주는 일은 아무리 강조해도 지나치지 않다.[83]

제5절 조회제도

1. 의의

일반적으로 조회의 종류에는 다음과 같이 범죄경력조회, 지명수배여부조회, 장물조회, 신원조회, 출.입국조회 등이 있다. 여기서 조회라 함은 범죄를 수사하기 위한 목적을 달성하기 위해 아직 확인되지 않은 범죄의 의심이 있다는 사실을 발견한 다음 평소에 수집해서 분석해 놓은 일련의 자료를 대조하고 확인함으로써 궁극적으로는 범죄사실을 확인하는 제도를 의미한다.

2. 조회의 종류 및 방법

---

82) 신현기, 『경찰학개론』 (파주: 법문사, 2015), p.591 재인용.
83) 신현기, 『경찰학개론』 (파주: 법문사, 2015), p.591 재인용.

조회에는 여러 가지 종류가 있다. 즉 조회대상에 따라서 범죄(수사)경력조회, 지명수배(통보)조회, 장물조회, 여죄조회, 신원조회, 수법조회, 지문조회, 운전자기록조회, 차량조회(차적조회) 등으로 구분된다. 특히 오늘날 조회를 해야 하는 경우가 매우 많아졌다. 우선 조회방법은 크게 서면조회와 수사전산망을 통한 컴퓨터조회가 있으며 이러한 방식이 주로 많이 이용되고 있다.[84]

제6절 수배제도

1. 의의

오늘날 우리나라 경찰상 수배제도는 다음과 같이 사건수배, 지명수배, 통보.장물수배 등 매우 다양하다. 우선 사건수배는 이미 범죄가 발생해버린 사건에 관해 타 경찰관서를 상대로 수사상 필요한 일련의 조치를 의뢰해서 행하는 수배를 의미한다. 흔히 사건수배와 긴급사건수배라고 하는 두 가지 종류로 나누어진다.

장물수배는 절도행위로부터 생겨난 결과를 통해 나타나는 것이다. 즉 장물수배는 여느 경찰관서에 대해 절도로부터 생겨난 이른바 장물의 발견을 요구하는 대내수배로 피해통보표 제도가 존재한다. 절도로부터 생겨난 것이 장물인 만큼 이는 고물상, 전당포업자 등과 쉽게 연계될 수 있다. 이렇게 고물상이나 전당포업자 등에 장물의 발견이라든가 마약중독자 등의 발견 그리고 신고를 요청하는 대외수배로 장물품제도 등도 있다.[85]

2. 현행 수배제도의 개요

수배제도는 대별하여 3종 즉, (긴급)사건수배, 지명수배.통보, 장물수배의 제도가 있다.[86]

---

84) 경찰대학, 앞의 책, p. 410; 신현기, 『경찰학개론』 (파주: 법문사, 2015), p.589 재인용.
85) 신현기, 『경찰학개론』 (파주: 법문사, 2015), p.589 재인용.
86) 이상원.김상균, 앞의 책, pp. 329~330.

(긴급)사건수배는 발생한 사건에 관하여 다른 경찰관서에 대하여 수사상 필요한 조치를 의뢰하는 수배로서 이에는 긴급사건수배와 사건수배의 2종이 있다.

지명수배.통보는 지정한 피의자의 사건처리를 의뢰하는 수배로서 지명수배, 지명통보의 2종이 있다. 장물수배는 다른 경찰관서에 대하여 장물의 발견을 요구하는 수배이다. 그리고 장물발견을 위한 수단으로써 고물상.전당포업자에 대하여 장물의 발견신고를 요청하기 위해 배부하는 장물품표의 제도가 있다.[87]

제7절 범죄통계

범죄통계란 범죄의 발생원인 및 범죄수법 등을 계수적으로 집계하여 분석·검토함으로서 치안요소 및 경찰의 활동실태를 객관적으로 파악하고 수사운영, 범죄예방대책 등의 정책을 위한 기초자료로 삼는 자료를 말한다.

경찰관서에서는 취급한 사건의 처리결과에 따라 범죄 발생에 관한 주요항목의 발생통계원표, 범죄자 검거와 관련된 주요항목의 검거통계원표, 피의자에 관한 주요항목의 피의자통계원표, 범죄 피해에 관한 주요항목의 피의자환경조사표 등 4종의 범죄통계원표를 작성한다.

경찰청에서는 이를 토대로 매년 '범죄분석'의 책자를 발간하고 있으며, 범죄분석예측시스템의 데이터를 바탕으로 살인, 강도, 강간, 절도, 폭력, 방화, 마약 등 중요범죄의 시간, 요일, 일자, 장소, 수법별 분석이 가능하며, 강도, 절도, 공갈, 약취, 유인, 위변조 등의 수법이나 유류품 등 각종 자료를 입력하여 여죄수사, 장물수사에 크게 활용되고 있다.[88]

---

[87] 신현기, 『경찰학개론』 (파주: 법문사, 2015), p.589 재인용.
[88] 김충남, 『경찰수사론』 (서울: 박영사, 2013), p.182.

제2편

수사의 기법

제1장　수사지휘를 통한 현장수사 기법

제1절 초동수사

 어떤 범죄가 발생한 다음에 가장 먼저 출동한 경찰관이 범죄 관련 증거를 정확하게 확보하기 위해 처음으로 범죄현장을 기점으로 해서 펼치는 일련의 수사활동을 의미한다. 본래 초동수사를 진행하는 목적은 이미 발생한 사건을 인지한 다음 신속하게 초동수사를 개시하는 것이다. 그리고 수사관을 신속 배치하여 범인을 검거한 후 물적 증거는 물론이고 참고인이나 증인도 사전에 확보하여 자세하게 사건 관련 상황을 명확하게 기록해 놓는 행위를 말한다.[89]

제2절 현장관찰

 일반적으로 현장관찰은 수사기관이 나서서 이미 발생한 범행과 연계되어 있는 복합적인 범죄관련 수사상 자료들을 신속하게 찾아내기 위해 증거물이 널려 있는 범죄현장 내에서 증거물들을 확보하는 동시에 현장의 실태를 명확하게 관찰 및 분석하는 활동을 의미한다. 무엇보다 현장관찰의 경우는 수사상 매우 중요한 해결의 수단이 된다. 이뿐만 아니라 범죄가 발생한 현장은 초동조치 하에서 충분한 증거를 확보해야만 하는 특성을 지니고 있다.

 즉 범죄현장은 두 번 다시 똑같이 재연되지 않는다는 의미이며 정확하고 충분한 증거자료들이 확보될 수 있도록 노력하는 일이 매우 중요하다는 이야기다.[90]

---

[89] 이만종, 『경찰수사총론』 (서울: 청록출판사, 2007), p.169.
[90] 신현기, 『경찰학개론』 (파주: 법문사, 2015), p.574 참조; 이만종, 『경찰수사총론』 (서울: 청록출판사, 2007), p.180.

제3절 탐문수사

일반적으로 탐문수사는 이미 범죄가 발생하였다는 것을 알았을 때 그 범죄의 발생 사실과 그 범죄와 관련된 피의자를 이미 알고 있는 자 혹은 범인뿐만 아니라 제3자를 통해서 발생한 범죄에 대한 견문 및 직접적으로 체험했던 일련의 상황이나 사실을 듣고 참고하기 위해 노력하는 일련의 수사활동을 말한다.[91]

특히 범죄를 맡아서 수사활동을 펼치는 담당 수사관은 무엇보다 성실한 태도, 인내와 정성, 상대방에 대한 존경, 냉정하고 온화한 태도로 범죄수사에 적극적으로 임해야 한다. 또한 수사관은 올바르게 탐문조사를 행해야 하며 이미 획득한 범죄 관련 정보나 수사자료들을 범죄수사상의 증거자료로 제시하기 위해 참고인들로 부터 진술조서를 사전에 남겨 두는 준비를 해두어야 한다.[92]

제4절 감별수사

감별수사란 무엇인가. 이는 범죄가 발생한 경우 그 범죄와 관련된 범인, 피해자, 범인과 범행지, 그리고 그 범죄발생 주변의 지역 간에 존재하고 있는 제반 사정 및 관계들에 연관을 지어 신속하게 수사를 펼치는 수사 방법 중 하나임을 의미한다.

특히 이 중에서 범인과 피해자 간의 관계 그리고 범인의 가족과 피해자 가옥과의 관계를 연고감이라고 부른다. 이 밖에 범인과 범행지역 그리고 그 주변지역과의 관계를 지리감이라고 한다.[93]

---

[91] 김형만, "수사경찰론", 김상호·신현기 외 7인, 『경찰학개론』 (파주: 법문사, 2006), p. 641.
[92] 김충남, 앞의 책, p. 500; 신현기, 『경찰학개론』 (파주: 법문사, 2015), p.574 참조; 이만종, 『경찰수사총론』 (서울: 청록출판사, 2007), p.199.
[93] 강용길 외 8인, 앞의 책, p.183; 신현기, 『경찰학개론』 (파주: 법문사, 2015), p.575 참조.

제5절 수법수사

수사의 기법에는 수법수사도 존재한다. 범죄의 수법이 어떠했느냐를 가지고 수사관들이 범죄 수사상 노하우로 활용하는 것이다.

1. 의의

수법수사는 범죄자가 범행 당시에 인적인 특징, 범행시간과 장소, 범죄행위에서 표현된 각종 수단, 범죄 방법, 범죄 습성 등 무형의 범죄수법을 주요 단서로 하여 범죄를 일으킨 범인을 추정함은 물론 신속히 검거하거나 추가적인 여죄를 집중적으로 추궁하는 경찰의 수사활동을 의미한다.

가령 강도 사건이 발생한 경우 그 종류가 다양하게 나누어진다.[94] 이미 발생한 강도행위가 어디서 벌어졌느냐의 결과는 다양할 수 있다. 그 구체적인 종류로 노상강도냐, 침입강도, 차량이용강도, 강도강간 등 매우 다양하며 동시에 그 강도의 습성 또한 제각기 다름을 보여준다.[95]

여기서 말하는 수법수사는 수사관이 범인이 가지고 있는 범죄 관련 수단, 방법, 습벽이 어떠했느냐를 가지고 이전에 그러한 방법으로 범죄를 일으켰던 경우를 상기하면서 전과자를 중심으로 범인을 찾아내는 일종의 수사기법을 의미한다.[96]

2. 수법수사의 중요성

오늘날의 각종 범죄는 다양하게 변화되고 있다. 오늘날 범죄자의 수법은 매우 교묘하게 발전하고 있다. 범죄자들은 자기가 행한 범죄현장에 어떠한 유형자료도 남기지 않는 수법을 활용하고 있다.

---

94) 이만종, 『경찰수사총론』(서울: 청록출판사, 2007), p.212.
95) 이만종, 『경찰수사총론』(서울: 청록출판사, 2007), p.222.
96) 신현기, 『경찰학개론』(파주: 법문사, 2015), p.575 참조; 이만종, 『경찰수사총론』(서울: 청록출판사, 2007), p.225.

따라서 오늘날 범죄문제를 해결하는데 있어서는 무형자료라고 할 수 있는 범죄수법에 의해 수사를 철저하게 진행하는 것이 아주 중요한 수사방법 중 하나가 되고 있다.97)

3. 범죄수법의 특성

일찍이 19세기 말엽 오스트리아의 형사학자 겸 예심판사였던 '한스 그로스(1847-1915)'는 범죄수법의 특성을 학문적으로 연구하여 이론화한 유명한 범죄학자다.98) 그는 범죄수법의 특성으로 반복성(관행성)과 필존성을 들고 있다.99)

(1) 범죄수법의 반복성(관행성)

상습범의 범죄행위를 구체적으로 예시하면 범죄수법은 ① 일정한 정형으로 고정되는 경향이 있고 ② 그때그때 용이하게 변경되지 않고 계속 반복적으로 행하며 ③ 개인적 습벽과 특징을 가지고 있다.100)

(2) 범죄수법의 필존성

무엇보다 범죄현장에서 범인이 범죄를 일으키면서 경찰을 위해 수사의 자료가 될 만한 물품을 남기지 않고 범죄목적을 달성한다는 것은 범인이 원하는 첫 번째 이상이라고 생각된다.

이렇게 완전범죄에 관해 강도 살인사건의 경우를 예를 들어 사건 문제를 검토해 볼 경우 그 완전범죄를 형성하는 주요 요건으로 다음의 다섯 가지를 제시해 볼 수 있다. 첫째, 범죄행위를 위한 흉기는 주로 현장에 놓여 있는 것을 많이 사용하는 경우가 많다. 둘째, 범죄자는 대부분 범행과 관련된 알리바이를 완전히 조작하는 행동을 취한다. 셋째, 범죄 살인자는 대부분 피해자를 완전히 살해한다. 넷째, 살인

---

97) 중앙경찰학교, 앞의 책, 2006, p.115; 신현기, 『경찰학개론』 (파주: 법문사, 2015), p.575 참조.
98) 한스 그로스는 오스트리아에서 두 번째로 큰 도시인 그라츠(Graz)시에서 군 행정관의 아들로 태어났다. 대학도시로 전통이 깊은 자신의 고향에서 법학을 공부했으며 치안판사(Examining Justice)로 오랜 시간 활동했다(출처: https://passedby.tistory.com/32).
99) 경찰대학, 앞의 책, p.277; 신현기, 『경찰학개론』 (파주: 법문사, 2015), p.576 참조.
100) 신현기, 『경찰학개론』 (파주: 법문사, 2015), p.576 재인용.

범죄자는 대부분 어떤 특징을 가지고 있는 물건에 대해 대부분 손을 대지 않는 경우가 많다. 다섯째, 살인자는 지문이나 족적을 비롯해 대부분 기타 증거물로 활용될 수 있는 것을 범죄 현장에 거의 남기지 않는 습성이 있다.101)

4. 범죄수법제도가 적용되는 범죄

흔히 수법범죄는 각종 범죄 중 무엇보다 반복성이 강한 것에 한정되는 경우가 많다. 예를 들어 강도, 절도, 사기, 위조·변조사범(통화, 유가증권, 우표, 인지, 인장, 문서), 약취유인, 공갈 기타 경찰청장이나 18명의 시도경찰청장이 통상 지정하는 범죄들을 말한다.102)

5. 피해통보표

피해통보표란 무엇인가. 이는 이른바 수법범죄로 인해서 피해가 발생했을 때 작성하는 것을 말한다. 즉 피해에 대한 확인, 여죄에 대한 수사, 장물수사, 범인검거와 관련된 자료로 많이 활용 및 이용하기도 한다. 무엇보다 피해사건의 수법 관련 내용이나 더 나아가서 피해자의 주소라든가 성명, 피해품의 종류 및 수량, 그리고 금액 등에 관한 내용들을 기록하기 때문에 범인의 추적수사가 한결 가능하다는 장점이 있다.

일반적으로 피해통보표의 경우는 범인검거 시에 즉시 작성할 필요는 없다. 하지만 범인이 특정되었지만 지명수배를 취하거나 혹은 빠른 시간 내에 검거 가능성이 있는 경우에 작성하는 것이 원칙이다. 그리고 피해통보표에 수록됨으로서 전산에 이미 입력된 피해품의 경우는 범죄수사규칙 제31조에 명시된 이른바 장물수배로 본다. 무엇보다 피해통보표는 피의자 검거 시와 피의자 사망 시 및 작성 후 10년 경과 시에 전격 폐기됨이 원칙이다.103)

---

101) 신현기, 『경찰학개론』 (파주: 법문사, 2015), p.576 참조.
102) 중앙경찰학교, 앞의 책, 2006, p.116; 신현기, 『경찰학개론』 (파주: 법문사, 2015), p.576 참조..
103) 조철옥, 앞의 책, pp.499~500; 신현기, 『경찰학개론』 (파주: 법문사, 2015), p.577 참조.

6. 범죄수법 영상전산시스템

(1) 개념

이른바 범죄수법 영상전산시스템이란 범죄에 있어서 동일수법 전과자의 일련의 범죄수법내용, 신체특징, 지문, 범행사실, 인상착의, 필적 등을 데이터베이스에 정확히 입력하여 그 통계자료를 각 경찰서의 검색단말기를 활용하여 문자나 이미지를 신속하고 효율적으로 전송하는 시스템이다.

이것은 사건 발생 시에 전국의 동일 수법범 중에서 특정한 용의자를 검색한 후 목격자나 사건 담당자가 직접 영상자료를 확인해 보면서 범죄 관련 용의자를 색출해 내는데 사용되는 시스템을 말한다.[104]

(2) 자료활용

① 강력사건 등 수법범죄가 발생한 경우 목격자와 피해자를 상대로 동일수법자의 사진을 열람시켜서 마침내 용의자를 색출[105]

② CCTV, 몽타주 등과 동일한 인상착의 사진을 대조

③ 범죄이용 수표의 배서나 협박문 등을 활용해 동일수법자의 필적을 대조한 후 범인을 색출

④ 성명이나 이명에 따른 성명 조회의 활용

⑤ 작성관서와 작성일자에 의한 수법자료로 활용

⑥ 동일수법 내용에 따라 용의자를 검색하여 수사자료로 활용

⑦ 본적, 주소, 출생지에 따른 검색 가능

⑧ 공범관계 조회의 활용

⑨ 연고선, 배회처, 친인척관계의 검색 활용 등이다.[106]

---

[104] 이상원·김상균, 앞의 책, p.203; 신현기, 『경찰학개론』 (파주: 법문사, 2015), p.577 참조.
[105] 이상원·김상균, 앞의 책, p.204.
[106] 신현기, 『경찰학개론』 (파주: 법문사, 2015), p.577 재인용.

제6절 장물수사

1. 의의

일반적으로 장물수사는 범죄로 인해 발생하게 된 피해품을 확정한 후 그 이동경로를 기준으로 예를 들어 장물수배, 장물품표의 발행, 임검조사, 출입조사, 불심검문 등을 행하는 방식에 따라서 범인을 신속하게 찾아내는 수사기법을 의미한다.[107]

2. 장물수사의 중요성

(1) 합리적 수사와 추진

흔히 장물은 범인을 검거하는데 있어서 중요한 단서가 되고 있다. 이 뿐만 아니라 범인과 범죄가 밀접하게 연결되어 있는 상관관계를 명확하게 증명해 주는 증거로 사용할 수 있는 결정적인 가치를 지니고 있는 것이다. 이러한 이유로 장물수사란 직접적인 증거가 되는 장물을 신속하게 확보하는 것을 말한다. 수사관은 장물수사를 펼치는데 있어서 범인을 특정하고 합리수사를 신속하고 강력하게 추진할 필요가 있다.[108]

(2) 피해회복의 추진

일반적으로 수사경찰의 수사활동은 신속하게 범죄자를 검거하는 것 뿐만 아니라 더 나아가서 피해자를 안전하게 보호해야 한다는 중요한 임무가 주어져 있다.

경찰수사관은 피해자쪽으로 부터 신고를 받은 후 현장에 도착해 가급적이면 신속하게 초동수사를 진행하여 범인을 검거한다할지라도 그 피해품을 회복하지 못한다면 억울하게 범인으로 부터 당한 피해자에게 어떠한 만족감도 주지 못할 가능성이

---

[107] 신현기, 『경찰학개론』(파주: 법문사, 2015), p.579 참조; 이만종, 『경찰수사총론』(서울: 청록출판사, 2007), p.246.
[108] 신현기, 『경찰학개론』(파주: 법문사, 2015), p.579 참조.

크다. 이러한 이유 때문에 장물수사에 따른 피해품의 발견 및 회복은 범인발견이나 검거의 단서가 된다.

또한 동시에 피해자의 만족감을 어느 정도는 충족시켜 주게 되며 더 나아가서 경찰의 범죄수사에 대한 신뢰도를 드높이는 데도 기여하게 될 것이다.[109]

3. 장물품표(장물수배서)

(1) 의의

흔히 장물품표는 관할 경찰서장이 수사상 필요하다고 인정할 경우 잃어버린 장물을 빠른 시간 내에 발견하고자 하는 목적으로 전당포 주인에게 해당 장물을 소유하거나 소지 혹은 받았을 경우, 이를 즉시 관할 경찰관서에 신고할 것을 알리는 피해품의 통지서를 의미한다.[110]

(2) 종류

① 특별 중요 장물품표(수배서)

수사기관은 범죄가 발생한 경우 수사본부를 설치하여 수사하고 있는 사건에 관해 발부하는 경우의 장물품표로서 이른바 홍색용지를 사용한다.

② 중요장물품표

수사기관이 수사본부를 설치하고 수사를 펼치고 있는 사건 이외의 다른 중요한 사건에 관해서 발부하는 장물품표로서 청색용지를 사용한다.

한편 중요장물품표는 대부분 다음과 같은 피해품에 대해 작성하고 발부한다. ㉮ 중요문화재 기타 이에 준하는 피해품 ㉯ 외교사절 등에 관련된 사건의 피해품 기타 사회적 영향이 큰 사건의 피해품 ㉰ 살인, 강도 등의 중요사건에 관한 피해품 ㉱ 다액절도 또는 특이한 수법이나 상습범이라고 인정되는 침입절도사건의 피해품 등

---

109) 신현기, 『경찰학개론』 (파주: 법문사, 2015), p.579 참조.
110) 조철옥, 앞의 책, pp.503-504; 신현기, 『경찰학개론』 (파주: 법문사, 2015), p.579 참조..

이 바로 그것이다.

③ 보표통장물품

보표통장물품는 사실상 별로 중요하지 않은 기타 사건에 관해 발부하는 장물품표로서 백색용지를 사용하고 있다. 이뿐만 아니라 보통장물품표 중 간이한 그림이나 문자만으로 특장을 표시할 수 있는 시계, 보석류, 사진기류, 의류, 사무기류 등에 대해서는 종합장물품표를 발부하고 있다.111)

4. 장물소지(취득)자에 대한 조사

(1) 고의 여부의 조사

수사상 장물을 발견한 경우에는 절도 본범을 수사하는 것만으로 종료해서는 안 된다. 즉 그 소지자나 소유자가 장물이라는 사정을 알고서 구입하였는지 아닌지의 고의 여부를 폭넓게 수사함으로서 장물죄의 피의자로 검거하는 일이 중요하다.112)

(2) 고의의 입증방법

장물죄 피의자가 장물이라는 점을 사전에 알았다는 것을 다음의 정황 증거자료에 의하여 증명하도록 하는 일이 매우 중요하다. 즉 ▶ 물품의 종류가 보통 보기 어려운 것이라는 점, 그리고 ▶ 가격이 일반 시중가격보다는 싸다는 점 등이 바로 그것이다.

(3) 장물처분자에 대한 조사

수사기관이 장물을 발견한 경우 그 장물을 처분한 처분자가 반드시 100% 범인이라고 단정할 수는 없는 것이다. 예를 들어 장물처분자가 타인으로부터 처분의뢰를 받았거나 혹은 습득 및 횡령하는 경우도 있을 수 있을 것이다. 그러므로 처분자에 대해서도 신중하고 충분한 수사를 진행할 필요가 있는 것이다.113)

---

111) 신현기,『경찰학개론』(파주: 법문사, 2015), p.579 참조.
112) 이상원·김상균, 앞의 책, p.216.
113) 신현기,『경찰학개론』(파주: 법문사, 2015), p.579 참조.

제7절 함정수사

 함정수사란 수사기관이 일반인에게 범죄를 저지르도록 교사 혹은 방조한 후 범죄를 실행에 옮기도록 기다렸다가 그 행위자를 검거하는 수사방법을 의미한다. 이렇게 볼 때, 함정수사란 어디까지나 적법한 수사로 용인하거나 허용하기 불가능한 방법 중 하나다. 이러한 이유 때문에 실제로 우리 사회에서 함정수사는 학설이나 판례들을 참고해 볼 때 100% 위법한 수사 방식으로 보고 있고 법원 재판에서도 인정되지 않고 있다.114)

제8절 알리바이 수사

1. 의의

 알리바이(alibi)란 무엇인가. 이는 범죄를 발생시켰다고 의심받을 만한 혐의자가 범죄가 발생한 시간에 그곳 같은 장소에 머물지 않았었다는 사실을 증명하는 것이 중요한데, 이를 소위 현장부재증명이라고 한다. 그곳에 있지 않았었다는 점이 증명되면 그 사람은 범인이 아니며 알리바이가 성립되는 것이다. 이처럼 범죄혐의자가 그곳 범죄현장에 없었다고 주장하는 알리바이의 존재 여부를 정확하게 확인하는 수사활동을 우리는 알리바이 수사라고 부른다.115)

2. 알리바이 수사의 중요성

 범행을 수사하는 경찰수사관이 많은 노력을 기울여 어떤 사람을 범인으로 추정하였다고 하자. 이 경우에 처음부터 끝까지 하나하나 수사활동을 통해 수집한 증거를

---

114) 김형만, "수사경찰론", 김상호·신현기 외 7인, 『경찰학개론』(파주: 법문사, 2006), p.644; 신현기, 『경찰학개론』(파주: 법문사, 2015), p.579 참조.
115) 김충남, 앞의 책, p.504; 강용길 외 8인, 앞의 책, p.185; 신현기, 『경찰학개론』(파주: 법문사, 2015), p.582 참조; 이만종, 『경찰수사총론』(서울: 청록출판사, 2007), p.260.

바탕으로 비록 진범이 틀림없다고 인정되었다고 하더라도 그 범죄혐의자가 범행 당시 범행 현장에 머물지 않았었다는,

즉 현장부재증명이 성립된다면 그 정황증거는 사실상 인정받기 어렵다. 따라서 단순히 정황증거 밖에 없는 수사상황인 경우 이른바 반증의 존재가 매우 중요하다. 특히 그 반증 중에서도 알리바이가 가장 절대적인 힘을 가지고 있는 것이다. 알리바이는 정황증거뿐만 아니라 경우에 따라서는 직접증거까지 허물어뜨릴 위력을 가지고 있다고 한다.[116]

3. 알리바이의 종류

수사상 알리바이는 매우 중요한 가지를 지니고 있다. 절대적 알리바이, 상대적 알리바이, 위장알리바이, 청탁알리바이가 바로 그것이다.

(1) 절대적 알리바이

절대적 알리바이는 범죄가 행하여진 그 동일한 시각에 혐의자가 현실적으로 범죄현장 이외의 다른 장소에 있었다는 사실이 명확하게 증명되는 경우를 의미한다.[117] 이것이 명확하게 증명되면 범인이 아니다.

(2) 상대적 알리바이

범죄를 일으켰다고 의심되는 이른바 범죄 혐의자가 범죄가 발생한 시산 이전에 마지막으로 범죄현장 이외의 어떤 기타 장소에 머물렀던 시간을 통해 그것을 역산해도 도저히 그 시간까지는 시간상, 거리상, 그리고 물리적으로 도저히 그 범죄현장에 도달하는 것이 불가능하다는 사실이 객관적으로 인정되는 경우를 상대적 알리바이라고 말한다.[118]

---

116) 경찰대학, 앞의 책, p.314; 신현기, 『경찰학개론』 (파주: 법문사, 2015), p.583 참조.
117) 이상원·김상균, 앞의 책, p.217.
118) 신현기, 『경찰학개론』 (파주: 법문사, 2015), p.582 참조.

(3) 위장알리바이

이는 말 그대로 위장술을 활용하는 경우를 말한다. 즉 사전에 계획을 세운 후 이루어지는 행위이다. 즉 범죄자가 자기의 존재를 확실하게 연출한 다음에 아주 극히 짧은 시간 내에 범행을 신속하게 감행하는 경우를 위장알리바이라고 한다.

(4) 청탁알리바이

청탁알리바이는 말 그대로 범행을 은폐하기 위해 타인에게 청탁을 해놓는 것을 말한다. 범죄인이 범죄를 실행한 다음 자기가 실행한 범행을 완벽하게 은폐하고자 가족, 동료, 친지 등 지인에게 사전에 미리 시간과 장소를 약속 혹은 청탁해 놓는 방식을 이른바 청탁알리바이라고 부른다.

4. 알리바이 수사의 문제점

(1) 기억의 문제

특히 알리바이 수사는 기억과 관련된다. 즉 확실성과 불확실성이 크게 문제가 되는 것이다. 물론 기억이 틀리지 않는다 할지라도 이른바 사실의 이면이 있다는 점에 착안하지 못하는 경우도 있다는 것이다.[119]

(2) 기회의 문제

일반적으로 알리바이란 범죄혐의를 받고 있는 어떤 사람이 범행 시에 자기가 범죄현장에 머물고 있었다는 가능성이 더욱더 적을수록 그 사람이 직접 범행을 저질렀다는 개연성이 적어진다고 볼 수 있다. 따라서 그 사람이 그 범행 현장에 체류했었다는 가능성이 희소하다는 사실이 확실하게 증명되면 그 범죄 혐의자는 범죄행위를 실행하지 않았다는 것이 곧바로 증명되는 것이다.[120]

---

119) 경찰대학, 앞의 책, p. 315.
120) 신현기, 『경찰학개론』 (파주: 법문사, 2015), p.584 참조.

(3) 시간과 장소의 문제

알리바이 범죄수사와 관련하여 시간과 장소의 문제가 핵심 선상에 서게 된다. 범행이 일어났던 현장하고 같은 시간에 범죄용의자의 머물렀던 같은 장소가 너무 먼 원거리에 존재함으로써 그 사이 간의 이동 소요시간이 멀어질 경우는 알리바이는 유력해진다.

하지만 반대로 범행현장과 범죄용의자 간의 장소가 매우 가까이 존재함으로서 물리적, 시간적으로 아주 단기간 내에 오고가는 왕복이 충분히 가능할 경우에는 그 알리바이는 사실상 약해지게 되어 용의점을 가지게 되며 의심의 폭은 그만큼 커지게 된다. 따라서 알리바이 수사란 곧 시간과 장소라는 관계가 핵심문제로 부각된다.[121]

제9절 공조수사

1. 의의

공조수사란 경찰관서가 수배, 통보, 조회, 촉탁 및 합동수사를 함으로써 범인, 여죄, 장물, 범죄경력 등을 확인하고 범인을 검거하기 위해 종합적이며 입체적인 일련의 조직수사 활동을 펼치는 것이다.[122]

2. 공조수사의 필요성

경찰은 공조수사를 생명으로 한다. 경찰업무는 혼자서 수행하는 것이 불가능하다. 범죄자를 상대해야 하기 때문이다. 경찰업무는 고유 특징상 모든 경찰관이 총동원되어서 치안업무를 수행해야 하는 게 일반적이다.

특히 경찰의 공조수사는 신의성실의 원칙에 기초해서 곧 내 업무라는 아집으로부터 훌쩍 벗어나서 곧 우리 업무라는 하나가된 공동체 의식 속에서 타관서로부터의 의뢰

---

121) 신현기, 『경찰학개론』 (파주: 법문사, 2015), p.584 참조.
122) 이만종, 『경찰수사총론』 (서울: 청록출판사, 2007), p.278.

업무를 마치 자신의 개인 업무처럼 집행하는 그러한 태도가 매우 중요하다. 이와 같은 경찰의 공조수사라고 하는 기본정신을 사실상 무시한 채 그야말로 개인의 공적을 최우선시해서 범인을 신속하게 체포하는데 실패하는 경우도 발생하기도 한다.

이러한 경우에는 시민들로부터 경찰이 비난을 받게 된다. 따라서 경찰은 언제나 팀워크를 중심으로 업무를 수행하고 있음을 특징으로 한다. 경찰의 수사상 공조수사는 경찰업무의 효율화와 경찰업무의 비용이라고 하는 두 가지 측면에서 볼 때, 경찰 수사업무를 수행하는 데 있어서 그야말로 중요하며 필수적인 수사활동으로 귀결된다.[123]

3. 공조수사의 종류

(1) 평상공조와 비상공조

경찰의 공조수사는 평상공조와 비상공조로 나누어진다.

① 평상공조

일반적으로 평상공조는 말 그대로 평소에 예견이 가능한 일반적인 공조로 이해하면 된다. 예를 들어서 범죄자에 대한 수배, 통보, 조회, 촉탁 등이 바로 이에 해당한다고 볼 수 있다.[124]

② 비상공조

이에 반해 비상공조라 함은 중요하며 특이한 사건의 발생 등 그야말로 정말 특수한 상황에서의 공조를 의미하는데, 예를 들어 수사비상배치, 수사본부 설치 운영, 특별사법경찰관리 등과 관련된 합동수사 같은 것들이다.[125]

정복·사복 경찰, 내근·외근 경찰부서와 그 관할을 불문하고 비상시에 경찰 전원이 총동원되는 것이 일반적이다. 실종자 사건이나 흉악범죄 발생 시 증거를 찾기 위해

---

123) 경찰대학, 앞의 책, p.393; 신현기,『경찰학개론』(파주: 법문사, 2015), p.585 참조.
124) 이상원·김상균, 앞의 책, p.327.
125) 이만종,『경찰수사총론』(서울: 청록출판사, 2007), p.279.

많은 경찰관들이 동원되는 사례 등에서 이러한 예들을 찾아 볼 수 있다.126)

(2) 횡적 공조와 종적 공조

횡적공조와 종적공조를 살펴보면 다음과 같다.

① 횡적 공조

우리나라는 중앙경찰인 국가경찰제를 1945년 10월 21일 창설시 부터 시행해 오고 있다. 대내적으로 2020년 현재 18개 시도경찰청, 255개 경찰서, 2007개의 지구대/파출소 상호간뿐만 아니라 그 경찰관서 내의 다양한 각 부서들 상호 간에 혹은 횡적인 동료들 상호 간에 수사공조로 차원에서 경찰정보의 상호교환, 경찰 수사상 관련 수사자료의 수집 및 활용, 범죄자의 수배통보, 촉탁 및 합동수사 같은 것들이 바로 여기에 해당된다.

한편 대외적으로는 일반사법경찰의 특별사법경찰관리와의 밀접한 수사협조와 경찰유관기관, 단체, 개인 등과 밀접한 수사협조, 그리고 국제형사기구와의 이른바 형사공조 등이 그 좋은 예가 된다.127)

② 종적 공조

횡적공조와는 달리 종적공조란 상.하급관서뿐만 아니라 관서 내의 상급자와 하급자 간의 상명하복 관계를 의미하는 것이다. 경찰관들은 경찰목적 달성을 위해서 하나 된 의사전달체계라는 차원에서 이해되는 것이며 바로 하나의 공조수사 체계라는 차원으로 고도화 시켜 나가는 자세가 매우 중요하다고 본다.128)

(3) 자료공조와 활동공조

① 자료공조

---

126) 신현기,『경찰학개론』(파주: 법문사, 2015), p.585 참조.
127) 이상원.김상균, 앞의 책, p. 328.
128) 신현기,『경찰학개론』(파주: 법문사, 2015), p.586 참조.

말 그대로 자료공조는 자료를 공유하는 것을 의미한다. 즉 일단 경찰은 경찰관들이 수사상 필요한 모든 수사 정보들을 평상시나 수사 진행 시에 모아서 자료화하는 작업을 진행한다. 그러면서 언제든지 모든 경찰들이 필요시에 이것을 각자의 수사 활동 시에 적극 활용할 수 있게 공유함을 원칙으로 한다.

그 밖에 그 수사 관련 정보자료가 영구적으로 자료로써 보관되어 남으며 언제인가 후임 경찰들이 이것을 지속적으로 승계하면서 수사상 활용하도록 하는 것을 이른바 자료공조라고 부른다.[129]

② 활동공조

활동공조는 현재를 기준으로 제기되는 당면문제에 대한 공조수사 활동을 의미한다. 예를 들어 수사비상배치, 불심검문, 미행, 잠복, 현장긴급출동 등이 바로 그것이다.

---

[129] 신현기, 『경찰학개론』 (파주: 법문사, 2015), p.586 참조.

제2장 수사지휘를 위한 과학수사 기법

제1절 과학수사

1. 과학수사의 의의

과학수사란 과학적 지식과 기술을 최대한 수사활동의 수단으로 활용하는 것을 말한다. 오늘날 발생하는 각종 범죄에서 특이한 점은 점점 지능화되고 있다는 점이다. 사회가 점차 고도로 급변하면서 산업재해, 컴퓨터 관련 범죄 등 고도의 과학적 지식을 필요로 하는 신종범죄들이 급증하고 있어 과학수사가 더욱 필요하다.[130]

2. 법과학의 의의

법과학이란 과학적인 관찰과 실험을 통하여 수사 또는 재판에 필요한 지식이나 자료를 제공하는 기술과학을 말한다.

3. 과학수사의 중요성

최근 중요시되고 있는 것이 바로 과학수사이다. 오늘날의 신종범죄 및 지능범죄들은 과학수사를 통해서만 해결 접근이 가능한 시대가 도래 한 것이다. 이전에는 범죄자가 남기고 간 지문을 통해서 많이 해결했으나 오늘날에는 지문을 남기지 않고 있다.

이에 대한 대처방안 중 하나로 CCTV가 범죄현장 및 도주방향 등을 낱낱이 촬영하고 있어 검거하는데 있어서 많은 도움이 되고 있으며 현행 형사절차에 비추어 볼 때 감식기술 등의 발전이 더욱 긴요하다.[131]

---

[130] 이만종, 『경찰수사총론』 (서울: 청록출판사, 2007), p.298.
[131] 신현기, 『경찰학개론』 (파주: 법문사, 2015), p.580 참조.

제2절 감식수사

　감식수사란 현장감식에 의해 수사자료를 발견하고 수집된 수사자료를 감식시설, 장비, 기자재 등을 활용하여 과학적으로 분석하여 행하는 수사를 의미한다. 범죄감식의 목적은 수집된 수사자료를 활용하여 범죄의 진상을 명백히 하고, 범인을 확정하기 위한 증명력을 보전하기 위한 것이다.

　감식수사의 방법에는 범죄 현장에서 현장상황과 유류되어 있는 자료에 대한 관찰, 사진촬영, 지문채취 등 합리적 수사자료를 활용하는 현장감식, 현장보존의 효과·수사자료로서의 효과·증거자료로서의 효과와 가치가 있는 사진감식, 범죄 피해자나 목격자 등의 진술을 근거로 범인의 모습과 비슷한 코, 입, 눈 등 얼굴의 부분별 자료로 합성하여 범인의 모습과 유사하게 특징을 그린 얼굴사진의 몽타주 등이 있다.[132]

제3절 지문감식[133]

1. 지문의 의의
　지문이란 사람의 손 마지막 마디에 있는 융선과 고랑으로 형성된 문양을 말한다.

2. 지문의 특징
　지문은 평생 동안 변하지 않는 다고 하여 종생불변(終生不變)과 형태가 같은 사람은 존재하지 않으므로 만인부동(萬人不同)의 특징을 가지고 있다.

3. 지문의 분류

　(1) 궁상문

　지문이 활 모양의 궁상선으로 형성된 지문을 말한다. 중심부의 특징이나 삼각도가 없으며 돌기방향은 반드시 상부를 향한다.

---

[132] 김균태 외2인, 『실무중심 경찰수사론』 (서울: 박영사, 2020), p.158.
[133] 김균태 외2인, 『실무중심 경찰수사론』 (서울: 박영사, 2020), p.193.-p.204.

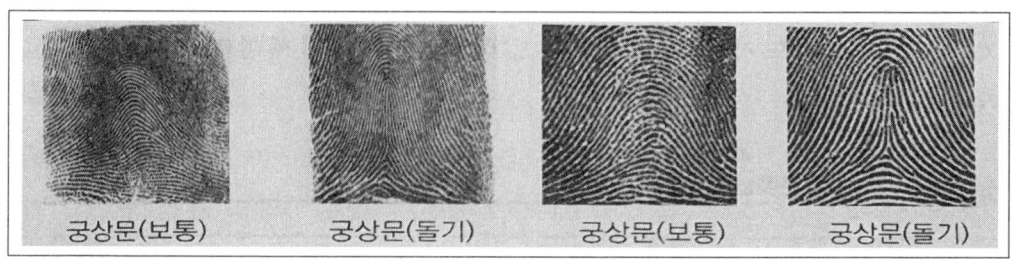

(2) 제상문

말발굽 모양의 제상선으로 형성되고 융선이 흐르는 반대측에 삼각도가 1개 있는 지문이다. 좌수의 지문을 찍었을 때 좌측에 삼각도가 형성되어 있으면 '갑종제상문', 좌수의 지문을 찍었을 때 우측에 삼각도가 형성되어 있으면 '을종제상문'이라 한다.

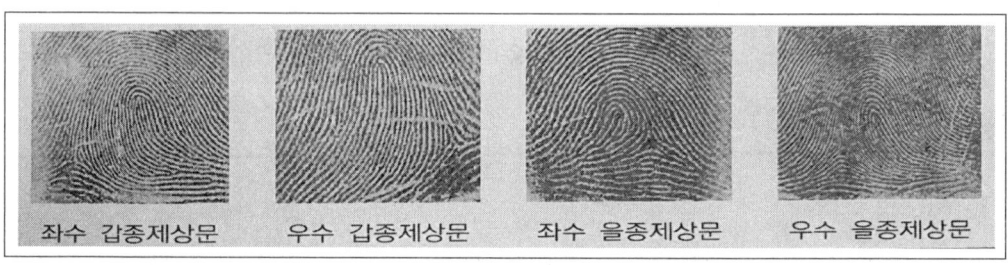

(3) 와상문

와상선, 환상선, 이중제상선, 제상선, 기타 융선이 독립 또는 혼재되어 있는 2개 이상의 삼각도가 있는 지문을 말한다.

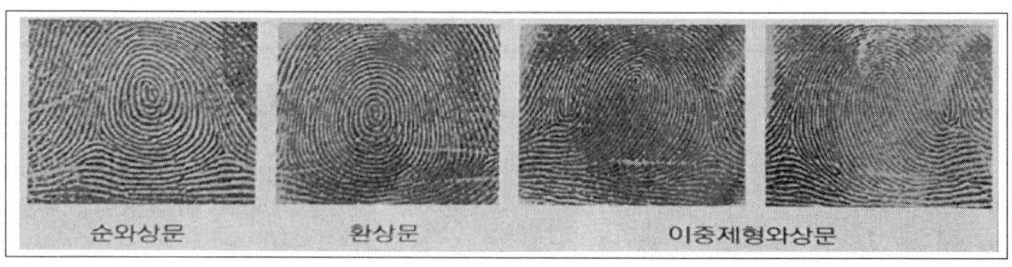

(4) 변태문

궁상문, 제상문, 와상문 등 어느 문형에도 속하지 않는 지문으로 정상적으로 분류번호를 부여할 수 없는 지문을 말한다.

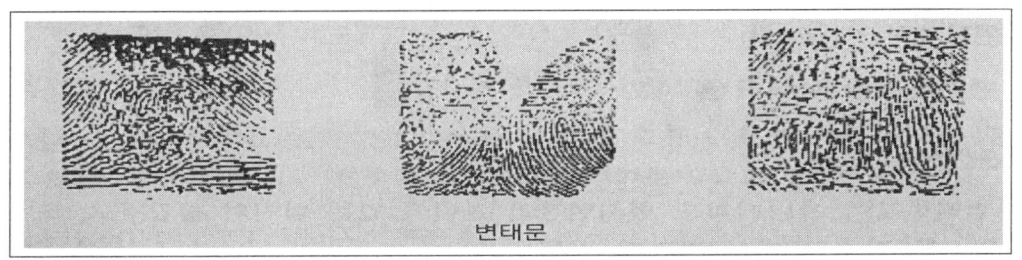
변태문

(5) 절단문

손가락 끝 마디가 절단되어 지문을 채취할 수 없는 경우를 말한다.

(6) 손상문

지문이 손상되어 궁상문, 제상문, 와상문으로 분류할 수 없는 지문을 말한다.

손상문 / 손상돼도 분류 가능하면 분류한다

4. 지문의 종류

(1) 현장지문: 범죄현장에서 채취한 지문

(2) 준현장지문: 범죄현장과 관련 있는 범인의 침입 경로, 도주 경로 및 예비 장소 등에서 발견된 지문

(3) 유류지문: 관계자 지문을 제외하고 남은 지문으로 범인 지문으로 추정되는 지문

(4) 관계자지문: 사건 수사와 관련된 피해자, 현장출입자 등이 남긴 지문

(5) 현재지문: 먼지나 혈액, 인주 등 유색 물질이 묻어 남겨진 지문으로 육안으로 보이는 지문
(6) 잠재지문: 눈에 보이지 않지만 손가락 끝 마디 안쪽 피부에 남아 있는 분비물에 의하여 남겨진 지문으로 범죄현장의 지문은 대부분 잠재지문이다. 따라서 각종 시약을 통하여 육안으로 보이게 하는 과정이 필요하다.
(7) 정상지문: 범인의 손에 혈흔 등 이물질이 묻어서 남겨지는 지문
(8) 역지문: 먼지에 쌓인 물체, 연한 점토, 마르지 않은 도장면에 인상된 지문은 융선의 고랑과 이랑이 반대로 현출되는 지문
(9) 반대지문: 지문을 찍었을 때 나타나는 지문을 정상지문이라 하고 손가락을 직접 육안으로 확인하였을 때 반대로 나타나는 지문

5. 지문의 채취

(1) 현재지문 채취

먼지나 혈액, 기타 유색물질에 의해 지문이 인상되어 육안으로 식별이 가능하므로 젤라틴 전사지난 접착용 테이프를 활용하여 채취하거나 사진촬영을 한다.[134]

(2) 잠재지문 채취

가. 고체법

미세한 분말을 지문이 인상되었다고 생각되는 물체에 지문채취용 붓을 이용하여 도포한 후 사람의 신체에서 분비된 분비물을 부착시켜 젤라틴 전사지로 채취하는 방법으로 분말법이라고도 한다.

나. 액체법

수표나 영수증, 신문지나 편지지 등 주로 지류에 있는 지문을 현출할 때 초산은 용액법과 닌히드린 용액법을 사용한다.

---
[134] 김충남, 『경찰수사론』 (서울: 박영사, 2013), p.417.

다. 기체법

지두에서 분비된 각종 분비물과 화학반응을 하여 잠재지문을 현출하는 방식으로, 강력순간접착제를 이용한 시아노아크릴레이트법(CA법)이 주로 사용되며, 이외에도 오스믹산 용액법, 옥도가스법, 아이오딘 기체법 등을 활용하고 있다.

라. 기타

지두의 피부가 불균일한 경우 실리콘기법, 손이 잘 펴지지 않는 경우 테이프 활용한다.

< 지문 채취 없이 육안 대조 요령 >

지문유형		특징/암기법	지문유형		특징
궁상문 1		▶활 모양 ▶삼각도 없음(無) 1무	변태문 9		▶1~9문형에 속하지 않는 지문 9(가운데점)
갑종제상 2		▶말발굽 모양 ▶삼각도 1개가 새끼손가락 방향 2삼일새	손상·절단문 0		▶후천적으로 손상된 지문, 절단된 지문 0손상절단
을종제상 3~6		▶말발굽 모양 ▶삼각도 1개가 엄지손가락 방향 3456삼일엄	착안사항		• 지문 채취없이 육안으로 손가락 지문문형과 삼각도 위치로만 확인 • 주민 조회후 지문가치번호와 대조 [시·중·환·소·무] 좌수-우수 順 • 제상문은 좌·우수 구별없이 삼각도 위치가 갑종은 소지(새끼손가락), 을종은 무지(엄지) 방향
와상문 7~9		▶달팽이 모양 ▶삼각도 2개 789삼둘			

<십지지문 분류표>

지문종류	지문의 모양		분류요령	분류번호
궁상문 (弓狀紋)	좌수	우수	=궁상문=	보통, 돌기 궁상선으로 형성된 모양만으로 분류 --- 1번
제상문 (蹄狀紋) 갑종제상문	좌수(갑종)	우수(갑종)	=갑종제상문=	삼각도가 좌수는 좌측, 우수는 우측에서 1개씩 문양만으로 분류 --- 2번
제상문 을종제상문	좌수(을종)	우수(을종)	=을종제상문=	내단과 외단간의 융선수 7개 이하 --- 3번 8-11개 --- 4번 12-14개 --- 5번 15개 이상 --- 6번
와상문 (渦狀紋)			=와상문=	추적선의 종점과 우측 표준점간의 융선수가 내측(상류) 4개이상 --- 7번 내외측(중류) 3개이하 --- 8번 외측(하류) 4개이상 --- 9번
변태문 (變態紋)			어느 문형에도 속하지 않아 정상적으로 분류할 수 없다	9에다 점을 찍는다 --- 9번
기타지문 (其他指紋)	· 손상지문은 정상적인 지문이 후천적으로 손괴된 지문(자상, 화상 등) · 절단지문은 손가락 마디가 절단되어 지문이 없는 것	손상지문 / 절단된 지문	· 손상지문은 융선수, 내단, 외단, 표준점, 추적선 등 찰할 수 없어 지문번호를 분류할 수 없다 · 절단지문은 지문이 없어 분류 안됨	· 손상지문 0에다 점을 찍는다 --- 0번 · 절단지문 0을 부여한다 --- 0번
십지자문 분류예시	좌수 (1, 2, 3, 4, 7)	1 시지(食指) 2 중지(中指) 3 환지(環指) 4 소지(小指) 7 무지(拇指)		
	우수 (2, 3, 3, 6, 7)	2 시지(食指) 중지(中指) 3 환지(環指) 5 소지(小指) 7 무지(拇指)		

출처: 김균태 외2인, 『실무중심 경찰수사론』 (서울: 박영사, 2020), p.204.

제4절 거짓말탐지기

1. 거짓말탐지기의 개념

 범죄수사 과정에서 피의자, 참고인, 피해자 등 사건 관계인들에 대한 진술 및 증언의 신빙성을 높이기 위하여 거짓말탐지기를 이용하여 거짓말을 탐지한다. '폴리그래프'는 생리의학적인 원리로 호흡, 맥박, 혈압, 피부전류 등 생리적 반응을 동시에 차트에 기록하고 검사관이 그 차트상의 반응을 종합, 분석, 해석, 판단하여 대답한 진술의 진위를 판별 한다.135)

2. 거짓말탐지기 검사 순서 및 판정

(1) 거짓말탐지기 순서

 거짓말탐지기의 검사 순서는 첫 번째 단계는 검사 실시하기 전 준비단계로서 검사대상이 된 범죄정보를 수집, 분석하여 질문표를 작성하도록 한다. 두 번째 단계에서는 검사의 실시단계로 면접과 생리반응의 측정을 행한다. 세 번째 단계는 검사기록의 판정과 결과의 보고를 행한다.

(2) 거짓말탐지기 검사의 질문법136)

 거짓말탐지기 검사의 질문법은 검사대상 사건에의 관여를 부인하는 경우 거짓말 여부 직접 검출하려는 허위검사라는 방법과 범인만이 알고 있는 검사대상 사건에 관한 범죄사실의 인식 유무에 대해 검출하는 정보검사 방법으로 나눌 수 있다.

 허위검사의 대표적인 질문법은 대조질문법(CQT검사)와 정보검사의 질문법에는 긴장 최고점 검사(POT검사) 또는 범죄지식 검사(GKT검사) 방법이 있다.

 또한, 범죄사실을 알고 있는지 탐지하는 재결질문법과 범인만이 알고 있는 사실을

---
135) 김균태 외2인, 『실무중심 경찰수사론』 (서울: 박영사, 2020), p.238.
136) 김충남, 『경찰수사론』 (서울: 박영사, 2013), p.433.

탐지하는 탐색질문법으로 구분된다.

(3) 거짓말탐지기의 판정

검사기록의 판정은 검사자가 피검사자의 생리반응에 기초하여 관찰함으로써 실시한다. 최근에는 거짓말탐지기로 측정한 생리반응을 컴퓨터로 계측하여 계측된 반응량에 기초하여 자동적으로 판정하는 시스템이 개발되어 실요화 되고 있다.

거짓말탐지기의 검사 결과에 대한 증거능력 인정여부에 관한 판례는 "거짓말탐지기 검사결과와 그 보고서의 증거능력을 인정하기 위해서는 기계의 성능, 피검사자의 정신상태, 질문방법, 검사자 및 판정자의 지식·경험, 검사장소의 상황 등 제반사정에 비추어 검사결과의 정확성이 보증되고 피검사자의 동의가 있는 경우에 한하여 증거능력이 인정된다고 판시하면서, 이러한 조건이 갖추어진 상태에서 검사가 시행되었다고 볼 자료가 없는 검사결과의 증거능력은 부정되어야 한다."[137]고 하여 감정의 결과는 검사를 받는 사람의 신빙성을 헤아리는 정황증거로서의 기능을 하는데 그친다고 하고 있다.[138]

제5절 프로파일링

1. 프로파일링의 정의

프로파일링이란 수사에서 행동과학을 응용하고 사건에 관한 정보분석으로부터 가능성이 높은 범인상을 도출하는 수법을 말하며 심리학적으로는 '범행의 여러 측면에서 범인에 대한 추론을 행하는 것'이라고 정의되고 있다.[139]

2. 프로파일링의 종류

---

[137] 대법원 1975.5.22. 선고 97도547 판결, 1984.2.14. 선고 83도3146 판결.
[138] 대법원 1987.7.21. 선고 87도968 판결
[139] 김균태 외2인, 『실무중심 경찰수사론』(서울: 박영사, 2020), p.245.

(1) 임상적 프로파일링(사건 링크 분석)

성적 환상이 범행 동기의 배경에 존재하는 사건에 대해 범행상황에 반영되는 범이의 정신병리에 착안하여 그 범인의 성격 특징과 행동 특징을 추정하는 프로파일링 기법이다.

(2) 통계적 프로파일링

과거 발생한 사건의 통계적 분석으로부터 범죄 행동의 패턴을 추출하고, 당해 범죄와 유사한 패턴을 가진 범인군의 특징으로부터 범인상을 추정하는 프로파일링 기법이다.

(3) 지리적 프로파일링

과거 발생한 연속사건에서의 범인의 공간 행동 특징을 통계적으로 분석함으로써 범죄행동의 공간 패턴을 추출하고, 당해 사건의 범인이 거주할 가능성이 높은 지역을 도출해 내는 프로파일링 기법이다.

3. 프로파일링의 활용 및 지휘

범죄자의 프로파일링은 범인을 검거하는 것이 아니라 종래의 수사 활동을 효율화하기 위한 점과 수사지휘관이 범죄자 프로파일링 정보의 활용방법을 이해하는 것이 중요하다.

제3장 수사지휘를 통한 기타 수사 기법

제1절 유류품 수사

1. 의의

일반적으로 유류품 수사는 범죄현장을 비롯해서 범죄현장에 남겨져 있는 범인의 흉기, 각종 유류품들을 심층 추적하여 범인을 색출해 내는 수사방법 중 하나이다.140)

2. 유류품 수사의 종류

유류품 수사에는 다음과 같은 종류들이 있다. 유류품과 흔적이 바로 그것이다.

(1) 유류품

유류품이란 범인이 범행을 저지르기 위해서 사전에 소지하고 있었던 각종 물품들을 의미한다. 예를 들어 흉기, 의류, 신발 족적, 담배꽁초, 휴지 등 다양하며 범죄를 일으킨 현장 및 그 부근에 유류한 위와 같은 품건들을 의미한다.

(2) 흔적

모든 범죄에는 흔적이 있다. 즉 모든 범죄자는 범행장소에 흔적을 남기고 간다. 모든 범죄는 완벽할 수 없다. 반드시 흔적을 남기고 가게 마련이다. 그러나 남기고 간 흔적도 시간이 지나면서 멸실될 가능성은 점점 커질 수 있다. 따라서 범죄현장은 잘 보존되어야 하며 과학수사 경찰관들이 신속하게 증거자료를 채취 및 확보해야 한다.

범인이 범죄현장이나 그 부근에 자기도 모르게 남겨놓은 예를 들어 물흔, 차량흔,

---

140) 강용길 외 8인, 앞의 책, p. 184; 이만종, 『경찰수사총론』 (서울: 청록출판사, 2007), p.237.

도구흔 등을 잘 확보하고 증거로 수집해야 한다. 즉 물품과 같이 수사할 수 있는 일종의 흔적을 의미한다. 이런 의미에서 볼 때, 지문, 장문, 족문, 탈분, 정액과 같은 신체적인 소산물들은 흔적에 해당되지 않는다.141)

3. 유류품의 특징과 가치

(1) 범인의 직접 추정

범인이 범죄를 저지른 범죄현장에서 경찰수사관이 수거한 의류를 비롯한 각종 유류품에 만일 범인의 성명이 기입되어 있을 경우, 이것을 통해 경찰은 직접 범인을 추정할 수 있다. 그 밖에 범인의 가족이나 친구 등의 성명이 기입되어 있는 예를들어 수첩과 같은 유류품을 발견했을 경우에는 반드시 그 출처를 확인한 후 범인을 정확히 추정할 수 있을 것이다.142)

그리고 범인이 남기고 간 유류품 속에서 경찰이 지문을 발견한 경우 혹은 범인이 남긴 혈액이나 모발, 정액 등에서 이른바 DNA를 추출한 경우에도 물론 범인의 것이라고 직접적인 추정이 얼마든지 가능하다고 볼 수 있다.143)

(2) 범인의 속성 추정

경찰수사관은 범행현장이나 그 인근에서 범인이 버린 담배꽁초나 휴지 등에서 혈액형 확인이 가능하고 흉기를 사용한 방법 및 종류에 따라서 범인이 사용한 흉기 관련 버릇 그리고 직업적 특징 등을 어느 정도 발견할 수 있다. 이런 것은 수사관들의 오래된 노하우에서만 가능한 일이다.

그리고 옷가지나 족적, 족흔이 어떠했느냐에 따라서 범인의 성별, 연령, 신장, 체격 등을 어느 정도 추정할 수 있다고 한다. 특히 의류에 부착된 유류품은 범인의 직업까지도 어느 정도 추정이 가능하다.144)

---

141) 신현기,『경찰학개론』(파주: 법문사, 2015), p.581 참조.
142) 이만종,『경찰수사총론』(서울: 청록출판사, 2007), p.238.
143) 조철옥, 앞의 책, pp. 496~497; 신현기,『경찰학개론』(파주: 법문사, 2015), p.581 참조.
144) 신현기,『경찰학개론』(파주: 법문사, 2015), p.582 참조.

(3) 범행상황 등의 추정자료

흔히 범죄현장에 범인이 남기고 간, 즉 유류된 족적을 보면 범인의 침입구나 도주구 및 범인의 물색행동 등을 어느 정도 추정할 수 있다. 범인이 범행 후 범죄현장이나 그 인근에 버린 각종 흉기들이 진짜 범인의 것인지 아닌지 여부, 또한 피해자의 것인지에 여부에 따라 계획적 이었는지 아니면 원한에 의한 범행인지 혹은 우발적인 범죄인지 등을 어느 정도 추정할 수 있는 것이다.

그리고 서로 다른 여러 종류의 족적이 범행 현장에서 발견되었다면 그 범행을 저지른 전체 공범자의 수가 어느 정도였는지 등을 추정할 수 있다. 예를 들어 자동차 범죄의 경우 그 범죄현장에 남겨져 있는 차량흔에서 범죄에 사용되었던 차량의 종류라든가 타이어 종류 까지도 파악하는 것이 가능하다.[145]

제2절 추적수사

1. 추적수사의 개념

오늘날 디지털 기술과 디지털 정보는 우리의 일상에 생활화되었음은 물론 범죄행위에도 이용되고 있다. 따라서 수사경찰에 있어서는 범죄의 증거를 수집하고 범인의 발견과 체포를 해야 하는 수사상의 목적을 달성하기 위해서는 디지털 정보 분석과 기술에 대한 고도의 전문성을 필요로 하는 수사활동 분야이다.

이러한 추적수사 분야를 살펴보면 휴대전화 스마트폰 등을 이용한 통신추적수사, CCTV 영상자료 분석으로 이동경로를 추적하는 차량추적수사, 신용카드 교통카드 등 각종 카드의 정보 분석으로 추적하는 신용카드 등 추적수사, 특정범죄와 관련하여 금융거래에 대한 정보를 분석하여 불법행위 자금을 발견하고자 추적하는 자금추적수사 등으로 나누어 볼 수 있다.

---

[145] 신현기, 『경찰학개론』 (파주: 법문사, 2015), p.582 참조.

여기서 추적146)에 대한 사전적 의미를 살펴보면 도망하는 범인의 뒤를 밟아서 쫓아 가거나 체포해야 할 범인을 발견하기 위하여 사람의 신체나 물건 또는 일정한 장소에 대하여 추적 수색하는 것이라고 한다.

2. 추적수사 관련 법률

형사소송법 제199조(수사와 필요한 조사) ①수사에 관하여는 그 목적을 달성하기 위하여 필요한 조사를 할 수 있다. 다만, 강제처분은 이 법률에 특별한 규정이 있는 경우에 한하며, 필요한 최소한도의 범위 안에서만 하여야 한다. ②수사에 관하여는 공무소 기타 공사단체에 조회하여 필요한 사항의 보고를 요구할 수 있다.

형사소송법 제215조(압수, 수색, 검증) ① 검사는 범죄수사에 필요한 때에는 피의자가 죄를 범하였다고 의심할 만한 정황이 있고 해당 사건과 관계가 있다고 인정할 수 있는 것에 한정하여 지방법원판사에게 청구하여 발부받은 영장에 의하여 압수, 수색 또는 검증을 할 수 있다. ② 사법경찰관이 범죄수사에 필요한 때에는 피의자가 죄를 범하였다고 의심할 만한 정황이 있고 해당 사건과 관계가 있다고 인정할 수 있는 것에 한정하여 검사에게 신청하여 검사의 청구로 지방법원판사가 발부한 영장에 의하여 압수, 수색 또는 검증을 할 수 있다.

전기통신사업법 제83조 제3항 법원과 수사기관의 재판·수사와 관련 통신자료 제출을 요청하면 그 요청에 따를 수 있다. 그 외 통신비밀보호법 등 관련 법률에 규정되어 있다.

또한 경찰관의 직무수행에 필요한 사항을 규정한 경찰관직무집행법 제8조(사실의 확인 등) ① 경찰관서의 장은 직무 수행에 필요하다고 인정되는 상당한 이유가 있을 때에는 국가기관이나 공사(公私) 단체 등에 직무 수행에 관련된 사실을 조회할 수 있다. 다만, 긴급한 경우에는 소속 경찰관으로 하여금 현장에 나가 해당 기관 또는 단체의 장의 협조를 받아 그 사실을 확인하게 할 수 있다. ② 경찰관은 다음 각

---

146) 1. 도망하는 사람의 뒤를 밟아서 쫓음. 2. 사물의 자취를 더듬어 감. (국어사전)

호의 직무를 수행하기 위하여 필요하면 관계인에게 출석하여야 하는 사유·일시 및 장소를 명확히 적은 출석 요구서를 보내 경찰관서에 출석할 것을 요구할 수 있다.

1. 미아를 인수할 보호자 확인
2. 유실물을 인수할 권리자 확인
3. 사고로 인한 사상자(死傷者) 확인
4. 행정처분을 위한 교통사고 조사에 필요한 사실 확인

3. 추적수사의 유형

(1) 통신 추적수사

통신수사는 특정 전화번호 사용자의 정보를 이용하여 범인을 추적하는 수사로서 형사소송법 제199조 제2항 수사에 관하여는 공무소 기타 공사단체에 조회하여 필요한 사항의 보고를 요구할 수 있고 경찰관직무집행법 제8조에 사실의 확인 등이 있으며,

전기통신사업법 제83조 제3항 전기통신사업자는 법원, 검사 또는 수사관서의 장(군 수사기관의 장, 국세청장 및 지방국세청장을 포함한다. 이하 같다), 정보수사기관의 장이 재판, 수사(「조세범 처벌법」 제10조제1항·제3항·제4항의 범죄 중 전화, 인터넷 등을 이용한 범칙사건의 조사를 포함한다), 형의 집행 또는 국가안전보장에 대한 위해를 방지하기 위한 정보수집을 위하여 다음 각 호의 자료의 열람이나 제출(이하 "통신자료제공"이라 한다)을 요청하면 그 요청에 따를 수 있다.

1. 이용자의 성명
2. 이용자의 주민등록번호
3. 이용자의 주소
4. 이용자의 전화번호
5. 이용자의 아이디(컴퓨터시스템이나 통신망의 정당한 이용자임을 알아보기 위한 이용자 식별부호를 말한다)
6. 이용자의 가입일 또는 해지일

이와 같은 법률의 규정에 의하여 임의수사와 강제수사의 방법으로 통신추적수사를 진행하게 된다.

또한 경찰청 범죄수사규칙 제142호(통신비밀의 보호)경찰관은 통신수사를 할 때에는 통신 및 대화의 비밀을 침해하지 않도록 필요 최소한도로 실시하여야 하며 직무상 알게 된 사항을 외부에 공개하거나 누설하지 말고 통신비밀보호에 최선을 다하여야 한다.

제143조(허가 및 자료요청의 주체) ①「통신비밀보호법」 제6조제2항, 제13조제1항의 규정에 따른 통신제한조치 및 통신사실확인자료제공 요청의 허가신청은 사법경찰관이 하여야 한다. ②「전기통신사업법」 제54조제3항 규정에 따른 통신자료의 요청은 경찰서장 및 경찰청·경찰청 과장 이상 결재권자의 직책, 직급, 성명을 명기하여 사법경찰관리가 요청할 수 있다.

[별지 제128호 서식]

< 통신사실확인자료 제공요청 허가신청(사전) >

○○○○경찰서

제 0000-00000 호

수 신 : ○○지방검찰청장

제 목 : 통신사실확인자료 제공요청 허가신청(사전)

　　　　○○○○○○○ 피의사건 관련, 다음 사람에 대하여 아래와 같은 내용의 통신사실확인자료제공을 요청할 수 있는 허가서의 발부를 청구하여 주시기 바랍니다.

인적사항	성 명		주민등록번호	
	직 업			
	주 거			
전기통신사업자				
요청사유				
해당가입자와의 연관성				
필요한 자료의 범위				
재청구의 취지 및 이유				

○○○○경찰서

사법경찰관　　○○　　　　(인)

(2) 금융거래정보 이용 추적수사

특정범죄와 관련하여 금융거래계좌 등 정보를 분석하여 범죄행위로 인한 불법한 자금의 이동 사실을 발고하고자 추적하는 자금추적 수사로서 형사소송법 제215조(압수, 수색, 검증) ① 검사는 범죄수사에 필요한 때에는 피의자가 죄를 범하였다고 의심할 만한 정황이 있고 해당 사건과 관계가 있다고 인정할 수 있는 것에 한정하여 지방법원판사에게 청구하여 발부받은 영장에 의하여 압수, 수색 또는 검증을 할 수 있다. ② 사법경찰관이 범죄수사에 필요한 때에는 피의자가 죄를 범하였다고 의심할 만한 정황이 있고 해당 사건과 관계가 있다고 인정할 수 있는 것에 한정하여 검사에게 신청하여 검사의 청구로 지방법원판사가 발부한 영장에 의하여 압수, 수색 또는 검증을 할 수 있다.

형사소송법 제49조(검증 등의 조서) ①검증, 압수 또는 수색에 관하여는 조서를 작성하여야 한다. ②검증조서에는 검증목적물의 현장을 명확하게 하기 위하여 도화나 사진을 첨부할 수 있다. ③압수조서에는 품종, 외형상의 특징과 수량을 기재하여야 한다.

형사소송법 제129조(압수목록의 교부) 압수한 경우에는 목록을 작성하여 소유자, 소지자, 보관자 기타 이에 준할 자에게 교부하여야 한다.

금융실명거래 및 비밀보장에 관한 법률 제4조(금융거래의 비밀보장) 제1항 금융회사 등에 종사하는 자는 명의인(신탁의 경우에는 위탁자 또는 수익자를 말한다)의 서면상의 요구나 동의를 받지 아니하고는 그 금융거래의 내용에 대한 정보 또는 자료(이하 "거래정보 등"이라 한다)를 타인에게 제공하거나 누설하여서는 아니 되며, 누구든지 금융회사 등에 종사하는 자에게 거래정보 등의 제공을 요구하여서는 아니 된다. 다만, 다음 각 호의 어느 하나에 해당하는 경우로서 그 사용 목적에 필요한 최소한의 범위에서 거래정보 등을 제공하거나 그 제공을 요구하는 경우에는 그러하지 아니하다.

1. 법원의 제출명령 또는 법관이 발부한 영장에 따른 거래정보 등의 제공

2. 조세에 관한 법률에 따라 제출의무가 있는 과세자료 등의 제공과 소관 관서의 장이 상속·증여 재산의 확인, 조세탈루의 혐의를 인정할 만한 명백한 자료의 확인, 체납자(체납액 5천만 원 이상인 체납자의 경우에는 체납자의 재산을 은닉한 혐의가 있다고 인정되는 다음 각 목에 해당하는 사람을 포함한다)의 재산조회, 「국세징수법」 제9조제1항 각 호의 어느 하나에 해당하는 사유로 조세에 관한 법률에 따른 질문·조사를 위하여 필요로 하는 거래정보 등의 제공

    가. 체납자의 배우자(사실상 혼인관계에 있는 사람을 포함한다)
    나. 체납자의 6촌 이내 혈족
    다. 체납자의 4촌 이내 인척

3. 「국정감사 및 조사에 관한 법률」에 따른 국정조사에 필요한 자료로서 해당 조사위원회의 의결에 따른 금융감독원장(「금융위원회의 설치 등에 관한 법률」 제24조에 따른 금융감독원의 원장을 말한다. 이하 같다) 및 예금보험공사사장(「예금자보호법」 제3조에 따른 예금보험공사의 사장을 말한다. 이하 같다)의 거래정보 등의 제공

4. 금융위원회(증권시장·파생상품시장의 불공정거래조사의 경우에는 증권선물위원회를 말한다. 이하 이 조에서 같다), 금융감독원장 및 예금보험공사사장이 금융회사 등에 대한 감독·검사를 위하여 필요로 하는 거래정보 등의 제공으로서 다음 각 목의 어느 하나에 해당하는 경우와 제3호에 따라 해당 조사위원회에 제공하기 위한 경우

    가. 내부자거래 및 불공정거래행위 등의 조사에 필요한 경우
    나. 고객예금 횡령, 무자원 입금 기표 후 현금 인출 등 금융사고의 적발에 필요한 경우
    다. 구속성예금 수입, 자기앞수표 선발행 등 불건전 금융거래행위의 조사에 필요한 경우

라. 금융실명거래 위반, 장부 외 거래, 출자자 대출, 동일인 한도 초과 등 법령 위반행위의 조사에 필요한 경우

마. 「예금자보호법」에 따른 예금보험업무 및 「금융산업의 구조개선에 관한 법률」에 따라 예금보험공사사장이 예금자표의 작성업무를 수행하기 위하여 필요한 경우

5. 동일한 금융회사 등의 내부 또는 금융회사 등 상호간에 업무상 필요한 거래정보 등의 제공

6. 금융위원회 및 금융감독원장이 그에 상응하는 업무를 수행하는 외국 금융감독기관(국제금융감독기구를 포함한다. 이하 같다)과 다음 각 목의 사항에 대한 업무협조를 위하여 필요로 하는 거래정보 등의 제공

   가. 금융회사 등 및 금융회사 등의 해외지점·현지법인 등에 대한 감독·검사

   나. 「자본시장과 금융투자업에 관한 법률」 제437조에 따른 정보교환 및 조사 등의 협조

7. 「자본시장과 금융투자업에 관한 법률」에 따라 거래소허가를 받은 거래소(이하 "거래소"라 한다)가 다음 각 목의 경우에 필요로 하는 투자매매업자·투자중개업자가 보유한 거래정보 등의 제공

   가. 「자본시장과 금융투자업에 관한 법률」 제404조에 따른 이상거래의 심리 또는 회원의 감리를 수행하는 경우

   나. 이상거래의 심리 또는 회원의 감리와 관련하여 거래소에 상응하는 업무를 수행하는 외국거래소 등과 협조하기 위한 경우. 다만, 금융위원회의 사전 승인을 받은 경우로 한정한다.

8. 그 밖에 법률에 따라 불특정 다수인에게 의무적으로 공개하여야 하는 것으로서 해당 법률에 따른 거래정보 등의 제공

위와 같은 법률의 규정에 따라 자금추적 수사를 진행하게 된다.

[별지 제96호 서식]

<압수·수색·검증영장신청[금융계좌추적용]>

○○○○경찰서

제 0000-00000 호
수 신 : ○○지방검찰청장
제 목 : 압수·수색·검증영장신청[금융계좌추적용]

　　　　　다음 사람에 대한   피의사건에 관하여 아래와 같이 압수·수색·검증하려 하니 까지 유효한 압수·수색·검증영장의 발부를 청구하여 주시기 바랍니다.

피의자	성　　　　　명	
	주 민 등 록 번 호	(세)
	직　　　　　업	
	주　　　　　거	
변　호　인		
대상계좌	계좌명의인	□ 피의자 본인 □ 제3자(인적사항은 별지와 같음)
	개설은행. 계좌번호	
	거래기간	
	거래정보등의 내용	
압수할 물건		
수색. 검증할 장소 또는 물건		
범죄사실 및 압수·수색·검증을 필요로 하는사유		
7일을 넘는 유효기간을 필요로 하는 취지와 사유		
둘 이상의 영장을 신청하는 취지와 사유		
일출전 또는 일몰후 집행을 필요로 하는 취지와 사유		

○○○○**경찰서**

사법경찰관　○○　　　　(인)

(3) CCTV · 차량 추적수사

CCTV · 영상자료 분석으로 범행 전·후 범인의 이동경로를 확인하여 통신수사를 진행하고 하이패스, 교통카드 등 교통 시스템 정보를 이용하여 실시간 추적을 할 수 있는 수사기법을 말한다.

(4) 신용카드 등 추적수사

신용정보의 이용 및 보호에 관한 법률에 의한 금융위원회의 허가를 받은 신용정보회사를 상대로 신용카드, 채무불이행, 조세납부사항 등 신용정보를 활용하여 추적하는 수사기법을 말한다.

4. 경찰의 수사종결 관련 입법내용

(1) 사법경찰관의 사건 송치 등

개정 형사소송법 제245조의5(사법경찰관의 사건송치 등) 사법 경찰관은 고소·고발 사건을 포함하여 범죄를 수사한 때에는 다음 각 호의 구분에 따른다.

1. 범죄의 혐의가 있다고 인정되는 경우에는 지체 없이 검사에게 사건을 송치하고, 관계 서류와 증거물을 검사에게 송부하여야 한다.

2. 그 밖의 경우에는 그 이유를 명시한 서면과 함께 관계 서류와 증거물을 지체 없이 검사에게 송부하여야 한다. 이 경우 검사는 송부 받은 날부터 90일 이내에 사법경찰관에게 반환하여야 한다.

이와 같이 개정 형사소송법에서는 경찰에게 1차적 수사권을 부여하고 경찰의 수사종결권을 규정하였다. 경찰의 범죄를 수사하여 범죄 혐의가 인정되는 경우에는 지체 없이 검사에게 사건을 송치[147]하고 관계서류와 증거물을 송부[148] 하여야 한다.

---

147) 송치란 수사기관에서 다른 기관으로 사건을 보내는 것으로 사전적으로는 서류나 물건 등을 정해진 곳에 보낸다는 의미다. 주로 형사 소송 시 경찰에서 검찰로 사건이 넘어가는 것을 송치한다고 표현한다(두산백과).
148) 송부의 사전적 의미는 편지나 물품 따위를 부치어 보냄을 말한다.

범죄혐의가 인정되지 않는 경우에는 수사를 종결하고 불송치 이유를 명시한 서면과 함께 관계서류와 증거물을 지체 없이 검사에게 송부하는 불송치 결정을 하게 된다. 이 경우 검사는 송부받은 날부터 90일 이내에 사법경찰관에게 반환하여야 한다.

(2) 고소인 등에 대한 송부 통지

개정 형사소송법 제245조의6(고소인 등에 대한 송부통지) 사법경찰관은 제245조의5 제2호의 경우에는 그 송부한 날부터 7일 이내에 서면으로 고소인·고발인·피해자 또는 그 법정대리인(피해자가 사망한 경우에는 그 배우자·직계친족·형제자매를 포함한다)에게 사건을 검사에게 송치하지 아니하는 취지와 그 이유를 통지하여야 한다.

(3) 고소인등의 이의신청

개정 형사소송법 제245조의7(고소인 등의 이의신청) ① 제245조의6의 통지를 받은 사람은 해당 사법경찰관의 소속 관서의 장에게 이의를 신청할 수 있다.

② 사법경찰관은 제1항의 신청이 있는 때에는 지체 없이 검사에게 사건을 송치하고 관계 서류와 증거물을 송부하여야 하며, 처리결과와 그 이유를 제1항의 신청인에게 통지하여야 한다.

(4) 재수사 요청 등

개정 형사소송법 제245조의8(재수사요청 등) ① 검사는 제245조의5 제2호의 경우에 사법경찰관이 사건을 송치하지 아니한 것이 위법 또는 부당한 때에는 그 이유를 문서로 명시하여 사법경찰관에게 재수사를 요청할 수 있다.

② 사법경찰관은 제1항의 요청이 있는 때에는 사건을 재수사하여야 한다.

제3편

주요범죄의 수사 및 지휘

제1장 강력범죄 수사 및 지휘

제1절 살인이 사건의 수사

1. 살인죄의 개념 및 유형

(1) 살인죄의 개념

형법 제250조(살인, 존속살해) ①사람을 살해한 자는 사형, 무기 또는 5년 이상의 징역에 처한다. ②자기 또는 배우자의 직계존속을 살해한 자는 사형, 무기 또는 7년 이상의 징역에 처한다. 라고 규정되어 있다.

즉 살인죄라 함은 사람을 고의로 살해하여 그 생명을 침해하는 것을 내용으로 하는 범죄를 말한다.

(2) 살인죄의 유형

① **보통살인죄(형법 제250조 제1항)**

사람을 고의로 살해하여 그 생명을 침해하는 범죄

> **<판례>**
>
> 피해자 갑은 자살하기 위해 치마끈으로 목을 졸라 그 실행 중에 있었다. 이때 옆에 있던 을이 갑의 자살행위에 가공하여 이를 완료하게 하여 살해 목적을 달성하였다면, 을은 살인죄의 죄책을 진다. 즉, 자살 중인 자도 얼마든지 살인의 객체가 될 수 있다는 것이다(대판 1948. 5.14. 4281형상38).

② **존속살해죄(형법 제250조 제2항)**

자기 또는 배우자의 직계존속을 살해하는 범죄

③ 영아살해죄(형법 제251조)

직계존속이 치욕을 은폐하기 위하거나 양육할 수 없음을 예상하거나 특히 참작할 만한 동기로 인하여 분만 중 또는 분만직후의 영아를 살해하는 범죄

> **<판례>**
>
> 남녀가 사실상 동거한 관계가 있고 그 아이에 영아가 분만되었다 하여도 그 남자와 영아와의 사이에 법률상 직계존비속의 관계가 있다 할 수 없으므로 그 남자가 영아를 살해한 경우 (영아살인죄가 아니라) 보통살인죄에 해당 한다(대판 1970. 3.10. 69도2285).

④ 촉탁 승낙에 의한 살인죄(형법 제 252조 제1항)

사람의 촉탁 또는 승낙을 받아 그를 살해하는 범죄

⑤ 자살교사 및 방조죄(형법 제252조 제2항)

사람을 교사 또는 방조하여 자살하게 하는 범죄로서 자살관여죄라고도 한다.

⑥ 위계 등에 의한 촉탁살인죄(형법 제 253조)

위계 또는 위력으로써 촉탁 또는 승낙하게 하거나 자살을 결의하게 하는 범죄

⑦ 살인 예비 음모죄(형법 제 255조)

형법 제250조와 제253조의 죄를 범할 목적으로 예비 또는 음모하는 범죄

그 외 불치의 중병으로 의학상 회생이 불가능한 환자가 극심한 육체적 고통이 심한 경우에 그 환자가 육체적 고통 없이 죽음에 이르게 하는 안락사가 있으며 존엄사라고 알려져 있다.

2. 살해 행위의 방법

살해 행위의 방법에는 교살, 액살, 절창살, 총살, 타살, 소살 등이 있으며 교살이란 노끈, 허리띠, 수건, 넥타이, 철사 등으로 목을 졸라 질식사 하게 하는 행위, 액살이란 손과 팔을 이용 목을 눌러 압박하므로 질식사하게 하는 행위, 절창살이란 예리한 단도나 식도 기타 뾰족한 것으로 찌르거나 베어서 과다출혈로 사망에 이르게 하는 행위, 총살이란 총기를 이용하여 살해하는 행위, 타살이란 돌, 각목, 철봉 등 둔기를 이용하여 살해하는 행위, 소살이란 휘발유, 경유, 석유 등 인화물질을 이용하여 살해하는 행위를 말한다.

그 외에도 실족사, 아사 등 살해의 수단과 방법이 있을 수 있다.

3. 살인 사건 관련 범사수사규칙의 이해

(1) 변사자의 검시[149]

범죄수사규칙(경찰청훈령 제578호) 제31조(변사자의 검시) ① 경찰관은 변사자 또는 변사로 의심되는 시체를 발견하거나 시체가 있다는 신고를 받았을 때에는 즉시 관할 경찰서장에게 보고하여야 한다. ② 사법경찰관은 제1항의 경우에 「형사소송법」 제222조의 규정에 따른 검시가 이루어질 수 있도록 즉시 관할 지방검찰청 또는 지청의 검사에게 다음 각 호의 사항을 보고하여 지휘를 받아야 한다.

1. 발견일시·장소와 발견자의 주거, 직업, 성명, 연령

2. 발견경위

---

[149] 변사자검시(變死者檢屍) : 변사자는 사인이 불명한 것이 보통이나, 사인이 명백하더라도 자살자 또는 범죄에 의한 사망인지 의심이 가는 사망자도 변사자라고 한다. 변사자 또는 변사의 의심이 있는 사체가 있을 때는 그 소재지를 관할하는 지방검찰청 검사 또는 사법경찰관이 검시하여야 한다(형사소송법 222조). 검시는 사체를 오관(五官)의 작용에 의해 인식하는 검증을 말하며, 변사자의 경우 때로는 범죄와 관계가 있는 점에서 검시를 하게 된다. 검시를 받지 아니한 변사자의 사체에 변경을 가하게 되면 '변사체검시방해죄'가 성립한다(형법 163조). 변사자 검시란 사람의 사망이 범죄로 인한 것인가를 판단하기 위하여 수사기관이 변사자의 상황을 조사하는 것을 말한다.

3. 발견자의 신고일시

4. 변사자의 주거, 직업, 성명, 연령, 성별(판명되지 않을 때에는 인상, 체격, 추정 연령, 특징, 착의 등)

5. 사망의 추정연월일시

6. 사인(특히 범죄행위에 기인 여부)

7. 시체의 상황

8. 소지금품 등 증거품 및 참고사항

9. 의견

(2) 검시의 요령과 주의사항

제34조(검시의 요령과 주의사항) ① 사법경찰관은 검시할 때에는 다음 각 호의 사항을 면밀히 조사하여야 한다.

1. 변사자의 등록기준지 또는 국적, 주거, 직업, 성명, 연령과 성별

2. 변사장소 주위의 지형과 사물의 상황

3. 변사체의 위치, 자세, 인상, 치아, 전신의 형상, 상처, 문신 그 밖의 특징

4. 사망의 추정연월일

5. 사인(특히 범죄행위에 기인 여부)

6. 흉기 그 밖의 범죄행위에 사용되었다고 의심되는 물건

7. 발견일시와 발견자

8. 의사의 검안과 관계인의 진술

9. 소지금품 및 유류품

10. 착의 및 휴대품

11. 참여인

12. 중독사의 의심이 있을 때에는 증상, 독물의 종류와 중독에 이른 경우

② 사법경찰관은 검시할 때에는 다음 각 호의 사항에 주의하여야 한다.

1. 검시에 착수하기 전에 변사자의 위치, 상태 등이 변하지 않도록 현장을 보존할 것

2. 변사자의 소지금품이나 그 밖의 유류한 물건으로서 수사에 필요가 있다고 인정할 때에는 이를 보존하는데 유의할 것

3. 잠재지문과 변사자지문 채취에 유의하고 의사로 하여금 검안서를 작성하게 할 것

4. 자살자나 자살의 의심 있는 시체를 검시할 때에는 교사자 또는 방조자의 유무, 유서가 있을 때에는 그 진위를 조사할 것

5. 지문미등록자의 경우 DNA 감정을 의뢰하고, 입양자로 확인된 경우에는 입양기관 탐문 등 신원확인을 위한 보강 조사를 할 것

(3) 사진의 촬영과 지문의 채취

제35조(사진의 촬영과 지문의 채취) 사법경찰관은 변사자에 관하여 검시, 검증, 해부, 조사 등을 하였을 때에는 특히 인상·전신의 형상·착의 그 밖의 특징 있는 소지품의 촬영, 지문의 채취 등을 하여 사후의 수사 또는 신원조사에 지장을 초래하지 않도록 하여야 한다.

(4) 검시에 연속된 수사

제36조(검시에 연속된 수사) ① 사법경찰관은 제31조 규정에 따른 검시를 한 경우에 사망이 범죄에 기인한 것으로 인정될 때에는 즉시 소속 경찰관서장에게 보고하는 동시에 수사를 개시하여야 한다. ② 사법경찰관은 제1항의 경우에 있어서 수사에 필요한 때에는 압수·수색·검증 영장을 발부받아 검증을 하되 의사에게 시체의 해

부를 위촉하여야 한다. 다만, 긴급을 요할 때에는 영장 없이 검증을 할 수 있으나 이 경우에는 사후에 지체없이 영장을 발부받아야 한다. ③ 제2항의 경우에는 검증조서와 감정서만을 작성하고 검시조서의 작성을 생략할 수 있다.

(5) 사체의 인도 및 통보

제37조(시체의 인도) ① 사법경찰관은 변사체를 검시한 결과 사망의 원인이 범죄로 인한 것이 아니라는 점이 명백히 인정되었을 때에는 검사의 지휘를 받아 소지품 등과 같이 시체를 신속히 유족 등에게 인도하여야 한다. 다만, 시체를 인수할 자가 없거나, 그 신원이 판명되지 않은 때에는 시체가 현존하는 지역의 시장, 군수, 구청장에게 인도하여야 한다. ② 제1항의 규정에 따라 시체를 인도하였을 때에는 인수자로부터 별지 제13호 서식의 시체 및 소지금품 인수서를 받아야 한다. ③ 변사체는 후일을 위하여 매장함을 원칙으로 한다.

제38조(「가족관계의 등록 등에 관한 법률」에 의한 통보) ① 사법경찰관은 변사체의 검시를 한 경우에 사망자의 등록기준지가 분명하지 않거나 사망자를 인식할 수 없을 때에는 「가족관계의 등록 등에 관한 법률」 제90조제1항의 규정에 따라 지체 없이 사망지역의 구·시·읍·면의 장에게 검시조서를 첨부하여 별지 제14호 서식의 사망통지서를 송부하여야 한다. ② 사법경찰관은 전항에 따라 통보한 사망자의 등록기준지가 분명하여졌거나 사망자를 인식할 수 있게 된 때에는 「가족관계의 등록 등에 관한 법률」 제90조제2항의 규정에 의하여 지체 없이 그 취지를 해당 구·시·읍·면의 장에게 통보하여야 한다.

(6) 수사본부 설치, 운영

제13조(수사의 조직적 운영) 경찰관이 수사를 함에는 경찰관 상호 간의 긴밀한 협력과 적정한 통제를 도모하고, 수사담당부서 이외의 다른 수사부서나 기타 관계있는 다른 경찰관서와 유기적으로 긴밀히 연락하여, 경찰의 조직적 기능을 최고도로 발휘할 수 있도록 유의하여야 한다.

제13조의2(경찰청장) ① 경찰청장은 국가경찰의 수사에 관한 사무를 총괄하고 지휘·감독하며, 경찰청의 수사업무를 관장한다.

② 경찰청장은 제1항에도 불구하고 다음 각 호의 사항을 제외한 일반적인 사건수사에 대한 지휘는 시도경찰청장에게 위임할 수 있다.

1. 수사관할이 수개의 경찰청에 속하는 사건
2. 고위공직자 또는 경찰관이 연루된 비위 사건으로 해당관서에서 수사하게 되면 수사의 공정성이 의심받을 우려가 있는 경우
3. 경찰청장이 수사본부 또는 특별수사본부를 설치하여 지정하는 사건
4. 그 밖에 사회적 이목이 집중되거나, 파장이 큰 사건으로 경찰청장이 특별히 지정하는 사건

제13조의3(시도경찰청장) 시도경찰청장은 합리적이고 공정한 수사를 위하여 소속 공무원 및 소속 경찰관서의 범죄수사에 대하여 전반적인 지휘·감독을 하며, 체계적인 수사 인력·장비·시설·예산 운영 및 지도·교양 등을 통해 그 책임을 다하여야 한다.

제13조의4(경찰서장) 경찰서장은 해당 경찰서 관내의 범죄수사에 대하여 지휘·감독을 하며, 합리적이고 공정한 수사를 위하여 그 책임을 다하여야 한다.

제13조의5(수사간부) 범죄수사를 담당하는 경찰관서의 수사간부는 소속 경찰관서장을 보좌하고 그 명에 의하여 범죄수사의 지휘·감독을 하여야 한다.

< 살인사건 수사지휘 사례연습 >

인천 가방 속 할머니 시신 사건[150]

1. 사건 개요

2014. 12. 22. 15:07경 인천 ㅇㅇ구 소재 ㅇㅇ빌라 앞 골목에서 안면부와 목, 복부, 등 부위에 자상을 입고 사망한 채 검정색 여행용 가방에 담겨진 상태로 발견되었으며, 발견 현장 인근에 거주하는 고등학생이 누군가 여행 가방을 버리고 갔는데 안에 있는 물건이 이상하다며 112신고한 사건

2. 사건현장 초동수사 지휘

경찰서 형사(수사)과장은 변사사건처리규칙[151] 제11조(경찰서장 등 관리자의 임장기준) 규정에 따라 신속히 현장에 임하여 현장감식과 증거물을 수집하고 시체의 상황과 발견자의 진술을 확보하고 살해 현장과 그 시신을 옮겨다가 버린 제2현장을 확정한다.

본 사건의 경우 검시결과 하의가 벗겨져 음부와 항문이 노출되어 있고 목 부위에 혈흔이 발견되었고, 전ㅇㅇ의 농협 교통카드 발견, 지문, 모발, 유전자를 확보하였음. 따라서 범죄수사규칙 제31조(변사자의 검시), 동 규칙 제32조(검시의 대행)의 규정에 의거 변사자의 발견 일시, 장소, 시체의 상황, 촬영한 사진, 검시조서 등과 의사의 사체검안서[152]를 첨부하여 즉시 관할 지방검찰청 또는 지청의 검사에게 보고하여 지휘를 받아야 한다.

3. 검시에 연속된 수사지휘

범죄수사규칙 제36조(검시에 연속된 수사) 규정에 사법경찰관은 검시 결과 사망이 범죄에 기인한 것으로 인정될 때에는 즉시 경찰서장과 당해 검시를 지휘한 검사에게 보고하는 동시에 수사를 개시하여야 한다. 또한 경우에 따라서 수사에 필요한 때에는 압수·수색 영장을 받아 검증을 하되 의사에게 사체의 해부를 위촉하여야 한다.

위와 같이 수사지휘관은 신속히 사건현장에 임장하여 현장보존, 현장관찰, 탐문수사, 현장감식, 수색 등 전반적으로 사건을 장악하여 냉정하게 판단하고, 수집된 제반 수사자료를 분석하며 사망원인 규명과 사망시간[153]을 추정하여 다음과 같은 수사지휘를 한다.

첫째, 수사회의를 통한 수사계획을 수립하여 현장중심, 피해자중심, 유류품 및 용의자 중심의 수사방향과 수사항목을 설정한다. 둘째, 수사항목별 수사팀을 구성하여 임무를 부여한다. 셋째, 사건의 광역성 등을 판단하여 수사정보 공유 및 공동대응 수사 여부도 고려한다. 넷째, 신문, 방송 등 언론 관계도 사전에 대비해야 한다.

본 사건의 경우 현장중심수사팀은 탐문수사를 통하여 시신이 담긴 가방이 전일 23:00 경부터 있었다는 진술을 확보함으로서, 주변 CCTV 분석으로 2014. 12. 21. 22:30경 여행용 가방을 끌고 가는 50대 가량의 용의자를 발견하였고 인적사항과 휴대폰, 카드 사용 등 이동경로를 추적하는 과정에서 피해자와 마지막으로 대면하였던 자이고 가끔씩 혼자서 노래주점을 출입한다는 사실과, 유족이 가방을 유기하는 CCTV를 보고 피의자로 특정하여 서울과 인천 간 이동 동선의 CCTV수사와 통신수사[154]를 진행, 영장에 의한 휴대전화 WIFI-GPS 강제개방을 통한 위치추적을 하였음.

피해자중심수사팀은 가출인 조회 및 지문조회로 피해자 인적사항을 밝히고 유족면담으로 피해자 인적사항과 ㅇㅇ시장에서 야채장사를 하고 딸과 아들, 며느리가 있으며 주변사람들과의 관계는 원만한 것으로 파악함.

4. 피의자 검거 수사지휘

피의자 추적 검거 수사팀이 신림동 거주지에는 들어오지 않고 있음을 확인하고, 아들 명의의 국민은행 체크카드 입출금 사용 시 실시간 SMS 통보 조치, 병원치료 및 약국 등 처방 시 실시간 SMS 통보, 출국금지 및 통보 요청하였음. 피의자는 일용직 노동자로서 경찰의 추적을 피하고자 휴대폰을 버리고 도보로 이동하고 있었음. 사건발생 7일 만에 아들의 체크카드 사용으로 서울청 공조를 통해 서울 을지로 훈련원 공원에서 피의자를 검거하였음.

5. 피의자 조사

형사소송법 제241조(피의자신문) 검사 또는 사법경찰관이 피의자를 신문함에는 먼저 그 성명, 연령, 등록기준지, 주거와 직업을 물어 피의자임에 틀림없음을 확인하여야 한다.는 규정과 범죄수사규칙 제68조(피의자에 대한 조사사항) 등의 규정에 따라 프로파일러[155]와의 2회에 걸쳐 수사면담을 하였음.

> 본 사건의 경우 피의자 조사(면담)에서 면담자와 피면담자 상호간에 성장과정, 부모 및 형제자매와의 관계, 결혼생활 중 부인의 가출, 일용직 노동을 하며 살아온 이야기 등을 하면서 라포형성156)이 되었음.
>
> 이후 피의자는 범행에 이르게 된 계기 및 범행과정을 진술하였음.

---

150) blog.naver,dom>oathofsoui>220237583552,(자료출처: SBS'궁금한 이야기Y'), 2020. 4. 10.검색. 경찰청,『우수 수사 사례집』(2015).
151) 경찰청훈령 제921호, 2019. 3. 28., 제정
152) 사체검안서(死體檢案書)란 의사의 치료를 받지 아니하고 사망한 사체를 살펴서, 주로 사인(死因)을 의학적으로 검증(검안)하여 사망을 확인하는 증명서를 말한다. 의료법 제17조(진단서 등) ①의료업에 종사하고 직접 진찰하거나 검안(檢案)한 의사, 치과의사, 한의사가 아니면 진단서·검안서·증명서 또는 처방전을 작성하여 환자 또는 「형사소송법」 제222조제1항에 따라 검시(檢屍)를 하는 지방검찰청검사(검안서에 한한다)에게 교부하거나 발송(전자처방전에 한한다)하지 못한다. ③ 의사·치과의사 또는 한의사는 자신이 진찰하거나 검안한 자에 대한 진단서·검안서 또는 증명서 교부를 요구받은 때에는 정당한 사유 없이 거부하지 못한다. ④ 의사·한의사 또는 조산사는 자신이 조산(助産)한 것에 대한 출생·사망 또는 사산 증명서 교부를 요구받은 때에는 정당한 사유 없이 거부하지 못한다.
153) 법의학에서 사후경과시간 추정 시 사체의 변화를 통한 사망시간을 추정한다. 사체의 변화를 통한 사망시간추정은 ① 1시간 내외(시반은 약간 나타나 있지만 사체경직이 아직 나타나지 않았을 경우), ② 2~3시간 내외(시반은 경미하고 사체경직이 악관절과 경추관절에만 존재할 때), ③ 4~5시간 내외(시반이 전위되고, 사체경직이 상지관절에 나타나며 인공적으로 사체경직을 소멸시켰을 때 재경직이 일어나는 경우), ④ 7~8시간 내외(시반 및 사체경직이 강하고, 시반이 압력에 의하여 퇴색되지 않으며, 경직이 하지관절까지 발생하였을 때), ⑤10~12시간 내외(시반이 사체경직이 현저하고 손가락 관절에도 경직이 나타나며, 각막이 안개처럼 혼탁되었을 때) ⑥ 24시간 내외(각막이 혼탁되어 있으나 동공은 투명하며, 복벽에 부패성 변색이 나타나고 입, 코, 눈 등에 파리 및 구더기가 생겼을 때), ⑦ 30시간 내외(악관절의 경직이 풀어지기 시작할 때), ⑧ 36시간 내외(상지의 경직이 풀어지기 시작할 때), ⑨ 48시간 내외(각막이 불투명하고 하지의 경직이 풀어지기 시작할 때), ⑩ 2~3일 내외(배꼽 주위 및 사타구니의 피부가 부패로 변색되고 여러 곳에 부패(수)포가 생겼을 때), ⑪ 8일 내외(구더기가 번데기가 되었을 때), ⑫ 3주 내외(번데기가 선탈하였을 때), ⑬ 수개월 이상(백골화 또는 시랍화 되었을 때)로 추정하며, 사체의 사후변화는 사체주위의 온도, 습도, 풍량, 기타 상태에 따라 달라질 수 있다.
154) CCTV와 통신수사란 통신사 등에 수사협조 공문(형사소송법 제199조 제2항 수사와 필요한 조사, 경찰관직무집행법 제8조 사실의 확인 등), 압수수색검증 영장(형사소송법 제215조 제2항 압수·수색·검증), 통신자료(전기통신사업법 제83조 제3항), 통신사실확인자료(통신비밀보호법 제2조 제11호, 제6조 제2항) 등 협조 받아 실시하는 수사를 말한다.
155) 프로파일러(profiler)란 일반적 수사 기법으로는 해결되기 힘든 연쇄살인사건 수사 등에 투입되어 용의자의 성격, 행동유형 등을 분석하고, 도주경로나 은신처 등을 추정하는 역할을 한다.
156) 라포(Rapport)란 의사소통에서 상대방과 형성되는 친밀감 또는 신뢰관계를 말한다. 라포가 형성된다는 것은 서로 호감을 느끼고 공감대가 형성되어 있어 터놓고 이야기 할 수 있는 것을 말하는 것으로 상호신뢰관계를 말하는 심리학 용어이다.

제2절 강도사건의 수사

1. 강도죄의 개념 및 유형

가. 강도죄의 개념

형법 제333조(강도죄) 폭행 또는 협박으로 타인의 재물을 강취하거나 기타 재산상의 이익을 취득하거나 제삼자로 하여금 이를 취득하게 한 자는 3년 이상의 유기징역에 처한다.

강도죄에 있어서 폭행은 사람에 대한 직접.간접의 유형력의 행사이고, 협박은 해악을 고지하여 상대방으로 하여금 외포심을 일으키는 것을 말한다.

재산상의 이익이란 재물 이외의 일체의 재산적 가치 있는 이익이고, 강취는 폭행.협박에 의하여 피해자의 의사에 반하여 타인의 재물을 자기 또는 제3자의 점유로 옮기는 것을 말한다.

나. 강도죄의 유형

(1) 강도(형법 제333조)

폭행 또는 협박으로 타인의 재물을 강취하거나 기타 재산상의 이익을 취득하거나 제삼자로 하여금 이를 취득하게 하는 범죄

(2) 특수강도(형법 제334조)

야간에 사람의 주거, 관리하는 건조물, 선박이나 항공기 또는 점유하는 방실에 침입하여 강도죄를 범하거나, 흉기를 휴대하거나 2인 이상이 합동하여 강도죄를 범함으로써 성립하는 범죄

(3) 준강도(형법 제335조)

절도가 재물의 탈환을 항거하거나 체포를 면탈하거나 죄적을 인멸할 목적으로 폭행 또는 협박 할 때 성립하는 범죄

(4) 인질강도(형법 제336조)

사람을 체포·감금·약취 또는 유인하여 이를 인질로 삼아 재물 또는 재산상의 이익을 취득하거나 제3자로 하여금 이를 취득하게 함으로써 성립하는 범죄

(5) 강도상해, 치상(형법 제337조)

강도가 사람을 상해하거나 상해에 이르게 함으로써 성립하는 범죄

(6) 강도살인·치사(형법 제338조)

강도가 사람을 살해하거나 사망에 이르게 함으로써 성립하는 범죄

(7) 강도강간(형법 제339조)

강도가 사람을 강간함으로써 성립하는 범죄

(8) 해상강도(형법 제340조)

다중의 위력으로 해상에서 선박을 강취하거나 선박 내에 침입하여 타인의 재물을 강취하는 범죄

(9) 상습강도죄(형법 제341조)

상습으로 강도죄, 특수강도죄, 인질강도죄 또는 행상강도죄를 범함으로써 성립하는 범죄

< 형법상 폭행의 개념 >

구분	개 념	해당범죄
최광의의 폭행	대상을 불문하고(사람에 대한 것이든, 물건에 대한 것이든) 일체의 유형력의 행사를 말한다. ※ 단 한 지방의 공공의 평온을 해할 정도이다	. 내란죄(제87조) . 소요죄(제115조) . 다중불해산죄(제116조)
광의의 폭행	"사람"에 대한 직접.간접의 유형력 행사를 말한다. ※ 물건에 대한 유형력의 행사가 간접적으로 사람에 작용하는 "간접폭행"도 여기에 해당한다.	. 공무집행방해죄(제136조) . 특수도주죄(제146조) . 강요죄(제324조)
협의의 폭행	사람의 "신체"에 대한(직접적.간접적) 유형력의 행사를 말한다. ※ 반드시 신체에 대한 직접적인 접촉을 요건으로 하는 것은 아니다	. 폭행죄(제260조) . 특수공무원폭행죄(제125조) . 존속폭행죄(제260조) . 외국원수.사절폭행죄(제107조, 제108조)
최협의의 폭행	반항을 불가능하게 하거나(강도), 현저히 곤란하게 할 정도(강간)의 가장 강력한 유형력의 행사를 말한다.	. 강도죄(제333조) . 강간죄(제297조) . 준강도죄(제335조) . 강제추행죄

2. 강도 범죄의 수법

강도범죄의 수법에는 침입강도, 인질강도, 노상강도(비침입 강도) 등이 있으며, 침입강도란 사람의 주거나 차량, 영업장소, 은행, 선박, 항공기 등에 침입하여 재물을 강취하는 일반적인 강도 수법이다. 인질강도란 사람을 납치 또는 감금하여 인질을 잡고 석방의 대가로 금품을 강취하는 수법을 말하며 노상강도(비침입 강도)란 노상에서 사람을 흉기로 폭행.협박하여 재물을 강취하는 수법으로 일명 퍽치기 수법 등이 있다.

3. 강도 사건 관련 범죄수사규칙의 이해

가. 긴급사건 수배

 범죄수사규칙 제170조 수사의 공조로 다른 경찰관에게 요청할 수 있고 "(수사의 공조) 경찰관은 수사에 필요하다고 인정할 때에는 피의자의 체포·출석요구·조사, 장물 등 증거물의 수배, 압수·수색·검증, 참고인의 출석요구·조사 등 그 밖의 필요한 조치(이하 "수사 등"이라 한다)에 대한 공조를 다른 경찰관에게 요청할 수 있다." 범죄수사규칙 제172조(긴급사건수배) 경찰관은 범죄수사에 있어서 다른 경찰관서에 긴급한 조치를 의뢰할 필요가 있을 때에는 지체없이 긴급사건수배서에 따라 긴급배치, 긴급수사 그 밖의 필요한 조치를 요구하여야 한다.

나. 수사긴급배치의 종별 범위와 발령권자

(1) 수사긴급배치는 사건의 긴급성 및 중요도에 따라 갑호와 을호로 구분하며, 갑호범위는 살인, 강도, 방화, 조직폭력 사건 등에 운용하고, 을호범위는 갑호사건 이외의 사건과 기타긴급배치가 필요하다고 인정하는 사건에 운용한다.

(2) 수사긴급배치 발령권자는 사건 발생지 관할 경찰서장이 발령하고 시도경찰청의 전 경찰관서 또는 인접 시도경찰청에 시행할 경우에는 사건 발생지 시도경찰청장이 발령한다. 전국적인 긴급배치는 경찰청장이 발령하다.

제3절 방화 사건의 수사

1. 방화죄의 개념 및 유형

가. 방화죄의 개념

 방화죄와 실화죄는 고의로 불을 놓거나 과실로 화재를 일으켜 사람의 주거로 사용하거나 사람이 현종하는 건조물 등을 소훼하거나 이로 인해 공공의 위험이 발생하게 하는 범죄이다.

나. 방화죄의 유형

(1) 현주건조물 등 방화죄(형법 제164조)

① 불을 놓아 사람이 주거로 사용하거나 사람이 현존하는 건조물, 기차, 전차, 자동차, 선박, 항공기 또는 광갱을 소훼함으로써 성립하는 범죄

(2) 현주건조물 등 방화치사상죄(형법 제164조)

② 제1항의 죄를 범하여 사람을 상해에 이르게함으로써 성립하는 범죄

(3) 공용건조물 등 방화죄(형법 제165조)

불을 놓아 공용 또는 공익에 공하는 건조물, 기차, 전차, 자동차, 선박, 항공기 또는 광갱을 소훼함으로써 성립하는 범죄

(4) 일반 건조물 등 방화죄(형법 제166조)

① 불을 놓아 전2조에 기재한 이외의 건조물, 기차, 전차, 자동차, 선박, 항공기 또는 광갱을 소훼함으로써 성립하는 범죄

② 자기 소유에 속하는 제1항의 물건을 소훼하여 공공의 위험을 발생하게 함으로써 성립하는 범죄

(5) 일반물건방화죄(형법 제167조)

① 불을 놓아 전 3조에 기재한 이외의 건조물, 기차, 전차, 자동차, 선박, 항공기 또는 광갱을 소훼함으로써 성립하는 범죄

② 자기 소유에 속하는 제1항의 물건을 소훼하여 공공의 위험을 발생하게 함으로써 성립하는 범죄

(6) 진화방해죄(형법 제169조)

화재에 있어서 진화용의 시설 또는 물건을 은닉 또는 손괴하거나 기타 방법으로 진화를 방해함으로써 성립하는 범죄

(7) 단순실화죄(형법 제170조)

과실로 인하여 제164조 또는 제165조에 기재한 물건 또는 타인 소유에 속하는 제166조에 기재한 물건을 소훼함으로써 성립하는 범죄

(8) 업무상 실화죄, 중실화죄(형법 제171조)

업무상 과실 또는 중대한 과실로 인하여 제170조의 죄를 범함으로써 성립하는 범죄

(9) 방화 등 예비·음모죄(형법 제175조)

방화 등 죄를 범할 목적으로 예비 또는 음모함으로써 성립하는 범죄로써 그 목적한 죄의 실행에 이르기 전에 자수한 때에는 형을 감경 또는 면제한다.

2. 방화죄의 구성요건

가. 방화죄의 객체

방화죄의 객체는 사람이 현주·현존하는 건조물, 기차, 전차, 자동차, 선박, 항공기, 광갱이 있다.

나. 방화죄의 행위

방화죄의 행위는 불을 놓아 소훼하는 것으로 착수시기는 발화 또는 점화한 때이다.

다. 고의·과실

현주건조물 등에 불을 놓아 소훼케 한다는 인식과 의사가 필요(고의)하다.

3. 화재사건 현장의 초동조치 및 지휘

가. 화재사건 현장의 초동조치

가스나 전기시설 등 관련 기관 및 상황실에 통보하고 안전장비 등 확인 후 출동하며, 소방차 진입로 확보, 피해자 구호, 안전거리 확보하여 주민대피 및 출입 차량 등을 통제한다.

나. 화재사건 현장의 지휘

안전에 유의하며 초기 화재진압 및 인명구조 등 활동, 폴리스라인 설치로 주변 시민 접근 통제 등 지휘하고 현장 경찰관과 지속적으로 연락을 주고 받으며 인원 추가배치 등 결정하고 인명피해 등 언론대응 시 소방측과 사전 협의하여 일원화 된 정보를 공개하며 재난상황실 운영, 상황접수, 처리와 보고체계 유지 등을 지휘한다.

다. 화재현장 조사의 순서

화재현장 조사는 현장부근의 관찰 ▶ 소실가옥의 관찰 ▶ 화원가옥의 인정 ▶ 발화부, 출화부의 인정 ▶ 출화원인의 인정 ▶ 발화원인물의 조사 순으로 실시한다.

제2장 절도 및 폭력범죄 수사 및 지휘

제1절 절도 사건의 수사

1. 절도죄의 개념 및 유형

가. 절도죄의 개념

절도죄는 형법 제329조(절도) 타인의 재물을 절취한 자는 6년 이하의 징역 또는 1천만 원 이하의 벌금에 처한다. 라고 규정되어 있다. 절도죄라 함은 타인의 소유 또는 점유하는 타인의 재물을 절취하는 것을 내용으로 하는 범죄를 말한다.

나. 절도죄의 유형

(1) 절도(형법 제329조)

타인의 재물을 절취하는 범죄

> **<판례>**
> 야간에 손전등과 박스 포장용 노끈을 이용하여 도로에 주차된 차량의 문을 열고 현금 등을 훔치기로 마음먹고, 차량의 문이 잠겨 있는지 확인하기 위해 양손으로 운전석 문의 손잡이를 잡고 열려고 하던 중 경찰관에 발각된 경우, 절도죄의 실행에 착수한 것으로 보아야 한다(대판 2009. 9.24. 2009도5595).

(2) 야간주거침입절도(형법 제330조)

야간에 사람의 주거, 간수하는 저택, 건조물이나 선박 또는 점유하는 방실에 침입하여 타인의 재물을 절취하는 범죄

(3) 특수절도(형법 331조)

① 야간에 문호 또는 장벽 기타 건조물의 일부를 손괴하고 전조의 장소에 침입하여 타인의 재물을 절취하는 범죄 ② 흉기를 휴대하거나 2인 이상이 합동하여 타인의 재물을 절취하는 범죄

(4) 자동차등 불법사용(형법 제331조의2)

권리자의 동의없이 타인의 자동차, 선박, 항공기 또는 원동기장치자전거를 일시 사용하였을 때 성립하는 범죄

(5) 상습범(형법 제332조)

상습으로 단순절도죄, 야간주거침입절도죄, 특수절도죄를 범한 경우에는 그 죄에 정한 형의 2분의 1까지 가중하는 상습절도죄가 성립한다.

2. 절도 범죄의 성립 요건에 대한 이해

가. 재물

민법 제98조(물건의 정의) 물건이라 함은 유체물 및 전기 기타 관리할 수 있는 자연력을 말한다고 규정하고 있다. 즉 유체물 및 관리할 수 있는 동력을 말한다.

> **<판례>**
> 절도죄의 객체는 관리 가능한 동력을 포함한 재물에 한한다 할 것이고, 또 절도죄가 성립하기 위해서는 그 재물의 소유자 기타 점유자의 점유 내지 이용가능성을 배제하고 이를 자신의 점유 하에 배타적으로 이전하는 행위가 있어야만 할 것인바, 컴퓨터에 저장되어 있는 정보 그 자체는 유체물이라고 볼 수 없고, 물질성을 가진 동력이 아니므로 재물이 될 수 없다 할 것이며, 또 이를 복사하거나 출력하였다 할지라도 그 정보 자체가 감소하거나 피해자의 점유 및 이용가능성을 감소시키는 것이 아니므로 그 복사나 출력 행위를 가지고 절도죄를 구성한다고 볼 수 없다(대판 2002. 7.12. 2002도745).

나. 점유

민법 제 192조(점유권의 취득과 소멸)물건을 사실상 지배하는 자는 점유권이 있다고 규정되어 있다. 재물에 대한 물리적·현실적 작용에 의하여 인정되는 사실상의 지배관계를 말한다.

다. 절취

타인이 점유하고 있는 재물을 폭행이나 협박하지 않고 점유자의 의사에 반하여 그 점유를 배제하고 자기 또는 제3자의 점유로 옮기는 것을 말한다.

라. 불법영득의사

자기가 점유하는 타인의 물건을 자기의 소유물과 같이 그 경제적 용법에 따라서 이용하고 처분할 의사를 말한다.

> **<판례>**
>
> 형법상 절취란 타인이 점유하고 있는 자기 이외의 자의 소유물을 점유자의 의사에 반하여 그 점유를 배제하고 자기 또는 제3자의 점유로 옮기는 것을 말하고, 절도죄의 성립에 필요한 불법영득의사라 함은 권리자를 배제하고 타인의 물건을 자기의 소유물과 같이 그 경제적 용법에 따라 이용 처분할 의사를 말하는 것으로, 단순한 점유의 침해만으로는 절도죄를 구성할 수 없으나 영구적으로 그 물건의 경제적 이익을 보유할 의사가 필요한 것은 아니고, 소유권 또는 이에 준하는 본권을 침해하는 의사 즉 목적물의 물질을 영득할 의사이든 그 물질의 가치만을 영득할 의사이든을 불문하고 그 재물에 대한 영득의 의사가 있으면 족하다. 또한, 비록 채권을 확보할 목적이라고 할지라도 취거 당시에 점유 이전에 관한 점유자의 명시적·묵시적인 동의가 있었던 것으로 인정되지 않는 한 점유자의 의사에 반하여 점유를 배제하는 행위를 함으로써 절도죄는 성립하는 것이고, 그러한 경우에 특별한 사정이 없는 한 불법영득의 의사가 없었다고 할 수는 없다(대판 2006.3.24. 2005도8081).

마. 친족상도례

형법 제328조(친족간의 범행과 고소) ①직계혈족, 배우자, 동거친족, 동거가족 또는 그 배우자간의 제323조의 죄(권리행사방해죄)는 그 형을 면제한다. ②제1항 이외의 친족간에 제323조의 죄를 범한 때에는 고소가 있어야 공소를 제기할 수 있다.

형법 제344조(친족간의 범행) 제328조의 규정은 제329조(절도) 내지 제332조(상습범)의 죄 또는 미수범에 준용한다.

> **<판례>**
> 친족상도례에 관한 규정은 범인과 피해물건 소유자 및 점유자 모두 사이에 친족관계가 있는 경우에만 적용되는 것이고 절도범인이 피해 물건의 소유자나 점유자의 어느 일방과 사이에서만 친족관계가 있는 경우에는 그 적용이 없다 (1080.11.11. 80도131).

친족상도례라 함은 강도죄와 손괴죄를 제외한 재산죄(절도죄, 사기죄, 공갈죄, 횡령죄, 배임죄, 권리행사방해죄, 장물죄)에 대하여 친족간의 범죄는 는 그 형을 면제하고 그 밖의 친족사이에는 피해자의 고소가 있어야 공소를 제기할 수 있다는 특례를 인정하는 규정이다.

제2절 폭력 사건의 수사

1. 폭력 범죄 개념 및 유형

가. 폭력범죄의 개념

폭력범죄란 폭행이나 협박으로 위력을 과시하면서 상해·폭행·체포·감금·공갈 등의 죄를 자행하는 것을 말한다. 또한 폭력범죄는 감재성이 강한 범죄, 단속대상이 사전에 어느정도 파악, 범인은 대체로 조직폭력배 구성원이나 폭력상습자, 지역의 어느 정도 특정, 피해자 계층이 어느 정도 한정, 피해자와 가해자 간 대부분 면식관계라는 특징이 있다.

나. 폭력범죄의 유형

폭력범죄는 단순폭력, 집단폭력, 조직폭력, 가정폭력, 학교폭력, 지능폭력 등으로 구분할 수 있다.

2. 폭행의 개념

유형	의의	예
최광의	대상(사람, 물건)을 불문하고 유형력을 행사하는 모든 경우	다중불해산죄, 내란죄, 소요죄
광의	사람에 대한 직·간접의 유형력의 행사	공무집행방해죄, 특수도주죄, 강요죄
협의	사람의 신체에 대한 유형력의 행사	폭행죄, 특수공무원폭행죄, 존속폭해외, 외국원수폭행죄
최협의	상대방의 반항을 현저히 곤란하게 할 정도의 유형력의 행사	강도죄, 강간죄

3. 조직폭력 범죄 수사의 이해

가. 조직폭력 범죄의 개념

조직폭력 범죄란 폭력행위 등 처벌에 관한 법률 제1조에 집단적 또는 상습적으로 폭력행위 등을 범하거나 흉기 또는 그 밖의 위험한 물건을 휴대하여 폭력행위 등을 범한 사람들을 처벌함을 목적으로 한다.

또한 동법 제4조(단체 등의 구성활동)에는 이 법에 규정된 범죄를 목적으로 하는 단체 또는 집단을 구성하거나 그러한 단체 또는 집단에 가입하거나 그 구성원으로 활동한 사람은 수괴, 간부, 구성원의 구분에 따라 처벌하고, 집단의 위력을 과시하거나 단체 또는 집단의 존속, 유지를 위해 형법상 공무방해에 관한죄, 살인의 죄, 업무와 경매에 관한 죄, 절도와 강도의 죄 등 어느 하나에 해당하는 죄를 범하였을 때에는 그 죄에 대한 형의 2분의 1까지 가중처벌 한다고 규정하고 있다.

폭행.협박.상해 등의 강력범이 집단적 또는 상습적으로 이루어지고 주로 야간에 범죄가 발생하고 있어 폭력행위 등을 한 자를 가중처벌하기 위한 법률이다.

즉 조직폭력 범죄라 함은 폭력을 수단으로 경제적 이익 등을 취할 목적으로 폭력행위들 처벌에 관한 법률에 규정된 범죄 행위를 조직되어 있는 단체 또는 집단에 의하여 행해지는 범죄를 말한다.

나. 조직폭력 범죄의 유형

유흥업소 관리 등 전통적 조직폭력 범죄는 점차 진화하여 합법적인 사업체를 운영 가장하여 공사장 이권개입, 건설업, 부동산, 사체업, 주식시장, 인터넷 도박 사이트, 불법 게임장을 대규모로 운영하는 등 그 범죄 유형이 다양해졌다. 구체적으로 조직폭력배 범죄유형은 폭력행사, 갈취, 사행성불법영업, 불법 및 변태영업, 탈세 및 사채업, 인신매매 및 성매매, 마약류불법유통 등 이 있다. 한편, 범죄단체를 구성하거나 조직원으로 활동하더라도 수사기관에서 입증이 어렵도록 간접 폭행, 묵시적 협박 등 범죄 수법이 갈수록 지능화·고도화되고 있다.

조직폭력배의 구성원은 30대 이하가 74%로 활동성이 왕성한 젊은 조직원들이 핵심으로 활동하며 자퇴나 가출한 청소년 또는 학교에서 소위 '일진'이라고 불리는 학생들을 폭력조직에 가입시키는 사례가 늘고 있다.

< 주요 조직폭력 검거사례 >[157]

▶ 집단 보복 원정 조직폭력배 검거 (광주청 조폭 특별수사 TF팀)

　인천 조폭이 광주에서 광주지역 조폭으로부터 폭행당하자, 이를 보복하기 위해 수도권 조폭을 광주로 대거 집결하는 등 범죄단체 활동한 조폭 35명 순차 검거 (구속 28명)

▶ 춘천지역 신흥 범죄단체 검거 (경기북부청 광수대·강원청)

　춘천지역 4개 조직을 통합한 후 보도방 등 이권사업을 독점하고 타 조직과 대치 등 범죄단 체를 구성·활동한 93명을 순차 검거 (구속 15명)

▶ 조직 폭력배가 개입한 불법 경마 사이트 조직 검거(서울청 광수대)

　2,100억 규모의 불법 경마사이트를 운영한 조폭 66명 포함 도박사이트 운영자 등 총 126명 순차 검거 (구속 8)

　* 2억원 상당 기소전 몰수보전/ 1,500만원 상당 현금 압수

다. 조직폭력 범죄 관련 폭력행위 등 처벌에 관한 법률 규정의 이해

(1) 조직폭력 범죄에 대한 범죄정보 수집

폭력행위 등 처벌에 관한 법률 제4조(단체 등의 구성활동) 이 법에 규정된 범죄를 목적으로 하는 단체 또는 집단을 구성하거나 그러한 단체 또는 집단에 가입하거나 그 구성원으로 활동한 사람은 다음 각 호 ① 수괴는 사형, 무기 또는 10년 이상의 징역, ② 간부는 무기 또는 7년 이상의 징역, ③ 수괴.간부 외의 사람은 2년 이상의 유기징역 처벌 규정이 있다.

따라서 범죄구성요건에 해당하는 일정한 범죄를 수행한다는 공동목적을 가지고 이루어진 단체 또는 집단의 구성원에 대한 성명, 직책, 조직의 계보, 세력범위, 회비 또는 상납금 등 경제적 이득 경로 및 관리형태, 피해를 입증할 수 있는 수사자료

---

157) 경찰청, 2019 경찰백서: 182.

등에 대한 범죄 정보를 수집하여야 한다.

(2) 경찰 조직력에 의한 기획 수사

폭력행위 등 처벌에 관한 법률 제9조(사법경찰관리의 직무유기) ① 사법경찰관리로써 이 법에 규정된 죄를 범한 사람을 수사하지 아니 하거나 범인을 알면서 처벌하지 아니 하거나 수사상 정보를 누설하여 범인의 도주를 용이하게 한 사람은 1년 이상의 유기 징역에 처한다. ② 뇌물을 수수, 요구 또는 약속하고 제1항의 죄를 범한 사람은 2년 이상의 징역에 처한다. 따라서 수사의 목표는 조직화 된 폭력 조직을 척결해야 하므로 수집된 수사 자료를 토대로 수사팀 구성 등 수사계획을 수립하고, 경찰 조직력을 활용 범죄단체 구성원에 대한 집중적인 수사를 하여 검거하여야 한다.

(3) 범죄피해자 및 협력자 보호원칙 준수

범죄수사규칙 제200조(범죄피해자 보호 원칙) ① 경찰관은 범죄 피해자와 그 가족(이하 '피해자 등'이라 한다)의 심정을 이해하고 그 인격을 존중하며 신체적·정신적·경제적 피해의 회복과 권익증진을 위하여 노력하여야 한다. ② 범죄 신고자 및 참고인으로서 범죄수사와 관련하여 보복을 당할 우려가 있는 경우 이 장을 준용한다.

따라서 수사기관에 범죄의 피해를 신고하거나 수사협력자에 대하여는 적극적인 보호 대책을 강구해야 한다.

제3장 경제범죄의 수사 및 지휘

제1절 사기 범죄 사건의 수사

1. 사기죄의 개념 및 유형

(1) 사기죄의 개념

형법 제347조(사기) ①사람을 기망하여 재물의 교부를 받거나 재산상의 이익을 취득한 자는 10년 이하의 징역 또는 2천만원 이하의 벌금에 처한다. ②전항의 방법으로 제삼자로 하여금 재물의 교부를 받게 하거나 재산상의 이익을 취득하게 한 때에도 전항의 형과 같다.

사기죄라 함은 사람을 기망하여 재물을 편취하거나 재산상의 이익을 취득하거나 타인에게 재산상의 이익을 취득하게 함으로써 성립하는 범죄이다.

(2) 사기죄의 유형

① 사기(형법 제347조)

사람을 기망하여 재물의 교부를 받거나 재산상의 이익을 취득하거나 제3자로 하여금 재물의 교부를 받게 하거나 재산상의 이익을 취득하게 함으로써 성립하는 범죄

② 컴퓨터등 사용사기(형법 제347조의2)

컴퓨터등 정보처리장치에 허위의 정보 또는 부정한 명령을 입력하거나 권한 없이 정보를 입력·변경하여 정보처리를 하게 함으로써 재산상의 이익을 취득하거나 제3자로 하여금 취득하게 함으로써 성립하는 범죄

③ 준사기(형법 제348조)

 미성년자의 지려천박 또는 사람의 심신장애를 이용하여 재물의 교부를 받거나 재산상의 이익을 취득하거나 제3자로 하여금 재물의 교부를 받게 하거나 재산상의 이익을 취득하게 함으로써 성립하는 범죄

④ 편의시설부정이용(형법 제348조의2)

 부정한 방법으로 대가를 지급하지 아니하고 자동판매기, 공중전화 기타 유료자동설비를 이용하여 재물 또는 재산상의 이익을 취득하게 함으로써 성립하는 범죄

⑤ 부당이득(형법 제349조)

 사람의 궁박한 상태를 이용하여 현저하게 부당한 이익을 취득하거나 제3자로 하여금 부당한 이익을 취득하게 함으로써 성립하는 범죄

2. 사기 범죄의 성립요건에 대한 이해

(1) 기망행위

 기망행위라 함은 널리 거래관계에서의 신의와 성실의 원칙에 반하는 행위로서 상대방에게 착오를 일으키게 하는 것으로서 허위의 주장을 언어로 하는 명시적 기망행위 또는 허위의 주장을 행동으로 하는 묵시적 기망행위 모두를 포함한다.

<판례>

기망이라 함은 사람으로 하여금 착오를 일으키게 하는 것으로서 그 착오는 사실에 관한 것이거나 법률관계에 관한 것이거나를 묻지 않고 반드시 법률행위의 내용의 중요부분에 관한 것일 필요도 없으며, 그 수단과 방법에도 아무런 제한이 없으니 널리 거래관계에서 지켜야 할 신의칙에 반하는 행위로서 사람으로 하여금 착오를 일으키게 하는 것을 말한다 (대판 1984.2.14. 83도2995).

(2) 재산적 처분행위

재산적 처분행위라 함은 직접 재산상의 손해를 초래하는 행위로서 작위 또는 부작위를 말한다.

> **<판례>**
>
> 사기죄는 타인을 기망하여 착오에 빠뜨리게 하고 그 착오에 기인하여 재산적 처분행위를 하게하여 상대방으로부터 재산적 이득을 취함으로써 성립하는 것이므로 범인에게 타인을 기망하여 이득을 취한다는 목적의사가 있고 그 기망행위와 상대방의 착오, 재산적 처분행위 사이에 인과관계가 있다면 사기죄의 구성요건은 충족되는 것이다(대판 1987.7.21. 86도748).

(3) 친족상도례

형법 제354조(친족간의 범행, 동력) 제328조와 제346조의 규정은 본장의 죄에 준용한다.

> **<판례>**
>
> 사기죄를 범한 자와 재물을 편취 당한 피해자가 직계혈족의 관계에 있으면 형법 제 354조, 제328조 제1항에 의하여 그 형을 면제한다(1976.4.13. 75도781).

제2절 횡령 범죄 사건의 수사

1. 횡령죄의 개념 및 유형

(1) 횡령죄의 개념

형법 제355조 제1항(횡령) 타인의 재물을 보관하는 자가 그 재물을 횡령하거나 그 반환을 거부한 때에는 5년 이하의 징역 또는 1천500만 원 이하의 벌금에 처한다.

횡령죄라 함은 타인의 재물을 보관하는 자가 그 재물을 횡령하거나 반환을 거부하는 것을 내용으로 하는 범죄이다.

(2) 횡령죄의 유형

① 횡령죄(형법 제355조 제1항)

타인의 재물을 보관하는 자가 그 재물을 횡령하거나 그 반환을 거부하는 것을 내용으로 하는 범죄이다.

② 업무상의 횡령죄(형법 제356조)

업무상의 임무에 의하여 자기가 보관하는 타인의 재물을 횡령하는 것을 내용으로 하는 범죄이다.

③ 점유이탈물횡령죄(형법 제360조)

유실물, 표류물, 매장물 기타 타인의 점유를 이탈한 재물을 횡령함으로써 성립하는 범죄이다.

2. 횡령 범죄의 성립요건에 대한 이해

(1) 타인 재물의 보관(점유)

민법 제192조(점유권의 취득과 소멸) ①물건을 사실상 지배하는 자는 점유권이 있다. ②점유자가 물건에 대한 사실상의 지배를 상실한 때에는 점유권이 소멸한다. 그러나 제204조의 규정에 의하여 점유를 회수한 때에는 그러하지 아니하다.

> **<판례>**
>
> 횡령죄에서 재물의 보관이라 함은 재물에 대한 사실상 또는 법률상 지배력이 있는 상태를 의미하며, 그 보관은 소유자 등과의 위탁관계에 기인하여 이루어져야 하는 것이지만, 그 위탁관계는 사실상의 관계이면 족하고 위탁자에게 유효한 처분을 할 권한이 있는지 또는 수탁자가 법률상 그 재물을 수탁할 권리가 있는지 여부를 불문하는 것이고, 한편 부동산에 관한 횡령죄에 있어서 타인의 재물을 보관하는 자의 지위는 동산의 경우와는 달리 부동산에 대한 점유의 여부가 아니라 법률상 부동산을 제3자에게 처분할 수 있는 지위에 있는지 여부를 기준으로 판단하여야 한다(대판 2005.6.24. 2005도2413).

(2) 횡령행위와 반환거부

횡령행위라 함은 타인의 재물을 보관(점유)하는 자가 불법영득의사로 처분 등의 횡령행위가 있어야 한다. 또한 반환거부는 보관하는 재물에 대하여 반환을 거부하는 의사표시를 하는 행위를 말한다.

> **<판례>**
>
> 타인의 재물을 보관하는 자가 불법영득의사를 외부에 표현하면 그 보관물 전체에 대한 횡령행위가 성립한다. 근저당권 설정행위로 이미 부동산 전체에 대한 횡령죄가 성립하므로 사후 매도행위는 불가벌적 사후행위가 된다(대판 1999.11.26. 99도2651).

(3) 명의신탁

부동산 실권리자 명의 등기에 관한 법률 제2조(정의) 이 법에서 사용하는 용어의 뜻은 다음과 같다.

1. "명의신탁약정"(名義信託約定)이란 부동산에 관한 소유권이나 그 밖의 물권(이하 "부동산에 관한 물권"이라 한다)을 보유한 자 또는 사실상 취득하거나 취득하려고 하는 자[이하 "실권리자"(實權利者)라 한다]가 타인과의 사이에서 대내적으로는 실권리자가 부동산에 관한 물권을 보유하거나 보유하기로 하고

그에 관한 등기(가등기를 포함한다. 이하 같다)는 그 타인의 명의로 하기로 하는 약정[위임·위탁매매의 형식에 의하거나 추인(追認)에 의한 경우를 포함한다]을 말한다. 다만, 다음 각 목의 경우는 제외한다.

  가. 채무의 변제를 담보하기 위하여 채권자가 부동산에 관한 물권을 이전(移轉)받거나 가등기하는 경우

  나. 부동산의 위치와 면적을 특정하여 2인 이상이 구분소유하기로 하는 약정을 하고 그 구분소유자의 공유로 등기하는 경우

  다. 「신탁법」 또는 「자본시장과 금융투자업에 관한 법률」에 따른 신탁재산인 사실을 등기한 경우

2. "명의신탁자"(名義信託者)란 명의신탁약정에 따라 자신의 부동산에 관한 물권을 타인의 명의로 등기하게 하는 실권리자를 말한다.

3. "명의수탁자"(名義受託者)란 명의신탁약정에 따라 실권리자의 부동산에 관한 물권을 자신의 명의로 등기하는 자를 말한다.

4. "실명등기"(實名登記)란 법률 제4944호 부동산실권리자명의등기에관한법률 시행 전에 명의신탁약정에 따라 명의수탁자의 명의로 등기된 부동산에 관한 물권을 법률 제4944호 부동산실권리자명의등기에관한법률 시행일 이후 명의신탁자의 명의로 등기하는 것을 말한다.

명의신탁이라 함은 부동산에 관한 소유권이나 그 밖의 물권의 실관리자가 타인과의 사이에서 대내적 관계에서는 신탁자가 소유권을 보유하면서 등기부상의 소유명의는 수탁자 앞으로 등재하여 두는 것을 말한다.

> **<판례>**
>
> 부동산에 관하여 신탁자가 수탁자와 명의신탁약정을 맺고 신탁자가 매매계약의 당사자가 되어 매도인과 매매계약을 체결하되 다만 등기를 매도인으로부터 수탁자 앞으로 직접 이전하는 방법으로 명의신탁을 한 경우 명의수탁자가 그 부동산을 임의로 처분하였다면 횡령죄가 성립한다(대판 2002.8. 27. 2002도2926).

제3절 배임 범죄 사건의 수사

1. 배임죄의 개념 및 유형

(1) 배임죄의 개념

형법 제355조 제2항(배임) 타인의 사무를 처리하는 자가 그 임무에 위배하는 행위로써 재산상의 이익을 취득하거나 제3자로 하여금 이를 취득하게 하여 본인에게 손해를 가한 때에는 5년 이하의 징역 또는 1천500만 원 이하의 벌금에 처한다.

배임죄라 함은 타인의 사무를 처리하는 자가 그 임무에 위배하여 재산상의 이익을 취득하거나 제3자로 하여금 이를 취득케 하여 본인에게 손해를 준 것을 내용으로 하는 범죄이다.

(2) 배임죄의 유형

① 배임죄(형법 제355조 제2항) 타인의 사무를 처리하는 자가 그 임무에 위배하는 행위로써 재산상의 이익을 취득하거나 제3자로 하여금 이를 취득하게 하여 본인에게 손해를 가함으로써 성립하는 범죄이다.

② 업무상 배임죄(형법 제356조) 업무상의 임무에 위배하여 재산상의 이익을 취득하거나 또는 제3자로 하여금 이익을 취득하게 하고 이로 인하여 본인에게 손해를 가함으로써 성립하는 범죄이다.

③ 배임수재죄(형법 제357조 제1항) 타인의 사무를 처리하는 자가 그 임무에 관하여 부정한 청탁을 받고 재물 또는 재산상의 이익을 취득함으로써 성립하는 범죄이다.

④ 배임증재죄(형법 제357조 제2항) 타인의 사무를 처리하는 자에게 그 임무에 관하여 부정한 청탁을 하고 재물 또는 재산상의 이익을 공여함으로써 성립하는 범죄이다.

2. 배임 범죄의 성립요건에 대한 이해

(1) 타인의 사무를 처리하는 자

민법 제734조(사무관리의 내용) ① 의무없이 타인을 위하여 사무를 관리하는 자는 그 사무의 성질에 좇아 가장 본인에게 이익되는 방법으로 이를 관리하여야 한다.

타인의 사무를 처리하는 자라 함은 타인과의 대내관계에서 신의성실의 원칙에 비추어 그 사무를 처리할 신임관계 존재하는 자를 말하고, 사무처리의 근거는 법령, 계약, 법률행위 등 다양하며 사무는 사회상규에 타당한 내용이어야 한다.

> <판례>
> 배임죄에 있어서 타인의 사무를 처리하는 자라 함은 양자간의 신임관계에 기초를 둔 타인의 재산의 보호 내지 관리의무가 있음을 그 본질적 내용으로 하는 경우라 할 것이므로 단순한 채권적인 급부의무에 불과한 금원의 지급의무만을 부담하는 경우와 같이 그 사무가 타인의 사무가 아니고 자기의 사무에 속하는 경우라면 그 사무를 타인을 위하여 처리하는 경우라 하더라도 이는 타인의 사무를 처리하는 자라고 볼 수 없다(대판 1976.5.11. 75도2245).

(2) 배임행위와 손해의 발생

배임행위라 함은 타인의 사무를 처리하는 자의 임무를 위배하는 행위로서, 그 사무의 성질과 내용, 상황 등을 신의성실원칙에 따라 판단하며, 작위 또는 부작위에 의해서도 성립한다. 또한 배임행위로 인하여 재산상의 이익 또는 손해가 발생하여야 하고 기타 모든 이익을 포함한다.

> **<판례>**
>
> 배임죄는 위태범으로써 본인에게 손해를 가한 때라 함은 재산적 가치의 감소를 뜻하는 것으로서 재산적 손해는 물론 손해 발생의 위험을 초래한 경우도 포함한다(1973.11.13. 대법원 판례).

(3) 이중매매

민법 제565조(해약금) ① 매매의 당사자 일방이 계약당시에 금전 기타 물건을 계약금, 보증금등의 명목으로 상대방에게 교부한 때에는 당사자간에 다른 약정이 없는 한 당사자의 일방이 이행에 착수할 때까지 교부자는 이를 포기하고 수령자는 그 배액을 상환하여 매매계약을 해제할 수 있다.

이중매매란 부동산 매도인이 매수인에게 자기의 부동산을 매도하고 소유권이전등기를 해주지 않은 상태에서 이를 제3자에게 다시 매도하여 소유권 이전 등기를 해준 경우를 말한다.

> **<판례>**
>
> 부동산매도인이 매수인으로부터 계약금과 중도금까지 수령한 이상 특단의 약정이 없다면 잔금수령과 동시에 매수인 명의로의 소유권이전등기에 협력할 임무가 있으므로 이를 다시 제3자에게 처분함으로써 제1차 매수인에게 잔대금수령과 상환으로 수유권이전등기 절차를 이행하는 것이 불가능하게 되었다면 배임죄의 책임을 면할 수 없다(대판 1988.12.13. 88도750).

제4장 사이버 범죄의 수사 및 지휘

제1절 사이버 범죄 사건의 수사

1. 사이버 범죄의 개념 및 유형

가. 사이버 범죄의 개념[158]

사이버 범죄란 일반적으로 인터넷과 같은 정보통신망으로 연결된 컴퓨터 시스템이나 이들을 매개로 형성되는 사이버 공간을 중심으로 발생하는 범죄행위를 총칭하는 표현으로 사용된다.

나. 사이버 범죄의 유형

경찰청 사이버안전국에서는 사이버 범죄를 정보통신망 침해 범죄, 정보통신망 이용 범죄, 불법콘텐츠 범죄로 분류하고 있다.

<사이버 범죄의 유형 및 종류>

유 형	종 류
정보통신망 침해 범죄	해킹, 서비스거부 공격, 악성프로그램, 기타
정보통신망 이용 범죄	인터넷 사기, 사이버금융 범죄, 개인.위치정보 침해, 사이버 저작권 침해, 스팸메일, 기타
불법콘텐츠 범죄	사이버음란물, 사이버도박, 사이버 명예훼손.모욕, 사이버스토킹, 기타

---

[158] 양근원, 사이버 범죄의 특징과 수사방향 16편

2. 사이버 범죄의 수사

가. 정보통신망 침해 범죄

정보통신망 침해 범죄는 해킹(계정도용, 단순침입, 자료유출, 자료훼손), 서비스거부 공격, 악성프로그램(랜섬웨어 등), 기타 새로운 수법을 이용해 서버 등 컴퓨터 또는 정보통신망의 정상적인 기능과 운영을 침해하는 범죄이다.

(1) 해킹

① 정보통신망 이용촉진 및 정보보호 등에 관한 법률(약칭: 정보통신망법)에 해킹은 계정도용, 단순침입, 자료유출, 자료훼손으로 구분하고 있으며, 누구든지 정당한 접근 권한 없이 또는 허용된 접근 권한을 넘어 정보통신망에 침해하여서는 아니된다(정보통신망법 제48조 제1항).

② 누구든지 정당한 사유 없이 정보통신시스템, 데이터 또는 프로그램 등을 훼손·멸실·변경·위조하거나 그 운용을 방해할 수 있는 프로그램(이하 "악성프로그램"이라 한다)을 전달 또는 유포하여서는 아니 된다(정보통신망법 제48조 제2항).

③ 누구든지 정보통신망의 안정적 운영을 방해할 목적으로 대량의 신호 또는 데이터를 보내거나 부정한 명령을 처리하도록 하는 등의 방법으로 정보통신망에 장애가 발생하게 하여서는 아니 된다(정보통신망법 제48조 제3항).

④ 누구든지 정보통신망에 의하여 처리·보관 또는 전송되는 타인의 정보를 훼손하거나 타인의 비밀을 침해·도용 또는 누설하여서는 아니 된다(정보통신망법 제49조).

(2) 기타 정보통신망 침해 범죄

누구든지 전자적 전송매체를 이용하여 영리목적의 광고성 정보를 전송하려면 그 수신자의 명시적인 사전 동의를 받아야 한다(정보통신망법 제50조 영리 목적의 광고성 정보 전송 제한).

컴퓨터 등 정보처리장치 또는 전자기록 등 특수매체기록을 손괴하거나 정보처리장치에 허위의 정보 또는 부정한 명령을 입력하거나 기타 방법으로 정보처리에 장애를 발생하게 하여 사람의 업무를 방해한 자는 5년 이하의 징역 또는 1천500만 원 이하의 벌금에 처한다(형법 제314조 제2항).

나. 정보통신망 이용 범죄

정보통신망 이용 범죄는 인터넷 사기(직거래 사기, 쇼핑몰 사기, 게임 사기, 이메일 무역 사기, 기타 인터넷 사기), 사이버금융 범죄(피싱, 파밍, 스미싱, 메모리해킹, 몸캠피싱, 기타 사이버금융 범죄), 개인·위치정보 침해, 사이버 저작권 침해, 스팸메일, 기타 범죄 구성요건의 본질적인 부분이 컴퓨터 시스템 또는 정보통신망을 통해서 이루어지는 범죄로서 위 항목 이외의 유형이다.

(1) 인터넷 사기 범죄

인터넷 사기 범죄는 직거래 사기, 쇼핑몰 사기, 게임사기, 이메일 무역 사기, 기타 메신저를 이용해 피해자 지인의 ID나 닉네임으로 피해자에게 접근하여 피해자 지인인 것처럼 사칭하면서 돈을 편취하는 등 다양한 정보통신망을 이용해 피해자를 속여 금품이나 재물을 편취하는 범죄이다.

사람을 기망하여 재물의 교부를 받거나 재산상의 이익을 취득한 자는 10년 이하의 징역 또는 2천만 원 이하의 벌금에 처한다(형법 제347조 제1항).

(2) 사이버 금융 범죄

사이버 금융 범죄는 피싱, 파밍, 스미싱, 메모리해킹, 몸캠피싱, 기타 사이버금융 범죄로 구분한다.

① 피싱(Phishing)

개인정보(Private data)와 낚시(Fishing)의 합성어로 개인정보를 낚는다는 의미로써 금융기관 또는 공공기관을 가장해 전화, 이메일로 인터넷 사이트에서 보안카드번호, 주민등록번호 등 금융정보를 입력하게 하여 피해자의 금융계좌에 접속해서 돈을 인출 탈취하는 수법

< 보이스피싱 사례 >

② 파밍(Pharming)

악성코드에 감염된 PC를 조작 해 피해자가 금융회사 등의 정상 홈페이지에 접속하여도 피싱(가짜) 사이트로 유도되어 개인 금융정보 등을 몰래 탈취하는 수법

< 파밍 사례 >

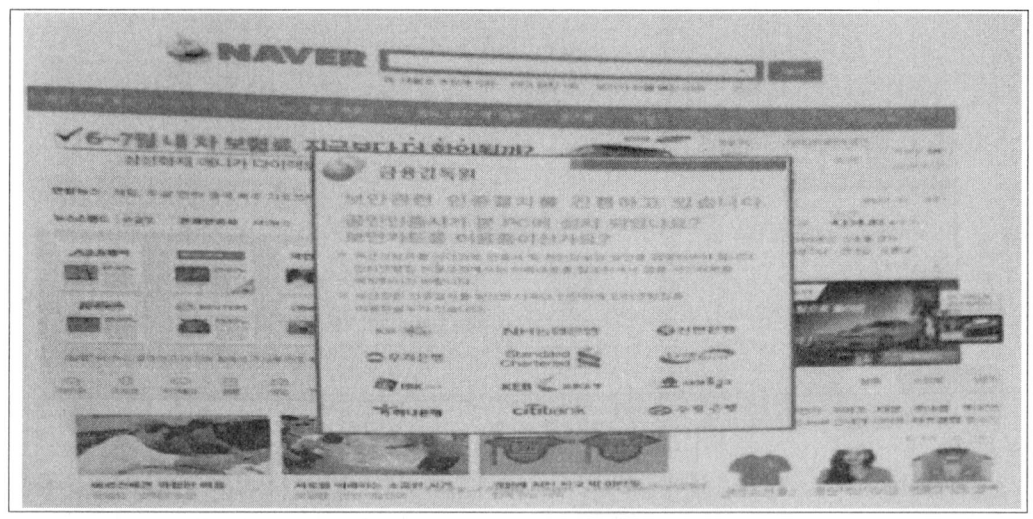

<실제 파밍 화면으로 금융감독원 창 외 네이버 창도 범죄자들이 만든 화면>

③ 스미싱(Smishing)

문자메시지(SMS)와 피싱(Phishing)의 합성어로 무료쿠폰 제공 등의 문자메시지 내의 인터넷 주소를 클릭하면 악성코드가 스마트 폰에 설치되어 피해자가 모르는 사이에 소액 결제 피해 발생 또는 개인 금융정보 등을 탈취하는 수법

< 스미싱 사례 >

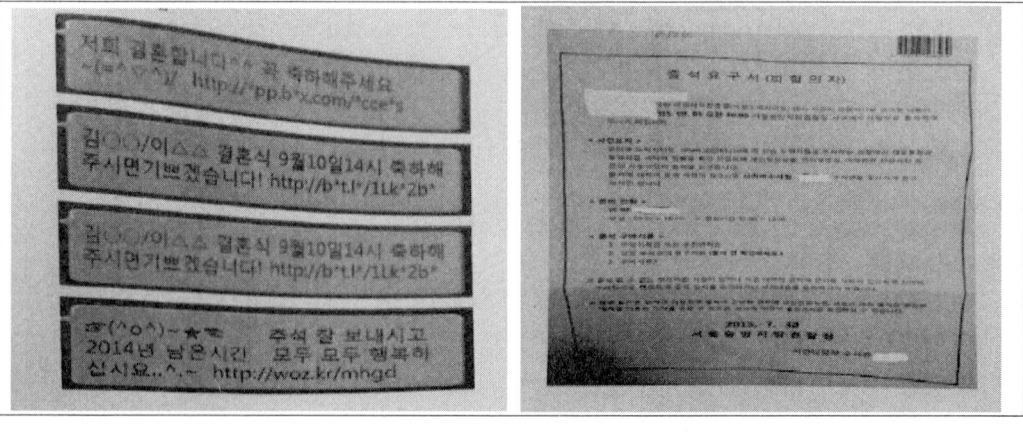

전기통신 금융사기란 전기통신법 제2조 제1항 제1호에 전기통신을 이용하여 타인을 기망, 공갈함으로써 재산상의 이익을 취하거나 제3자에게 재산상의 이익을 취하게 하는 다음 각 목의 행위를 말한다. 다만 재화의 공급 또는 용역의 제공 등을 가장한 행위는 제외하되 대출의 제공·알선 중개를 가장한 행위는 포함한다.

가. 자금을 송금·이체하도록 하는 행위
나. 개인정보를 알아내어 자금을 송금·이체하도록 하는 행위

동법 제15조 제2항(벌칙)에 전기통신 금융사기를 목적으로 다음 각 호의 어느 하나에 해당하는 행위를 한 자는 10년 이하의 징역 또는 1억 원 이하의 벌금에 처한다.

3. 사이버 범죄의 특징

(1) 범행의 동기

사이버 범죄 범행의 동기는 게임이나 단순한 유희, 지적 모험심의 추구, 정치적 목적과 산업경쟁, 개인적 보복, 경제적 이익의 취득 등의 특징이 있다.

(2) 행위자의 특징

사이버 범행의 행위자는 연령이 낮고, 죄의식이 희박하며 초범이 많다. 아울러 익명성을 과신하며 컴퓨터 전문가나 조직 내부인이 많다는 특징이 있다.

(3) 범행 동기의 특징

범행동기는 범행이 되풀이 될 가능성이 높으며 통신망 연결로 인한 광역성과 발각과 고의 입증이 곤란하며 컴퓨터 프로그램의 조작과 컴퓨터의 고정자료를 변경하여 발생하는 범죄는 별도의 조작이 없는 한 자동 반복되는 특징이 있다.

제2절 불법 콘텐츠(Content)159) 범죄 사건의 수사

불법 콘텐츠 범죄는 사이버음란물(일반음란물, 아동음란물), 사이버도박(스포츠토토, 경마.경륜.경정, 카지노 게임, 기타 인터넷 도박), 사이버 명예훼손.모욕, 사이버스토킹, 기타 정보통신망을 통하여 법률에서 금지하는 재화 서비스 또는 정보를 배포, 판매, 임대, 전시하여 성립하는 범죄 중 사이버음란물, 사이버도박, 사이버 명예훼손.모욕, 사이버스토킹으로 유형별 분류되지 아니하는 경우로 청소년 유해매체물 미표시.영리목적 제공, 청소년 유해매체물 등이 해당한다.

1. 사이버 명예훼손·모욕

(1) 관련 법규

정보통신망이용촉진 및 정보보호 등에 관한 법률 제70조 ① 사람을 비방할 목적으로 정보통신망을 통하여 공공연하게 사실을 드러내어 다른 사람의 명예를 훼손한 자는 3년 이하의 징역 또는 3천만 원 이하의 벌금에 처한다. ② 사람을 비방할 목적으로 정보통신망을 통하여 공공연하게 거짓의 사실을 드러내어 다른 사람의 명예를 훼손한 자는 7년 이하의 징역, 10년 이하의 자격정지 또는 5천만 원 이하의 벌금에 처한다. ③ 제1항과 제2항의 죄는 피해자가 구체적으로 밝힌 의사에 반하여 공소를 제기할 수 없다(반의사불벌죄).

* 형법 제311조에 공연히 사람을 모욕한 자는 1년 이하의 징역이나 금고 또는 200만 원 이하의 벌금에 처한다(친고죄).

---

159) 각종 유무선 통신망을 통해 제공되는 디지털 정보를 총칭하여 이르는 말

> **<판례>**
> 형법 제307조에 '공연히'라 함은 불특정 또는 다수인이 인식할 수 있는 상태라고 풀이함이 상당하며, 비밀이 잘 보장되어 외부에 전파될 염려가 없는 경우가 아니면 비록 개별적으로 한 사람에 대하여 사실을 유포하였더라도 본건과 같이 연속하여 수인에게 사실을 유포하여 그 유포된 사실이 외부에 전파될 가능성이 있는 이상 공연성이 있다 할 것이다(대판 1968.12.24. 68도1569).

(2) 범죄 성립 요건

불특정 다수 또는 다수가 인식할 수 있는 상태(전파가능성 이론)라는 공연성이 있어야 하고 사실 또는 허위의 사실을 적시하여야 한다. 명예가 침해될 수 있을 정도의 구체적이어야 하고 추상적인 경우에는 모욕에 해당한다.

> **<판례>**
> 모욕죄에서 말하는 모욕이란, 사실을 적시하지 아니하고 사람의 사회적 평가를 저하시킬 만한 추상적 판단이나 경멸적 감정을 표현하는 것으로, 어떤 글이 특히 모욕적인 표현을 포함하는 판단 또는 의견의 표현을 담고 있는 경우에도 그 시대의 건전한 사회통념에 비추어 그 표현이 사회상규에 위배되지 않는 행위로 볼 수 있는 때에는 형법 제20조에 의하여 예외적으로 위법성이 조각된다. 골프클럽 경기보조원들의 구직편의를 위해 제작된 인터넷 사이트 내 회원 게시판에 특정 골프클럽의 운영상 불합리성을 비난하는 글을 게시하면서 위 클럽 담당자에 대하여 한심하고 불쌍한 인간이라는 경멸적 표현을 한 사안에서, 게시의 동기와 경위, 모욕적 표현의 정도와 비중 등에 비추어 사회상규에 위배되지 않는다고 보아 모욕죄의 성립을 부정한 사례(대판 2008.7.10. 2008도1433).

2. 사이버 음란물 범죄

(1) 사이버 음란의 개념

음란의 개념을 현실적이고 구체적으로 규정한 법률은 없고 어떤 표현물에 대한 음란여부는 판례의 해석에 의존하고 있다.

> **<판례>**
> 형사처벌의 대상이 될 음란물로 "전적으로 또는 지배적으로 성적 흥미에만 호소", "과도하고도 노골적인 방법에 의하여 성적 부위나 행위를 적나라하게 표현" 하는 요건을 요구(대판 2007도3815).

아동청소년법 제2조에는 아동음란물이란 아동·청소년으로 명백히 인식될 수 있는 사람이나 표현물이 등장하고 성교·유사성교 행위, 신체전부·일부 접촉·노출하여 일반인의 성적 수치심, 혐오감을 유발하는 행위, 자위행위, 기타 성적행위를 표현하는 필름, 비디오물, 게임물 또는 컴퓨터나 그 밖의 통신매체를 통한 화상, 영상 등의 형태로 된 것을 말한다.

(2) 사이버 음란물 범죄 수사의 적용 법규

정보통신망법 제44조의 7의 제1항 누구든지 정보통신망을 통하여 다음 각 호의 어느 하나에 해당하는 정보를 유통하여서는 아니 된다.

1. 음란한 부호·문언·음향·화상 또는 영상을 배포·판매·임대하거나 공공연하게 전시하는 내용의 정보

   - 아동·청소년의 성보호에 관한 법률 제11조(아동·청소년 이용 음란물의 제작 배포 등)에 영리를 목적으로 아동·청소년 이용 음란물을 판매, 대여, 배포, 제공하거나 이를 목적으로 소지, 운반하거나 공연히 전시 또는 상영한 자는 10년 이하의 징역에 처한다.

   - 아동·청소년 이용 음란물을 배포, 제공하거나 공연히 전시 또는 상영한 자는 7년 이하의 징역 또는 5천만 원 이하의 벌금에 처한다.

   - 아동·청소년 이용 음란물을 알면서 이를 소지한 자는 1년 이하의 징역 또는 2천만 원 이하의 벌금에 처한다.

- 성폭력 범죄의 처벌 등에 관한 특례법 제14조(카메라 등을 이용한 촬영) 제1항에 카메라나 그 밖의 이와 유사한 기능을 갖춘 기계장치를 이용하여 성적욕망 또는 수치심을 유발할 수 있는 다른 사람의 신체를 그 의사에 반하여 촬영하거나 그 촬영본을 배포.판매.임대.제공 또는 공공연하게 전시.상영한 자는 5년 이하의 징역 또는 1천만 원 이하의 벌금에 처한다.

제3절 디지털 포렌식 수사

1. 디지털 포렌식 수사의 개념 및 유형

(1) 디지털 포렌식 수사의 의의

포렌식 즉 법의학은 기존부터 사용하여 왔던 용어로 범인이 남긴 흔적 및 증거들을 수집하여 범인을 추정하거나 추적하는 것을 의미한다. 디지털 포렌식 수사란 기존의 포렌식과 목적은 동일하지만 디지털 미디어를 매개체로 발생한 행위에 대해 디지털 형태의 증거들을 수집하고 분석하여 법정에서 증명하기 위한 수사절차와 방법을 의미한다.

(2) 디지털 증거의 특성

디지털 증거는 비가시성, 변제·복제성, 대규모성, 휘발성, 초국경성 등 기존의 아날로그 증거나 흔적과는 다른 특성을 가지고 있다.

(3) 디지털 증거의 유형

디지털 증거의 유형은 컴퓨터 실행 시 메모리 또는 임시 공간에 저장되는 증거, 컴퓨터 종료와 함께 소실되어 버리는 휘발성 증거와 컴퓨터 종료시에도 하드 디스크의 데이터와 같이 삭제되지 않고 존재하는 비휘발성 증거로 나눈다.

(4) 디지털 포렌식의 기본원칙

디지털 포렌식을 통해 수집된 증거가 법정에서 효력을 발휘하기 위해서는 정당성의 원칙, 재현의 원칙, 절차 연속성의 원칙, 무결성의 원칙, 신속성의 원칙과 같은 기본원칙을 준수하여야 한다.

2. 디지털 지문 수사의 기법

(1) 디지털 지문 수사기법

디지털 지문 수사기법은 해시(hash)값을 활용한 수사기법이다. 디지털 파일에는 각 파일이 가진 숫자와 알파벳을 특정 함수에 넣어 얻어지는 것이 있는데 이를 해시값이라 한다. 사람의 지문처럼 고유의 값이기 때문에 디지털 지문이라고도 한다. 디지털 파일을 단 한 글자라도 고친다면 해시값은 완전히 달라지기 때문에 문서의 변조 여부를 해시값으로 알아낼 수 있다. 디지털지문 수사기법은 특히 아동 음란물 적발에 활용되고 있다.[160]

(2) 디지털 증거물의 압수 방법

디지털 증거물의 압수 방법은 현장에서 범위를 정한 출력·복제가 원칙이다. 그러나 직접 범죄에 사용되거나 몰수의 대상물인 경우, 범죄 반복의 방지와 범죄로 인한 이익취득을 금지하기 위해서 원본을 예외적으로 압수한다.

---

160) 김인성, 「댓글 달 듯이 몰래 해시값 산출하면 돼요?, 안돼요」, 「시사인」, 2313.12.11.

제5장 기타범죄의 수사 및 지휘

제1절 마약류 사건의 수사

1. 마약류 사건 수사의 개념 및 유형

(1) 마약류의 정의

마약류란 일반적으로 느낌, 생각 또는 형태에 변화를 줄 목적으로 섭취하는 정신에 영향을 주는 물질을 말한다.

(2) 「마약류 관리에 관한 법규」 기준 마약류의 종류

「마약류 관리에 관한 법규」 기준 마약류의 종류에는 남용의 일반적인 대상인 마약(양귀비, 아편, 코카인 등), 인체의 중추신경계에 작용하는 향정신성 의약품(필로폰, 빙두, 아이스, 총탄 등), 육체적 정신적 의존성과 내성 등이 다른 마약류에 비해 약하긴 하나 법으로 금지하고 있는 대마 등이 있다.

(3) 마약류 관리에 관한 법률

「마약류 관리에 관한 법규」와 「화약물질관리법」에 의해 규제한다.

2. 마약류 범죄의 특징 및 단속기관

(1) 마약류 범죄의 특징

마약류 범죄의 특징은 직접적인 상대 피해자 없는 범죄이며 영리목적 범죄중 이욕성이 가장 큰 범죄, 상습범죄, 대표적인 국제적 전문조직범죄의 특징이 있다.

(2) 마약류 범죄의 단속기관

세계 각 국은 마약류 범죄의 단속기관을 운영하고 있다. 한국의 마약류 범죄 단속기관은 경찰, 검찰, 보건복지부, 세관 등이 있다. 미국의 마약류 범죄 단속기관은 마약단속국(DEA), 연방수사국(FBI), 이민귀화국(INS), 국세청(IRS), 연방관세청, 해안경비대, 주경찰, 지방경찰이 있으며 홍콩은 세관, 영국은 경찰, 일본의 마약류 범죄 단속기관은 경찰, 세관, 후생성 마약취재관사무소, 해상보안청, 법무성 등의 단속기관이 있다.

3. 마약류의 종류

(1) 효능에 의한 분류

효능에 의한 마약류는 각성제, 억제제, 환각제로 분류한다.

각성제는 중추신경계의 활동을 강화하는 기능을 하며 메스암페타민, 코카인, 일부 살 빼는 약 등이 있다. 억제제는 중추신경계의 기능을 저하 또는 억제, 진정시키는 기능을 하며 헤로인 등 아편 계열의 마약과 마약으로 분류되지 않은 알코올 등이 해당한다. 환각제는 감각이 왜곡되어 환상을 보거나 극도의 행복감이나 불행의 교차함을 느끼거나, 망상, 불안 등을 유발하는 LSD, 대마초 등이 해당한다.

(2) 마약류의 구체적 분류

마약류는 구체적으로 마약, 향정신성의약품, 대마로 분류할 수 있다. 마약은 다시 양귀비 계열과 코카엽 계열로 나누며, 양귀비 계열에는 앵속, 아편, 모르핀, 코데인, 헤로인 등이 있으며, 코카엽 계열에는 코카엽과 코카인, 크랙 등이 있다.

향정신성의약품은 각성효과와 환각효과, 억제효과, 기타 향정신성의약품으로 구분하며, 각성효과에는 메스암페타민(필로폰, 히로뽕), 야바, 암페타민, 펜플루라민, 암페프라몬 등이 있으며, 환각효과에는 LSD, 페엥ㅎ트, 매스카린, 사일로사이빈, 디메틸트립타민, 디에틸트립타민, MDMA, 덱스트로메트로판제제, 프로포폴 등이 있으며, 억제효과에는 펜싸이클리딘, 바르비탈염제, 벤조디아제핀제제, 날부핀, GHB 등이 해당되고, 기타 카리소프로돌, 카트 케타민, 살비아디비노럼 등 향정신성의약품으로 분류한다.

대마에는 대마초, 대마수지(하시시), 대마수지오일 등이 해당한다.

(3) 유해화학물질

마약류는 아니지만 인체에 유해성이 있어 사용하면 환각작용을 일으키는 화학물질로서 톨루엔, 초산에틸, 메틸알코올, 부탄가스 등이 해당되며, 혼각물질을 섭취 또는 흡입하거나 이러한 목적으로 소지, 판매, 공여하는 행위는 화학물질관리법으로 처벌한다.

제2절 풍속 사건의 수사

1. 도박 사건의 수사

(1) 도박사범의 의의

도박이란 우연의 승부에 의하여 일정한 재물 등을 승자에게 교부하는 것을 의미한다. 돈을 걸고 하는 마작, 장기, 화투, 바둑 등도 도박의 예가 될 수 있다. 사기 도박의 경우 우연성이 없으므로 사기죄로 의율하여야 한다.

(2) 도박의 유형

도박의 유형은 형법상 단순협박죄(형법제246조 제1항), 상습도박죄(형법 제246조 제2항)과 영리의 목적이 있어야 하나 현실적으로 재산상의 이익을 얻었는지의 입증은 필요없는 도박장소등개설죄(형법 제247조)가 있으며, 경륜 및 경정법 상의 영리목적 도박죄(제24조)가 있다.

(3) 도박범죄 수사의 단서

도박범죄의 단서는 제1차 잠복, 미행, 제2차 잠복의 잠복·미행에 의한 방법과 탐문에 의한 방법으로 대립하는 파수꾼 구성원, 도박꾼 출입 장소 종사자 등으로부터의 탐문으로 수사협력자를 확보하고 언제, 어디서, 누가 모여서 도박을 했는가 등의 요점을 탐문하는 방법의 단서로 구분한다.

(4) 도박사범 조사

도박사범의 조사는 먼저 도박자를 조사하는데 도박의 전과, 도박에 참석한 동기, 일시 및 장소의 특징, 도박장에 갔을 때·도박 시·방법, 승부·개평의 징수 상황 등을 조사하고, 도박장소 등 개설자의 조사는 소속단체·세력권의 상황, 개장의 경위, 개평의 징수 및 배분·환전의 상황, 단체 정례개장일, 여죄의 추궁 등을 조사한다.

< 도박꾼들의 은어 >

창고장
'하우스장'이라고 호칭하기도 하며 도박장의 전반적인 일을 주재하는 도박개장자로, 도박장 운영에 필요한 딜러, 총책, 바카스, 상치기, 문방(내방, 외방), 모집책, 꽁지 등을 모집하여 도박을 개장하고 장소제공비를 받아 하부 운영자들에게 일당을 지급한다.

총책
줄도박에서 선을 잡은 사람으로 도박자금을 많이 가지고 있으며, 딜러로부터 패를 받아 놓돈을 놓는 게임의 오너격.

상치기
아도사키 도박에서 총책과 찍새(손님)들 간의 거리가 있어 돈을 주고받는 것이 어려우므로 찍새와 찍새 사이를 오가면서 판돈을 걷어 나눠주고 고리를 받아 하우스장에게 전달하는 사람으로 하루 일당을 하우스장에게 받음.

딜러
'앞방', '밑때기', '일꾼' 등으로 호칭하며, 화투패를 나누어 주는 사람.

모집책
불이꾼 또는 연락책이라고도 하여 도객을 모으는 역할을 하는 자로, 하우스장이나 문방으로부터 전국 각지에서 도객을 모아 1차 집결지를 일러주는 등 평소 수십 명의 찍새를 데리고 다니는 사람으로 하우스장의 신임하여 일당을 받고 있고, 때로는 총책이나 찍새 역할도 병행함.

문방
경찰단속을 피하기 위해 무전기 등을 휴대하고 수시로 연락하면서 도박장을 물색하고 장소를 선정하기도 하며 당일 사용할 화투, 창문가리개(커튼), 게임용 천 등을 준비하며, 본방, 내방, 외방으로 나누기도 함.

꽁지
하우스장 보증하에 도박장에서 돈을 빌려주는 역할을 하는 음성고리 사채업자로, 3-5부 이상 심지어 1할 이자를 받고 금전을 빌려주는 사람(도박방조)

전주
노름에 밝은 도객에게 도박자금을 대어 주는 자를 말하며, 꽁지와 전주의 역할을 겸하기도 함.

커피장
일명 '주방', '시모', '바카스', '제멀이'라고 부르기도 하며 하우스장과 함께 움직이고, 도박현장에서 커피, 담배, 간식 등의 물품을 제공하는 심부름을 하는 자로 통상 일당 30만 원 정도를 받음(도박방조)

손님
도객을 호칭하며 지역에 따라 '선수', '찍새'라고 하며 여자 도객을 '보살'이라고도 함.

뒷전
도객이 아닌 자로 도박판에서 도박을 구경하는 자로, 보통 도객 일행의 불이꾼, 꽁지 등이 도박진행을 구경하면서 승자에게 축하해 주기도 함.

통
통치는 사람이라고도 하며, 화투를 자유자재로 혼합하여 원하는 대로의 끗수를 만들 수 있는 도박기술자.

딱지
일명 '칩', '때기'라고도 하며, 현금대용으로 사용하는 약정된 돈 표.

출처: 김균태 외2인, 『실무중심 경찰수사론』 (서울: 박영사, 2020), p.324-325.

2. 풍속영업 및 청소년보호법 위반 사범의 수사

(1) 풍속영업의 규제에 관한 법률

풍속영업 사범의 단속법률 및 대상업종에는 식품위생법(유흥주점영업, 단란주점영업), 공중위생관리법(숙박업, 특수목욕장업, 이용업), 영화 및 비디오물의 진흥에 관한 법률(비디오감상업), 음악산업진흥에 관한 법률(노래연습장업), 게임산업진흥에 관한 법률(게임제공업 및 복합유통게임공업), 체육시설의 설치 및 이용에 관한 법률(무도학원업, 무도장업), 그밖에 선량한 풍속을 해하거나 청소년의 건전한 육성을 저해할 우려가 있는 영업으로 대통령령이 정하는 것이 있다.

또한, 풍속영업을 하는 자 및 대통령령으로 정하는 종사자는 풍속영업을 하는 장소에서 성매매알선 등 행위, 음란행위를 하게하거나 알선·제공하는 행위, 음란한 문서·도화·영화·음반·비디오물, 그밖의 음란한 물건을 반포·판매·대여·관람·열람·진열·보관하는 행위, 도박 등 사행행위를 하게하는 행위를 하여서는 아니된다.

(2) 청소년보호법 위반사범 수사

'청소년'이라 함은 만 19세 미만의 자를 말한다. 다만 만 19세에 도달하는 해의 1월1일을 맞이한 자를 제외한다.

'매체물'이란 다음 각 목의 어느 하나에 해당하는 것을 말한다.

가. 「영화 및 비디오물의 진흥에 관한 법률」에 따른 영화 및 비디오물
나. 「게임산업진흥에 관한 법률」에 따른 게임물
다. 「음악산업진흥에 관한 법률」에 따른 음반, 음악파일, 음악영상물 및 음악영상파일
라. 「공연법」에 따른 공연(국악공연은 제외한다)
마. 「전기통신사업법」에 따른 전기통신을 통한 부호·문언·음향 또는 영상정보

바. 「방송법」에 따른 방송프로그램(보도 방송프로그램은 제외한다)
사. 「신문 등의 진흥에 관한 법률」에 따른 일반일간신문(주로 정치·경제·사회에 관한 보도·논평 및 여론을 전파하는 신문은 제외한다), 특수일간신문(경제·산업·과학·종교 분야는 제외한다), 일반주간신문(정치·경제 분야는 제외한다), 특수주간신문(경제·산업·과학·시사·종교 분야는 제외한다), 인터넷신문(주로 보도·논평 및 여론을 전파하는 기사는 제외한다) 및 인터넷뉴스서비스
아. 「잡지 등 정기간행물의 진흥에 관한 법률」에 따른 잡지(정치·경제·사회·시사·산업·과학·종교 분야는 제외한다), 정보간행물, 전자간행물 및 그 밖의 간행물
자. 「출판문화산업 진흥법」에 따른 간행물, 전자출판물 및 외국간행물(사목 및 아목에 해당하는 매체물은 제외한다)
차. 「옥외광고물 등의 관리와 옥외광고산업 진흥에 관한 법률」에 따른 옥외광고물과 가목부터 자목까지의 매체물에 수록·게재·전시되거나 그 밖의 방법으로 포함된 상업적 광고선전물
카. 그 밖에 청소년의 정신적·신체적 건강을 해칠 우려가 있어 대통령령으로 정하는 매체물

'청소년 유해업소'란 청소년의 출입과 고용이 청소년에게 유해한 것으로 인정되는 다음 가목의 업소와 청소년의 출입은 가능하나 고용이 청소년에게 유해한 것으로 인정되는 다음 나목의 업소를 말한다. 이 경우 업소의 구분은 그 업소가 영업을 할 때 다른 법령에 따라 요구되는 허가·인가·등록·신고 등의 여부와 관계없이 실제로 이루어지고 있는 영업행위를 기준으로 한다.

'청소년 유해행위의 금지'에는

1. 영리를 목적으로 청소년으로 하여금 신체적인 접촉 또는 은밀한 부분의 노출 등 성적 접대행위를 하게 하거나 이러한 행위를 알선·매개하는 행위

2. 영리를 목적으로 청소년으로 하여금 손님과 함께 술을 마시거나 노래 또는 춤 등으로 손님의 유흥을 돋우는 접객행위를 하게 하거나 이러한 행위를 알선·매개하는 행위
3. 영리나 흥행을 목적으로 청소년에게 음란한 행위를 하게 하는 행위
4. 영리나 흥행을 목적으로 청소년의 장애나 기형 등의 모습을 일반인들에게 관람시키는 행위
5. 청소년에게 구걸을 시키거나 청소년을 이용하여 구걸하는 행위
6. 청소년을 학대하는 행위
7. 영리를 목적으로 청소년으로 하여금 거리에서 손님을 유인하는 행위를 하게 하는 행위
8. 청소년을 남녀 혼숙하게 하는 등 풍기를 문란하게 하는 영업행위를 하거나 이를 목적으로 장소를 제공하는 행위
9. 주로 차 종류를 조리·판매하는 업소에서 청소년으로 하여금 영업장을 벗어나 차 종류를 배달하는 행위를 하게 하거나 이를 조장하거나 묵인하는 행위

제3절 교통사고 사건의 수사

1. 교통사고의 개념 및 유형

가. 교통사고의 개념

 교통사고처리특례법 제2조 제2호에 교통사고라 함은 '차의 교통으로 인하여 사람을 사상하거나 물건을 손괴하는 것'이라고 정의하고 있고, 「도로교통법」 제151조(벌칙)에는 '차 또는 노면전차의 운전자가 업무상 필요한 주의를 게을리 하거나 중대한 과실로 다른 사람의 건조물이나 그 밖의 재물을 손괴한 경우에는 2년 이하의 금고나 500만 원 이하의 벌금에 처한다.'고 규정되어 있다.

또한 교통사고처리특례법은 업무상 과실 또는 중대한 과실로 교통사고를 일으킨 운전자에 관한 형사처벌 등의 특례를 정함으로써 교통사고로 인한 피해의 신속한 회복을 촉진하고 국민생활의 편익을 증진함을 그 목적으로 하고 있다.

교통사고처리특례법의 적용범위는 ① 차의 교통으로 인한 사고일 것 ② 그 사고가 형법 제268조(업무상 과실 또는 중대한 과실치사상)나 「도로교통법」 제151조(차의 운전자가 업무상 주의를 게을리 하거나 중대한 과실로 다른 사람의 건조물이나 기타의 물건을 손괴한 경우)에 해당하는 경우일 것 ③ 사고운전자를 형사처벌 하는 경우일 것이다.

나. 교통사고의 유형

경찰청 교통사고 규칙(제정 2011. 1. 20. 경찰청 훈령 제620호)에 교통사고의 유형을 다음과 같이 규정하고 있다.

(1) 대형교통사고란 : 사망(교통사고 발생일로부터 30일 이내 사망) 3명 또는 부상 20명 이상의 사고와 기타 사회의 물의를 야기한 사고

(2) 사망사고란 : 당해 교통사고가 주원인이 되어 72시간내 사망(통계상 지준은 30일)한 사고

(3) 중상사고란 : 의사의 진단결과 3주 이상의 치료를 요하는 부상을 입은 사고

(4) 경상사고란 : 의사의 진단결과 5일 이상 3주 미만의 치료를 요하는 부상을 입은 사고

(5) 부상사고란 : 5일 미만의 치료를 요하는 부상을 입은 사고

(6) 충돌사고란 : 차가 반대방향 또는 측방에서 진입하여 그 차의 정면으로 다른 차의 정면 또는 측면을 충격한 사고

(7) 추돌사고란 : 2대 이상의 차가 동일 방향으로 주행 중 뒤차가 앞차의 후면을 충격한 사고

(8) 접촉사고란 : 차가 추월, 교행 등을 하려다가 차의 좌우측면을 서로 스친 사고

(9) 전도사고란 : 차가 주행 중 도로 또는 도로 이외의 장소에 차체의 측면이 지면에 접하고 있는 사고

(10) 전복사고란 : 차가 주행 중 도로 또는 도로 이외의 장소에 뒤집혀 넘어진 사고

(11) 추락사고란 : 차가 도로변 절벽 또는 교량 등 높은 곳에서 떨어진 사고

(12) 뺑소니사고란 : 교통사고를 야기한 차의 운전자가 피해자를 구호하는 등 「도로교통법」 제54조 제1항의 규정에 따른 조치를 취하지 아니하고 도주한 사고

2. 교통사고처리특례법의 특례규정에 대한 이해

가. 교통사고에 대한 처벌의 특례

(1) 처벌의 특례

교통사고처리특례법 제3조 제1항 : 차의 운전자가 교통사고로 인하여 형법 제268조의 죄를 범한 때에는 5년 이하의 금고 또는 2천만 원 이하의 벌금에 처한다.

동법 제2항 : 차의 교통으로 제1항의 죄 중 업무상과실치상죄 또는 중과실치상죄와 「도로교통법」 제151조의 죄를 범한 운전자에 대하여는 피해자의 명시적인 의사에 반하여 공소를 제기할 수 없다.

다만, 차의 운전자가 제1항의 죄 중 업무상과실치상죄 및 중과실치상죄를 범하고도 피해자를 구호하는 등 「도로교통법」 제54조 제1항에 따른 조치를 하지 아니하고 도주하거나 피해자를 사고 장소로부터 유기하고 도주한 경우, 같은 죄를 범하고 「도로교통법」 제44조 제2항을 위반하여 음주측정 요구에 따르지 아니한 경우(운전자가 채혈 측정을 요청하거나 동의한 경우는 제외한다)와 다음 각 호의 어느 하나에 해당하는 행위로 인하여 같은 죄를 범한 경우에는 그러하지 아니하다.

(2) 신호 및 지시위반

교통사고처리특례법 제3조 제2항 제1호 : 「도로교통법」 제5조에 따른 신호기가 표시하는 신호 또는 교통정리를 하는 경찰공무원 등의 신호를 위반하거나 통행금지

또는 일시정지를 내용으로 하는 안전표시가 표시하는 지시를 위반하여 운전한 경우

(3) 중앙선침범 및 횡단, 유턴 또는 후진위반

교통사고처리특례법 제3조 제2항 제2호 : 「도로교통법」제13조 제3항을 위반하여 중앙선을 침범하거나 같은 법 제62조를 위반하여 횡단, 유턴 또는 후진한 경우

(4) 속도위반

교통사고처리특례법 제3조 제2항 제3호 : 「도로교통법」 제17조제1항 또는 제2항에 따른 제한속도를 시속 20킬로미터 초과하여 운전한 경우

(5) 앞지르기 방법 및 금지위반

교통사고처리특례법 제3조 제2항 제4호 : 「도로교통법」 제21조제1항, 제22조, 제23조에 따른 앞지르기의 방법·금지시기·금지장소 또는 끼어들기의 금지를 위반하거나 같은 법 제60조제2항에 따른 고속도로에서의 앞지르기 방법을 위반하여 운전한 경우

(6) 건널목 통과 방법위반

교통사고처리특례법 제3조 제2항 제5호 : 「도로교통법」 제24조에 따른 철길건널목 통과방법을 위반하여 운전한 경우

(7) 횡단보도에서 보행자보호의무위반

교통사고처리특례법 제3조 제2항 제6호 : 「도로교통법」 제27조제1항에 따른 횡단보도에서의 보행자 보호의무를 위반하여 운전한 경우

(8) 무면허운전

교통사고처리특례법 제3조 제2항 제7호 : 「도로교통법」 제43조, 「건설기계관리법」 제26조 또는 「도로교통법」 제96조를 위반하여 운전면허 또는 건설기계조종사면허

를 받지 아니하거나 국제운전면허증을 소지하지 아니하고 운전한 경우. 이 경우 운전면허 또는 건설기계조종사면허의 효력이 정지 중이거나 운전의 금지 중인 때에는 운전면허 또는 건설기계조종사면허를 받지 아니하거나 국제운전면허증을 소지하지 아니한 것으로 본다.

(9) 주취 및 약물운전

교통사고처리특례법 제3조 제2항 제8호 :「도로교통법」제44조제1항을 위반하여 술에 취한 상태에서 운전을 하거나 같은 법 제45조를 위반하여 약물의 영향으로 정상적으로 운전하지 못할 우려가 있는 상태에서 운전한 경우

(10) 보도침범 및 보도횡단방법위반

교통사고처리특례법 제3조 제2항 제9호 :「도로교통법」제13조제1항을 위반하여 보도(步道)가 설치된 도로의 보도를 침범하거나 같은 법 제13조제2항에 따른 보도횡단방법을 위반하여 운전한 경우

(11) 승객추락방지 의무위반

교통사고처리특례법 제3조 제2항 제10호 :「도로교통법」제39조제3항에 따른 승객의 추락 방지의무를 위반하여 운전한 경우

(12) 어린이보호구역 안전운전 의무위반 사고

교통사고처리특례법 제3조 제2항 제11호 :「도로교통법」제12조제3항에 따른 어린이 보호구역에서 같은 조 제1항에 따른 조치를 준수하고 어린이의 안전에 유의하면서 운전하여야 할 의무를 위반하여 어린이의 신체를 상해(傷害)에 이르게 한 경우

나. 보험 또는 공제가입

교통사고처리특례법 제4조 제1항 : 교통사고를 일으킨 차가 보험업법 제4조, 제126조, 제127조 및 제128조, 여객자동차 운수사업법 제60조, 제61조 또는 화물자동

차 운수사업법 제51조에 따른 보험 또는 공제에 가입된 경우에는 제3조 제2항 본문에 규정된 죄를 범한 차의 운전자에 대하여 공소를 제기할 수 없다. 다만, 다음 각 호의 어느 하나에 해당하는 경우에는 그러하지 아니하다.

1. 제3조 제2항 단서에 해당하는 경우
2. 피해자가 신체의 상해로 인하여 생명에 대한 위험이 발생하거나 불구가 되거나 불치 또는 난치의 질병이 생긴 경우
3. 보험계약 또는 공제계약이 무효로 되거나 해지되거나 계약상의 면책 규정 등으로 인하여 보험회사, 공제조합 또는 공제사업자의 보험금 또는 공제금 지급의무가 없어진 경우

< 교통사고처리특례법상의 처벌규정 >

구분	형사처벌 되는 경우	공소를 제기하지 못하는 경우
인적 피해 발생의 경우	1. 사망 2. 도주하거나 유기 후 도주 3. 음주측정 거부 4. 단서 11개 항목 5. 중상해 미합의	무조건 형사처벌 되는 경우 외 피해자가 상해 입은 경우 중 1. 피해자가 처벌을 원하지 않는 경우 2. 사고당시 피해 금액 이상의 유효한 보험 또는 공제조합에 가입되어 있고, 면책규정에 해당하지 아니하는 경우 3. 중상해이나 합의된 경우
물적 피해 발생의 경우	보험 미가입 (미합의)	1. 피해자가 처벌을 원하지 않는 경우 2. 사고당시 피해 금액 이상의 유효한 보험 또는 공제조합에 가입되어 있고, 면책규정에 해당하지 아니하는 경우

제4절 보험범죄 사건의 수사

1. 보험범죄의 개념 및 유형

가. 보험범죄의 개념

보험범죄란 보험계약자, 피보험자 또는 수익자가 보험제도의 원리상으로는 취할 수 없는 보험혜택을 부당하게 얻거나, 보험 제도를 역이용하여 고액의 보험금 수취를 목적으로 고의적·악의적으로 행하는 인위적인 불법행위를 의미한다.

즉 피보험자가 보험계약을 이용하여 보험회사의 부담으로 자기 또는 제3자에게 보험금 형식으로 불법한 이익을 보게 하는 행위를 말하며 보험범죄의 본질은 보험계약을 사기적으로 성립시킬 뿐 아니라 이 보험계약을 악용하여 보험회사로부터 보험금을 사취하는데 있는 것이다.

보험범죄의 개념을 정의함에 있어서 다음과 같은 요소들이 공통적으로 수반된다.

(1) 보험에 관련된 주요 사실을 의도적으로 은폐 또는 허위진술
(2) 보험혜택을 얻기 위해 다른 사람을 기망
(3) 다른 사람의 손해 발생

나. 보험범죄의 유형

보험사기 범죄는 민영보험인 자동차보험, 상해보험과 사회보험인 건강보험, 산업재해보상보험 등의 다양한 분야에서 발생할 뿐만 아니라 시대상황의 변화에 따라서 보험사기 행위의 행태가 변화하고 있다. 이러한 보험사기의 유형은 사기적 방법으로 보험계약을 체결하는 유형, 보험사기를 고의적으로 유발하는 유형, 보험사고를 위장하는 유형, 보험 사고 발생 시에 부보[161] 되지 않은 손해를 부보한 것으로 변경시키

---

[161] 선박이나 적하 등을 보험의 목적으로 보험에 가입하는 일, 즉 이에 대하여 보험자와 보험계약을 맺는 것을 말한다.

는 유형, 보험 사고 발생 시에 사기하는 유형 등이 있다. 사기적 방법으로 보험계약을 체결하는 유형은 손해보험과 생명보험 두 분야 모두에서 나타난다.

보험사고를 고의로 유발하는 유형은 방화, 살인, 자상, 자살, 자동차 사고 등의 고의적 유발행위를 이용하는 유형이다. 보험사고를 위장하는 유형은 전통적인 보험범죄라 할 수 있는데 생명보험뿐만 아니라 특히 자동차보험에서 많이 나타난다. 보험사고 발생 시에 부보되지 않은 손해를 부보한 것으로 변경시키는 범죄유형은 최근에 와서 자동차보험 분야에서 가장 빈번히 발생한다.

보험사고 사기하는 유형은 자동차보험분야와 상해보험분야에서 가장 빈번히 발생한다. 이처럼 여러 가지 보험범죄의 유형들이 거의 모두 자동차보험에서 일어날 수 있을 뿐만 아니라 교통사고와 관련된 사고를 통하여 발생할 수 있다. 또한 교통사고 관련 보험사기의 경우 그 범죄의 증명이 쉽지 않은 것이 현실이며, 보험사기가 성립되기 위해서는 형법상 사기죄의 성립을 증명하여야 한다.

* **형법 제347조(사기)**
  ① 사람을 기망하여 재물의 교부를 받거나 재산상의 이익을 취득한 자는 10년 이하의 징역 또는 2천만 원 이하의 벌금에 처한다.
  ② 전항의 방법으로 제삼자로 하여금 재물의 교부를 받게 하거나 재산상의 이익을 취득하게 한 때에도 전항의 형과 같다.

따라서, 보험사기는 보험회사, 재산적 이득, 기망행위, 보험업무, 보험관계인, 제3자 등의 6가지 요소로 구성된다. 보험범죄가 구체적인 범법행위로 나타난 결과인 반면에 보험사기는 보험 가입 시의 악의성을 포함하는 보다 광범위한 개념이다. 그러나 보험범죄와 보험사기가 얻으려고 하는 궁극적 이익은 보험회사에 의해 지불될 보험금에 있다는 점에서 볼 때 양자는 동일한 개념이라고 보는 것이 타당하다.

(1) 경성보험 사기

경성사기(Hard fraud)는 보험 증권에서 담보되는 재해, 상해, 도난, 방화 기타 손실을 의도적으로 각색 또는 조작하는 행위로서 고의로 사고를 야기하거나 허위로 사고를 조작하여 보험금을 청구하는 행위를 말한다. 또한 보험사기 행위를 공모하거나 방조하는 행위도 경성사기에 해당한다.

예를 들면 배우자 등 다른 사람 명의로 다수의 보험에 가입 후 고의로 살인하거나, 고의로 교통사고를 일으켜 보험금을 청구하는 행위 등을 말하며, 허위의 진단서 발급 등 관련서류를 위조하여 허위의 보험사고로 보험금을 청구하는 사례 증가

(2) 연성보험 사기

연성사기(Soft fraud)는 기회주의적 사기라고 하며 보험계약자 또는 보험금 청구권자가 이미 발생한 보험사고의 원인, 시기, 내용 등을 조작하거나 피해를 과장하여 보험금을 과다 청구하는 행위로서

① 사고의 원인을 조작하는 사례

자기 과실에 의한 차량파손, 자살, 기왕증, 질병에 의한 보험사기 등 보험 보상이 되지 않는 사고를 보험 보상이 되는 교통사고나 상해 등으로 사고 원인을 조작하는 것 등

② 사고의 시기를 조작하는 사례

보험가입 전에 발생한 보험사고를 보험가입 후에 사고가 발생한 것으로 조작하는 것으로 차량 도난 후의 보험가입, 암 등 중대질병 발생 후 이를 숨기고 보험에 가입하는 것 등

③ 사고의 내용을 조작하는 사례

보험보상이 되지 않는 무보험 차량 및 운전자 등을 바꿔치기하여 보험금을 청구하는 것 등

④ 피해를 과장하여 보험금을 과다 청구하는 사례

수리하지 않은 자동차 수리비 과다청구, 나이롱환자 등 경미한 보험피해 내용을 과장하여 보험금을 과다 청구하는 사례 등이 많음

2. 보험사기 범죄의 특성

가. 보험사기 범죄의 일반적 특성

보험사기 범죄자들은 여러 가지 다양한 보험을 이용하여 범죄를 저지르고 있으며 그 수법 또한 다양하다. 그러나 이들의 다양한 행위에는 다른 일반 범죄와 구분되는 보험범죄 특유의 성질을 가지고 있다. 그 특성을 살펴보면 다음과 같다.

(1) 다른 범죄행위 수반

보험범죄는 보험금을 편취하기 위하여 타인을 살해하거나 위장자살 또는 고의적으로 사고를 유발하고, 각종 서류를 위조, 변조하거나 재물을 손괴하는 범죄행위 등을 동시에 수반하는 범죄이다.

(2) 위험, 고수익의 범죄

보험사기의 대부분을 차지하는 기회사기 범죄인 연성사기의 경우 일반인이면 누구나 한번쯤 이러한 범죄의 유혹에 빠질 수 있다는 일반적인 인식 때문에 강력한 처벌이 이루어지고 있지 않으며, 보험사들도 영업 중심의 정책으로 인하여 보험범죄가 조용히 마무리되기를 바라는 분위기가 만연해 있다. 그 결과 보험사기에 대한 사회의 분위기는 관용적인 것으로 자리 잡았고 발각되어도 경미하게 처벌되지만 범죄에 성공했을 경우에는 많은 경제적 이익을 얻을 수 있어 사회적으로 보험범죄가 부추겨지고 있는 형편이다.

(3) 범죄의 복합성과 다양성

보험사기 범죄는 반인륜적이거나 위법적인 행위를 수반하는데 다른 범죄의 결과로써 보험사기가 이용되기도 하고, 보험사기를 위해 다른 범죄를 이용하기도 하는 등

그 모습에 복합적인 성격을 띠고 있다. 더욱이 현대에 이르러 급속한 사회발전과 복잡한 사회변화에 따라 범죄 수법이 지능적으로 다양해지고 있으며 그 범행도 용이해지고 있다.

(4) 범죄 입증의 어려움

보험사기도 형법상의 사기범죄의 일종이기 때문에 범죄로서 성립되기 위해서는 고의에 의해 재산적 이익을 얻었음을 검사가 입증해야 한다. 그러나 보험사기는 과실범으로 가장한 고의범의 성질상 범죄 입증이 어렵고 특히 자동차보험의 경우 중대한 과실과 고의를 구분하기 어렵다. 보험사의 보험조사 기관에는 자체 수사권이 없어서 고의에 의한 보험범죄를 조사하고 입증하기가 더욱 어렵다. 또한 보험사기와 관련된 경찰, 보험회사, 보험협회, 건강보험공단 등의 기관들 간의 정보공유의 부족과 협조의 부족은 범죄 입증의 어려움을 가중시키고 있다. 그뿐만 아니라 상해진단의 객관성 미흡, 보험사기 범죄 전문 수사 인력의 부족, 목격자의 신고율 저조, 신고자 보상이나 보호체계의 미비 등도 이러한 범죄 입증을 어렵게 하는 요인들이다.

(5) 피해의 간접성, 모방성, 광범위성

보험사기는 1차적으로 보험회사에 직접적인 피해를 준다. 그러나 또한 그 효과로 나타나는 보험료의 인상을 통해 그 피해가 현재의 보험계약자가 아닌 미래의 보험계약자에게로 확대된다. 또한 보험사기로 인한 보험료 인상은 선량한 보험계약자로 하여금 인상된 보험료를 부담케 함으로써 장기적으로 역 선택의 충동을 준다.

이러한 보험사기 범죄는 주변에서 우연히 교통사고를 당하여 상당한 보험혜택을 받은 자들을 보고 쉽게 유혹되어 보험금을 노리는 모방성과 전국적으로 확대 증가되는 광범위성에 있다.

(6) 경성사기와 연성사기의 공존

경성(硬性) 사기는 주로 공동범행을 통해 알리바이나 사고 상황을 조작하는 등 조직적이고 치밀한 지능적 범죄로서 악의적이고 교묘한 수법을 이용하는데 범죄자 개인의 경제상황과 무관한 경우가 많다. 반면 연성(延性) 사기는 대부분 우발적이고 단독범행이 많으며 장기간의 불황이나 경제공황 하에서 많이 발생한다.

이러한 연성사기는 경성사기보다 건별 피해규모는 작지만 건수가 많아 사기 피해의 대부분을 차지하고 적발도 어렵고 적발비용 등이 과다하게 들기 때문에 방치되는 경향이 있다. 이러한 두 가지 형태의 보험사기가 대부분의 경우에 동시에 나타나기 때문에 더욱 문제가 된다.

(7) 보상심리와 동조의식

보험범죄는 보험회사의 위험보장이라는 서비스에 대한 불만족과 소멸성, 보험료에 대한 보상심리가 작용하고 있다. 이러한 보상심리는 죄의식을 약화시키고 모방과 동조범죄를 야기하는 사회적 전파성 때문에 더욱 문제가 된다. 이러한 보상심리 때문에 나타나는 보험사기가 연성사기에 해당된다.

(8) 내부 종사자의 공모

보험사기 범죄의 지능화에 따라 내부종사자의 묵인, 방조, 공모 등의 행위가 많아지고 있다. 보상내용을 이해하기 어려운 보험 상품의 특성상 상품정보와 보험사의 생리를 잘 알고 있는 모집종사자들의 보험 사기에의 개입이 많아지고 있는 실정이다.

나. 교통사고 관련 보험사기 범죄의 특성

교통사고 관련 보험사기 범죄도 보험사기 범죄의 일종이므로 위에서 살펴본 일반적인 보험사기 범죄의 특성을 모두 가지고 있다. 그러나 교통사고 관련 보험사기 범죄는 교통사고와의 관련성 때문에 일반 보험범죄와는 다른 특성을 가지고 있다. 이하에서는 그 특성들을 하나하나 살펴보려고 한다.

(1) 과실범을 가장한 고의범

교통사고 관련 보험사기 범죄는 고의범이면서 과실범을 가장하여 감행되고 있다. 다시 말하면 보험 보험사기를 겨냥한 범죄자들이 서로 미리 의논해 치밀한 범행계획 하에 위장교통사고를 일으키므로 이는 일반의 교통사고와 외형상 거의 차이가 없어 위장사고인 것을 해당 사고현장과 보험금 청구 단계의 심사 등에서 알아내기가 어렵다.

(2) 대량의 교통사고 속에 숨어있는 범죄

교통사고 관련 보험사기 범죄는 대량의 교통사고를 방패막이로 삼아 감행되고 있고 따라서 대량의 사고 수사 처리에 쫓기는 경찰과 보험회사가 파악하지 못하고 넘어가기 쉽다는 특성을 가지고 있다. 또한 이와 같은 대량의 교통사고 속에서 실제로 위장 교통사고를 찾아내기 위해서는 치밀한 수사가 필요한 일이다.

(3) 수법의 치밀함

교통사고와 관련된 보험금의 부정 청구 증가로 인하여 보험회사 등은 심사 및 조사의 철저를 기하고 있지만 이에 따라 상대적으로 교통사고 위장의 유형도 많아지고 그 수법 또한 치밀해지고 있다. 그리하여 관계없는 제3자를 끌어들여 사고 당사자 간의 관계를 파악할 수 없도록 하거나 교통의 흐름이 변화하는 장소를 선택해서 사고가 일어나도 의심받지 않는 상황을 염두에 두고 범행을 저지르는 경우도 있다. 또한 위장교통사고를 연출한 경우에도 경찰에 신고하여 당당히 자기주장을 하고 있다.

(4) 가해자 피해자 공모

교통사고 관련 보험사기 범죄는 집단적으로 행해지는 경우가 많다. 그 이유는 보험사기 범죄가 교통사고라는 통상 복수의 사람에 의해 일어나는 사고를 기초로 하여 만들어지는 것이고 특히 위장 교통사고의 경우에는 범죄자 집단이 가해자와 피해자의 양 당사자를 구성함으로써 용이하게 또는 계획대로 교통사고를 발생시킬 수 있는 점, 그리고 동승자를 많게 하여 편취할 보험금의 액수를 늘리려 한다는 점 등의 이유 때문이다.

(5) 관련 없는 제3자의 가담 가능

면식이 없고 관련이 없는 제3자를 범행에 가담시켜 보험사기를 저지르는 경우 그 행위가 보험사기인지의 여부를 쉽게 알 수 없게 되기 때문에 이러한 제3자를 점점 더 많이 이용하는 추세이다.

다. 보험사기 범죄의 발생원인

(1) 보험사기에 대한 사회적 인식의 결여

보험에 대한 사회의 일반적인 의식 상태를 보면 보험금은 주인 없는 돈으로 여겨지고 어떠한 수단을 써서라도 보험금을 많이 받는 것이 특별한 혜택인 것으로 간주되고, 정당한 보험금을 받는 경우는 오히려 보험회사로부터 속은 경우라고 여겨지는 정도이다. 대다수의 사람들은 보험사기가 타인에게 직접적 피해를 주지 않는다는 왜곡된 인식을 갖고 있으며 보험회사를 속이는 행위를 사소하고 용서받을 수 있는 가벼운 범죄행위로 보고 있다. 대다수 보험사기자들은 자신들이 편취한 보험금이 대부분 선량한 계약자들의 보험료에서 나온다고 생각지 않고 돈 많은 보험회사의 돈으로 인식하고 이러한 보험사기를 합리화하는 경향이 있다.

(2) 보험계약의 사행성

보험은 기본적으로 사행적인 구조를 갖는다. 보험은 장래의 불확실한 사고 발생 여부에 따라 보험회사의 책임이 발생하는 사행 계약적 성질을 갖는다. 또한 보험계약에 있어 보험사고 발생의 객체가 잠재적으로 가지고 있는 위험상황은 가입자가 가장 잘 알고 있으며, 이를 현실적으로 지배하는 것도 가입자이다. 그러나 보험회사는 보험계약자의 개별적 위험상황을 완전히 파악할 수 없다. 이와 같은 보험계약이나 보험금 지급의 사행적 구조를 이용하려는 악의적인 보험계약자 등에 대하여는 취약할 수밖에 없으며 보험사기의 발생 원인이 되는 것이다.

(3) 경제위기와 배금주의

우리나라는 몇 년 전만 해도 교통사고를 위장하거나 불을 지르는 등 단순 수법이 보험사기의 주를 이뤘으나 1997년 IMF 이후 경제적 어려움 속에서 대량 실업사태로 취업이 어려워지면서 신용불량자들이 급증하고 빈익빈 부익부 현상이 양극화되고 3D "위험하고(Dangerous)", "더럽고(Dirty)", "어려운(Different)"일들에 대한 기피현상이 초래 수단과 방법을 가리지 않고 경제적 궁핍에서 벗어나려는 한탕주의 인식이 확산되어 비교적 쉽게 범할 수 있는 교통사고와 관련된 보험 사기가 더욱 증가하고 있다.

(4) 적발방지를 위한 제도적 장치 미흡

보험사기에 관하여는 비교적 강한 법적 제재조치가 수반되는 미국의 경우에도 그 형량이 집행유예이거나 그보다 가벼운 것이 보통이다. 마약사범과 비교할 때 보험사기는 보다 안전하고 성공하기 쉬운 범죄로 인식되고 있으며 법정에서도 피보험자의 입장을 강하게 지지하는 증거주의를 채택하고 있다.

특히 우리나라의 경우 보험사기를 전담하는 수사기관이 없을 뿐만 아니라 보험사기 범죄의 처벌에 있어서도 타 범죄와 차별 없이 일반적인 사기 죄목으로 처벌하고 있다. 그 결과 형량이 죄질에 비하여 약해 보험범죄로 구속된 자들 중 주범 급을 제외한 대부분은 실형을 받지 않고 있다. 법 집행의 우선순위에서도 검찰과 경찰은 사회에서 강·절도 마약 및 조직폭력 등 민생침해사범 검거에 수사력을 집중하고 있으며 이러한 수사나 처벌에서의 미비점들이 보험사기를 조장할 수 있다.

그리고 보험계약 및 사고 정보의 통합 데이터베이스의 부재로 인하여 객관적으로 과학적인 언더라이팅이 이루어지지 않고 있으나 보험사고 발생 시에도 피해자에 대한 통합된 사고 정보를 얻을 수 없다는 점과 전문적인 보험사기 방지를 위한 전담기구의 부재 등도 보험사기의 원인이 되고 있다.

(5) 보험회사의 심사업무 미흡

한 명의 도둑을 열 사람이 잡을 수 없다는 속담과 같이 보험범죄에 의심이 간다

하더라도 보험사의 한정된 보험금 지급관련, 조사업무의 한계로 인해 철저한 조사가 이뤄지지 못하고 있고, 또한 민원발생의 회피 및 대외 이미지 고려에 따른 협상 등에 의해 보험범죄에 소극적으로 대처하는 요소도 무시할 수 없다.

(6) 보험범죄에 대한 법적 제재 미흡

보험범죄의 경우 형법상의 사기죄 등에서 범죄자에 대한 처벌이 가능하지만, 보험범죄행위의 특수성에 비추어 볼 때 보험범죄자에 대한 적발이 용이하지 않을 뿐만 아니라 강력범죄와 병합될 경우를 제외하고 기소되는 대부분의 보험범죄자들이 불구속 기소 또는 벌금형에 그치는 등 죄질에 비해 처벌이 미약하고 법적·제도적 장치도 미흡하다.

(7) 보험사기의 복합성과 다양성

보험금을 편취하기 위해 살인, 방화와 같은 타 범죄를 저지르는 등 복합적인 성격을 가지고 있고 또한, 보험은 일상생활 주변의 거의 모든 위험을 담보하고 있어 보험사기의 수법이 매우 다양하다.

3. 보험범죄의 판단기준 및 사례

가. 보험의 구분

(1) 사회 보험

사회 보험은 위험에 대비하여 국가에서 제공하는 사회 보장 제도로 국민연금, 건강보험, 고용 보험, 산재 보험이 있으며 이를 '4대 보험'이라 한다.

① 국민연금: 국민의 퇴직, 사망, 장애로 인한 소득 감소 위험에 대비하여 만들어진 사회보험
② 건강보험: 국민의 질병에 따른 경제적 어려움을 보장하기 위해 만든 사회보험
③ 산재보험: 근로자의 업무상 재해를 보장하기 위한 보험으로 사업주가 필히

가입해야 하는 사회보험

④ 고용보험: 실업자에게 실업 보험금을 주고 장려금을 기업에 지원하는 보험

(2) 민영 보험

민영 보험은 인보험과 손해보험이 있다. 인보험은 생명 또는 신체에 생길 우연한 사고에 대비하는 보험이고, 손해보험은 개인이 소유하고 있는 물건이나 재산에 사고가 발생해 생기는 경제적 손실을 보상해 주기 위해 만들어진 보험이다.

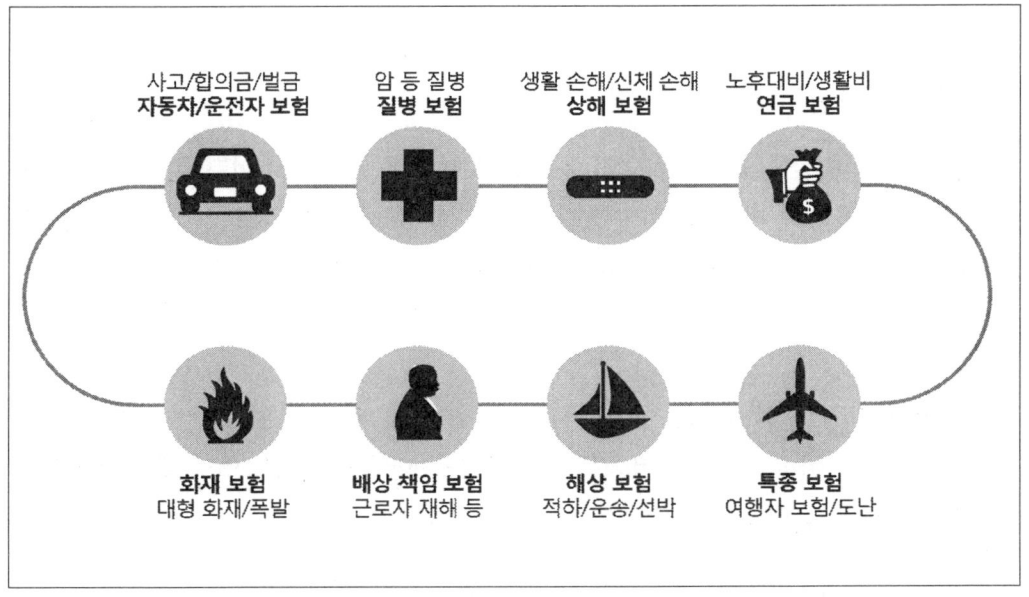

(3) 보험사기에 일반적으로 이용되는 보험의 이해

대다수 보험사기의 경우 일반적으로 자신의 신체 손상과 질병들을 이유로 보험금을 편취하는 것을 목적으로 하기 때문에 주로 상해보험, 보장성 보험과 직접적으로 연결되어 있다.

① 상해 보험

피보험자가 우연한 외부적 사고로 인하여 신체에 상해를 입고 그 결과 사망 또는

치료를 요한다거나 업무능력에 지장을 가져왔을 때 그 상해의 정도에 따라 미리 규정된 비율에 의하여 보험금이 지급된다. 상해보험은 상해의 정도에 따라 일정한 보험금액을 지급하는 정액보험과 의료비 기타 비용을 부담하는 부정액보험으로 나뉜다.

② 보장성 보험

사람의 생명과 관련하여 사고가 생겼을 때 피보험자에게 약속된 급부금을 제공하는 보험으로 보통 재해보장보험, 암보험, 건강생활보험 등이 보장성 보험 상품에 속한다.

③ 저축성 보험

목돈마련이나 노후생활자금을 대비해 주는 보험으로 주택자금이나 결혼자금 등 목돈마련에 효과적이며 여기에 여러 가지 보장도 받을 수 있다. 저축성 보험 상품에는 새가정복지보험, 노후설계연금보험, 노후복지연금보험 등이 있다.

④ 종신 보험

정기보험과 같이 보험기간을 한정하지 않고 전생애, 즉 피보험자가 사망할 때까지를 보험기간으로 하고 있다. 보험금은 사망하였을 때에만 지급되므로 주로 피보험자가 사망한 후의 유족의 생활보장을 목적으로 한다.

나. 다수의 보험가입과 병원 입원·치료에 대한 사기여부 판단

(1) 환자의 유형

금융감독원이 적발한 2018년 허위·과다입원 보험사기 혐의자 111명의 특성을 살펴보면 몇 가지 공통점이 있다.

보험사기 혐의자 총 111명 중 주부들이 차지하는 비율은 51.4%, 자영업자 17.1%, 전·현직 설계사 7.2%, 사무직 7.2% 순으로 나타났다.

연령별로는 50대 이상이 48.6%, 40대 이상과 60대 이상이 각 21.6%로 40대 이하가 8.1%만을 차지하는 것에 비해 많은 수로 나타나 연령대가 높을수록 보험사기 혐의자가 될 가능성이 높은 것으로 나타났다. 성별로는 여성이 67.6%로 32.4%만을 차지하는 남성에 비해 많은 수가 보험사기 혐의자에 속해 있는 것으로 드러났다.

① 입원에 부담이 없는 사람

혐의자 대부분이 50대, 주부 등 입원으로 인한 경제적 손실이 적은 혐의자가 다수인데, 이들은 다른 사람들에 비해 여가시간 활용이 자유로워 병원 입원에 부담이 적은 사람들일수록 보험사기에 노출될 확률이 높은 것으로 나타났다.

② 다수보험 가입 후 장기입원을 한 사람

입원일당이 높은 보장성 보험에 단기간 내 집중가입 후 장기입원을 하는 경우가 많았다. 평균 2억 8,200만 원(연평균 4천만 원)을 보험금으로 수령한 이들의 경우 장기입원 직전 6개월 동안 평균 6.9건의 보험에 가입하였고 연평균 137일 간 입원하였다.

③ 병원 투어를 한 사람

대부분 통원치료가 가능한 경미한 질병 또는 상해로 입원과 퇴원을 반복하며 여러 병원을 옮겨 다니며 입원을 한 이들이 많았다. 이는 장기입원의 경우 건강보험심사평가원에서 요양급여를 삭감한다는 이유로, 일부 병원 관계자는 필요 이상의 장기입원보다 타 병원과의 왕래를 유도하기 때문이다. 이들의 1회당 평균 입원일 수는 19일에 불과하며, 즉 한 병원에서 한 번에 3~4주 이상씩 장기입원 하는 경우보다는 3주 이내 입원을 반복하는 경우가 많았다. 결국 보험사기 혐의자는 한 병원에서의 짧은 입원이 반복되어 장기입원 보험사기 대상자가 되는 것이다.

(2) 보험사기 신중판단 필요

40대 이상 주부들의 수가 많은 것은 그 나이대 여성의 신체적, 정신적, 그리고 사회적 환경의 변화도 무시할 수 없다. 따라서 중년의 나이가 되면 누구나 사소한 질병으로 어려움을 겪으며 정신적으로도 힘든 시기를 보내는 경우가 많다. 이런 점을 고려하지 않고 단지 장기입원만을 이유로 보험사기로 단정하기는 어렵다.

40~50대의 나이대에 보험에 많이 가입하는 이유 또한 반드시 보험사기를 의도한 것으로 속단해서는 안 된다. 건강에 대한 염려의 증가나 경제적 안정감에 따른 주변의 보험가입 권유 등을 이유로 다수의 보험에 가입하는 일도 있다. 여러 건의 보험에 가입한 후 얼마 되지 않아 우연히 건강악화로 인한 증상이 발현되어 장기입원을 하게 되는 경우도 얼마든지 있을 수 있으며 특히 당뇨나 고혈압 같은 성인병이나 무릎 관절 등으로 어느 날 갑작스럽게 진단 및 치료를 받게 되는 경우도 있다.

입원치료가 더 필요함에도 병원에서 퇴원을 종용받아 여러 병원을 다닐 수 있으므로, 여러 병원에서의 입원치료를 근거로 보험사기로 단정해서는 안된다.

40~50대 이상의 경우 관절염으로 고통 받는 경우가 많고 증세가 심해도 수술을 받기에는 적절치 않아 보존적 치료만을 받게 되는 경우도 있다. 약물투여나 처치 등이 계속적으로 이루어 질 필요가 있어 환자의 통원이 오히려 치료에 불편함을 끼치는 경우 역시 불가피하게 입원치료가 필요할 때도 있다.

다. 보험사기 범죄 관련 사례

(1) 보험사기 의심환자의 특징

① 보험 가입 패턴

- 단기간 내 다수 보장성 보험 가입
- 입원 일당 특약과 특정부위 수술 특약 편중 가입
- 소득 대비 다액 보험 가입
- 법인 대리점 또는 설계사를 끼고 지방 원정 가입
- 우체국, 신협 등 중소 보험사사 또는 공제에 집중 가입

- 질병 도는 상해 사실을 숨기고(고지의무 위반) 가입

② 입원 진료 과정

- 보험 가입 직후 입원
- 생활근거지와 관계없이 원거리 특정 병원 입원
- 입원과 퇴원을 반복하며 다수 병원 왕래
- 입원 중 빈번한 외출, 외박
- 허리, 목, 무릎 등 병명을 바꾸거나 추가
- 약 처방전을 받고 약국에서 미구매(건강보험공단 확인)

보험금을 노린 나이롱환자가 여전히 성행하고 있고 그 뒤에는 일부 의사와 사무장, 브로커들이 이들을 돕고 있으며 나이롱환자들은 여러 개의 보험에 가입하고, 병원도 다수의 보험을 가입한 환자들을 노리는 경우가 있다.

가짜환자들은 '입원은 곧 보험금이다'라는 인식 하에 병원과 병명을 바꾸어 가며 장기 입원하여 일당을 챙기는 수법을 사용하여 보험금을 편취하는 것을 목적으로 한다. 허위 및 과잉·장기 입원도 보험사기 범죄라는 것을 인식하고, 보험금은 결국 일반 국민의 세금으로 사회적 손실을 예방할 수 있다는 데 보험사기 수사의 의의가 있다.

(2) 교통사고 초기 수사에서의 의심대상

① 충격, 충돌 자세와 부위, 부상과의 관계가 모순되는 사고

② 운전자가 보험금 수령을 노리고 부상자에게 술이나 수면제를 먹였는지 의심되는 사고

③ 변사자의 사생활이 복잡하거나 동승자와의 관계에 의심할 부분이 있는 사고

④ 다양한 보험에 다수 가입한 사람이 연관되어 있는 사고

⑤ 목격자나 CCTV가 없는 한적한 장소에서 심야, 휴일에 일어난 사고

⑥ 일체불상 뺑소니(사망, 중상해, 골절)로 신고 된 사고(가해자 방어운전, 형사 합의금 등 보험 다수 가입 후 교통사고 야기)

⑦ 사고 현장과 피해 내용이 연결되지 않는 사고

- 피를 많이 흘린 것으로 보이는 변사자와 달리 노면에는 피가 없거나 적은 경우

- 차량이 역과한 것으로 보이는 변사자와 달리 역과 이외의 부상이 있는 경우

- 사고는 1개로 보이나 2중 확인 충돌하여 피해 형태가 다수 발견된 경우

※ 위와 같은 사건은 초기에 의무적으로 보험가입 내역 확인 필요

- 당일확인 가능(교통범죄수사팀에서 금융감독원 보험조사국에 공문발송 협조)

그림을 잘 그리는 사람들은 사물을 관찰하는 능력이 뛰어나다. 다양한 시선에서의 관찰이 다른 사람들보다 많은 것들을 발견하게 하고 그것이 그림으로 나타나는 것이다. 수사의 시작과 발견 또한 사건을 다각적이고 객관적으로 보는 태도와 사건의 전후 과정을 설득력 있게 그려내는 것과 연관이 있다. 대다수 범죄의 특성은 일정한 패턴을 지니고 있기 때문이다.

수사관이 범죄 혐의자로부터 어떤 패턴을 발견하였다면, 그 사건의 진실에 다가갈 수 있는 단서를 얻은 것이다. 우선 대략적인 패턴을 그려보고 세세한 것은 상황에 맞는 퍼즐을 맞추어 비교·확인해 나가는 것이 수사의 기본으로 범죄구성에 대한 그림을 잘 그려내는 사람일수록 베테랑 수사관이라 할 수 있다.

(3) 보험사기 범죄 관련 판례

실제 대법원은 중앙선 침범이 인정되려면 첫째로 차량파손의 상태, 둘째는 노면의 흔적, 마지막으로 사고차량의 최종위치를 연관 지어 합리적으로 설명할 수 있을 때 객관적 사실로 인정된다고 판결(1998. 2. 24. 대법원 97도3314)하고 있다.

증거의 증명력은 법관의 자유판단에 맡겨져 있으나 그 판단은 논리와 경험칙에 합

치하여야 하고 이는 모든 가능한 의심을 배제할 정도에 이를 것까지 요구하는 것은 아니다. <대법원 1994. 9. 13. 선고 94도1335 판결, 1997. 7. 25. 선고97도974 판결, 2004. 6. 25. 선고 2004도2221 판결 등 참조>

① 입원의 필요성이 없음에도 의사로 하여금 입원 치료의 필요성이 있다고 오판하도록 하여 필요 이상의 장기입원으로 보험금을 청구하는 행위는 사기죄에 있어서의 기망 행위에 해당한다(대판 2006. 1.12. 2006도6557).

② 피고인들이 상대방 운전자의 과실에 의하여 야기된 교통사고로 일부 경미한 상해를 입었다고 하더라도 이를 기회로 그 상해를 과장하여 병원에 장기 입원하고 이를 이유로 다액의 보험금을 받았다면 그 보험금 전체에 대해 사기죄가 성립한다(대판 1997.1.14. 96도1405).

③ 설령 피고인이 보험사고에 해당할 수 있는 사고로 일부 경미한 상해를 입었다 하더라도 보험금 편취를 목적으로 상해를 과장하여 병원에 장기간 입원하고 이를 이유로 피해에 비하여 과다한 보험료를 지급받는 경우에는 보험금 전체에 대해 사기죄가 성립한다(대판 2011. 2.24. 2010도17512).

④ 보험금을 지급 받을 수 있는 사유가 있다 하더라도 다액의 보험금 편취를 목적으로 장기간의 입원 등을 통하여 과다한 보험금을 지급받는 경우에는 보험금 전체에 대하여 사기죄가 성립한다(대판 2009. 5.28. 2008도4665).

제5절 외국인 범죄 사건의 수사

1. 외국인[162]범죄의 개념 및 유형

가. 외국인범죄의 개념

---

162) 외국인이란 대한민국의 국적을 가지지 아니한 사람을 말한다(출입국 관리법 제2조 제2호), 2018년 말 기준 국내 체류 중인 외국인은 2,367,607명으로 2017년 2,180,498명 대비 8.6% 증가, 방문목적도 과거 근로목적 체류에서 외국인 관광객, 국제결혼 이주자, 유학생 등으로 다양화 되고 있다.

범죄수사규칙 제231조에 외국인관련 범죄 또는 우리나라 국민의 국외범, 대·공사관에 관한 범죄 그 외 외국에 관한 범죄의 수사에 관하여 조약, 협정 그 밖의 특별한 규정이 있을 때에는 그에 따르고, 특별한 규정이 없을 때에는 본 절의 규정에 의하는 외에 일반적인 수사절차를 따른다.

즉 외국인 범죄수사라 함은 우리나라 국적이 아닌 외국인에 의해 행하여지는 범죄로서 ① 외국인의 국외범(형법 제5조), ② 외국인이 대한민국 영역 내에서의 범죄, ③ 대한민국 국민이 국내에서 범죄를 한 후 국외로 도주하거나 외국에서의 범죄를 말한다.

나. 외국인범죄의 유형

외국인 범죄자는 원칙적으로 형법 제2조의 대한민국 영역 내에서 죄를 범한 내국인과 외국인에게 적용한다는 속지주의 원칙에 따라 내국인과 동일하게 처리 한다.

(1) 외국인의 국내범죄

외국인의 국내범죄는 살인, 강도, 절도, 성범죄, 폭력, 교통사고, 지능범, 조직범죄 등 주로 생활범죄로서 폭력사건이 가장 많이 발생하고 있으며 2018년 현재 체류 외국인 2백3십여만 명중 중국인이 약1백만 명으로서 중국인의 범죄 발생이 높은 편이다.

(2) 출입국관리법 위반 범죄

우리나라 국민의 출입국, 외국인의 체류, 출국, 등록뿐만 아니라 벌칙규정으로 되어 있다.

(3) 주요 국제범죄 검거 등 사례

① 외국인 강력범죄 검거사례

▶ 경기 소재 클럽 앞에서 시비가 붙자 소지하던 칼 등 흉기를 사용하여 단체로 폭행한 외국 국적 패거리폭력배 11명 검거(1명 구속) <경기북부청 국제범죄수사대>

② 해외 성매매 범죄 검거사례

▶ 한국인 여성들을 외국으로 송출, 집단으로 숙식시키며 ○○ 현지 인터넷 사이트 등 광 고를 통해 현지인과 성매매를 알선한 브로커 등 검거 <서울청>

③ 외국인 마약범죄 사범 검거사례

▶ 국제택배(EMS)를 이용, 12회 걸쳐 필로폰 63g(시가 3억 1,500만원) 상당을 밀수입하여 SNS를 통해 ○○ 등 전국 12개 도시지역에 판매한 ○○국 적 마약조직원 30명을 검거(전원구속)하고, ○인 투약자 등 21명 검거(전원 구속) <광주청>

④ 불법입·출국 사범 검거사례

▶ (무단이탈) 현지 브로커와 내국인 운반책이 공모, 외국인들을 국내에 무사증 입국시 킨 후 화물선을 통해 여수로 이탈시킨 외국인 등 피의자 6명 검거(5명구속) <제주청 국제범 죄수사대>

⑤ 불법체류 외국인 피해구제사례

▶ 2018. 12. 피해자 2명에게 일자리를 소개시켜 준다는 명목으로 차량에 태운 후 00마샤 지샵에 대기하라고 내려준 후' 이들이 놓고 내린 가방, 현금 등 150만원을 절취한 것으로 피해자 2명 이 신고 후 구제 <경기남부청>

2. 외국인범죄 관련 법률과 규칙의 이해

가. 외국인의 국외범

형법 제5조(외국인의 국외범) 본법은 대한민국영역 외에서 다음에 기재한 죄를 범한 외국인에게 적용한다.

1. 내란의 죄
2. 외환의 죄
3. 국기에 관한 죄
4. 통화에 관한 죄
5. 유가증권, 우표와 인지에 관한 죄
6. 문서에 관한 죄중 제225조(공문서등의 의조.변조) 내지 제230조(공문서등의 부정행사)
7. 인장에 관한 죄중 제238조(공인 등의 위조, 부정사용)

나. 출입국관리법

출입국 사범이란 출입국관리법 제93조의2(벌칙), 제93조의3(벌칙), 제94조(벌칙)부터 제98조(벌칙) 제99조(미수범 등), 제99조의2(난민에 대한 형의 면제), 제99조의3(양벌규정), 제100조(과태료)에 규정된 죄를 범하였다고 인정되는 자를 말한다.

(1) 외국인의 입국 및 입국심사(출입국관리법 제7조, 제12조)

외국인이 입국할 때에는 유효한 여권과 법무부장관이 발급한 사증(査證)을 가지고 있어야 한다. 외국인이 입국하려는 경우에는 입국하는 출입국항에서 출입국관리공무원의 입국심사를 받아야 한다.

- 외국인의 입국심사를 받지 아니하고 입국한 사람은 3년 이하의 징역 또는 3천만원 이하의 벌금에 처한다.

(2) 외국인의 체류(출입국관리법 제10조, 제17조)

1) 입국하려는 외국인은 다음 각 호의 어느 하나에 해당하는 체류자격을 가져야 한다.

   1. 일반체류자격: 이 법에 따라 대한민국에 체류할 수 있는 기간이 제한되는 체류자격

   2. 영주자격: 대한민국에 영주(永住)할 수 있는 체류자격

2) 일반체류자격은 다음 각 호의 구분에 따른다.

   1. 단기체류자격: 관광, 방문 등의 목적으로 대한민국에 90일 이하의 기간(사증면제협정이나 상호주의에 따라 90일을 초과하는 경우에는 그 기간) 동안 머물 수 있는 체류자격

   2. 장기체류자격: 유학, 연수, 투자, 주재, 결혼 등의 목적으로 대한민국에 90일을 초과하여 법무부령으로 정하는 체류기간의 상한 범위에서 거주할 수 있는 체류자격

   - 체류자격이나 체류기간 범위를 벗어나서 체류한 사람은 3년 이하의 징역 또는 3천만 원 이하의 벌금에 처한다.

(3) 출국심사(출입국관리법 제28조)

① 외국인이 출국할 때에는 유효한 여권을 가지고 출국하는 출입국항에서 출입국관리공무원의 출국심사를 받아야 한다.

- 출국심사를 받지 아니하고 출국한 사람은 3년 이하의 징역 또는 3천만 원 이하의 벌금에 처한다.

(4) 외국인등록(출입국관리법 제31조)

① 외국인이 입국한 날부터 90일을 초과하여 대한민국에 체류하려면 대통령령

으로 정하는 바에 따라 입국한 날부터 90일 이내에 그의 체류지를 관할하는 지방출입국·외국인관서의 장에게 외국인등록을 하여야 한다. 다만, 다음 각 호의 어느 하나에 해당하는 외국인의 경우에는 그러하지 아니하다.

1. 주한외국공관(대사관과 영사관을 포함)과 국제기구의 직원 및 그의 가족
2. 대한민국정부와의 협정에 따라 외교관 또는 영사와 유사한 특권 및 면제를 누리는 사람과 그의 가족
3. 대한민국정부가 초청한 사람 등으로서 법무부령으로 정하는 사람
    - 외국인 등록의무를 위반한 사람은 1년 이하의 징역 또는 1천만 원 이하의 벌금에 처한다.

다. 범죄수사규칙

경찰청 범죄수사규칙(경찰청 훈령 제954호)에 외국인 등 관련범죄에 관한 특칙에 국제범죄 관련 범죄의 수사에 관하여 다음과 같이 규정하고 있다.

제231조(준거규정) 외국인관련 범죄 또는 우리나라 국민의 국외범, 대·공사관에 관한 범죄 그 외 외국에 관한 범죄(이하 "외국인 등 관련범죄"라 한다)의 수사에 관하여 조약, 협정 그 밖의 특별한 규정이 있을 때에는 그에 따르고, 특별한 규정이 없을 때에는 본 절의 규정에 의하는 외에 일반적인 수사절차를 따른다.

제232조(국제법의 준수) 경찰관은 외국인 등 관련범죄의 수사를 함에 있어서는 국제법과 국제조약에 위배되는 일이 없도록 유의하여야 한다.

제233조(외국인 등 관련범죄 수사의 착수) 경찰관은 외국인 등 관련범죄 중 중요한 범죄에 관하여는 미리 경찰청장에게 보고하여 그 지시를 받아 수사에 착수하여야 한다. 다만, 급속을 요하는 경우에는 필요한 처분을 한 후 신속히 경찰청장의 지시를 받아야 한다.

제234조(대·공사 등에 관한 특칙) ① 경찰관은 외국인 등 관련 범죄를 수사함에 있어서는 다음 각 호의 어느 하나에 해당하는 자의 외교 특권을 침해하는 일이 없도록 주의하여야 한다. 1. 외교관 또는 외교관의 가족

제238조(영사 등에 관한 특칙) ① 경찰관은 임명국의 국적을 가진 대한민국 주재의 총영사, 영사 또는 부영사에 대한 사건에 관하여 구속 또는 조사할 필요가 있다고 인정될 때에는 미리 경찰청장에게 보고하여 그 지시를 받아야 한다.

제243조(외국인 피의자에 대한 조사사항) 경찰관은 피의자가 외국인인 경우에는 제68조에 열거한 사항 외에 다음 각 호의 사항에 유의하여 피의자신문조서를 작성하여야 한다.

1. 국적, 출생지와 본국에 있어서의 주거
2. 여권 또는 외국인등록 증명서 그 밖의 신분을 증명할 수 있는 증서의 유무
3. 외국에 있어서의 전과의 유무
4. 대한민국에 입국한 시기 체류기간 체류자격과 목적
5. 국내 입·출국 경력
6. 가족의 유무와 그 주거

제244조(통역인의 참여) ① 경찰관은 외국인인 피의자 그 밖의 관계자가 한국어에 통하지 않는 경우에는 통역인으로 하여금 통역하게 하여 한국어로 피의자신문조서나 진술조서를 작성하여야 하며 특히 필요한 때에는 외국어의 진술서를 작성하게 하거나 외국어의 진술서를 제출하게 하여야 한다.

< 영사기관 체포(구속) 통보서 >

(OOOOO Police station)

전화(Telephone) :
팩스(Fax) :

제 호
수 신(To) :
제 목(Subject) : 영사기관 체포(구속) 통보서 (Arrest(Detention) Notification)

1. 피의자(Personal details of the arrested)
   성 명(Name) :
   생년월일(Date of Birth) :
   여권번호(Passport No.) :
   국적(Nationality) :

2. 체포 일시 및 장소 (Date & Place of arrest)
   체포 일시 :
   체포 장소 :

3. 사건개요(Details of the case)

   작성: 정수사관
   결재: 팀장

4. 경찰 조치(Actions taken by the police)

사법경찰관(Officer in charge)

출처: 수사실무지침, 국가수사본부, 2021. 4. 1.

< 영사기관 사망 통보서 >

(OOOOO Police station)

전화(Telephone) :
팩스(Fax) :

제 호
수 신(To) :
제 목(Subject) : 영사기관 사망 통보서(Death Notification)

1. 변사자(Personal Details of the deceased)
   성 명(Name) :
   생년월일(Date of Birth) :
   여권번호(Passport No.) :
   국적(Nationality) :

2. 발생 일시 및 장소(Date & Place of occurrence)
   발생 일시 :
   발생 장소 :

3. 발생 개요(Details of the incident)

   작성: 정수사관
   결재: 팀장

4. 경찰 조치(Actions taken by the police)

사법경찰관 (Officer in charge)

출처: 수사실무지침, 국가수사본부, 2021. 4. 1.

라. 주한미군지위협정(SOFA)

(1) 주한미군지위협정(SOFA)의 개념

SOFA(Status of Forces Agreement)란 한 국가의 군대가 다른 국가의 영토내에 주둔하는 경우 발생하는 제반 문제의 처리를 위하여 파견국과 접수국간에 체결하는 조약으로 1966. 7. 9. 체결되었으며, 국회의 비준을 거친 조약으로 국내법과 동일한 효력을 가진다.

(2) 적용범위

1) 인적 적용범위

① 미국 군대의 구성원·군속

② 가족(배우자 및 21세미만 자녀, 부모 및 21세이상 자녀 또는 기타 친척으로 그 생계비 반액이상을 미국 군대의 구성원 또는 군속에 의존하는 자)

③ 초청계약자

2) 장소적 적용범위

대한민국 영역 안에서 범한 범죄에 대하여만 적용

(3) SOFA 대상자 범죄처리 요령

가. SOFA사건 처리 일반원칙

1) 미군당국에 대한 통고 철저

① 미군·군속 등 SOFA사범 체포 시에도 미란다원칙 고지 등 인권보호 철저

② 체포 시 가장 인접한 주한미군 당국(헌병감)에게 체포사실을 즉시 통고하여야 하며, 미군당국의 요청이 있을 경우 신병인도하고 신병인도 후에도 출석요구 등 적극적 수사활동

> * SOFA 제22조 제5항 (나)
> - 대한민국 당국은 합중국 군 당국에 합중국 군대의 구성원, 군속 또는 그들의 가족의 체포를 즉시 통고하여야 한다.
> - SOFA 합동위원회 합의사항 ('01. 1. 18.)
> - 이 경우, 대한민국 수사당국은 가장 인접한 주한미군 헌병감에게 즉시 체포사실을 통고하고, 요청이 있을 경우 그를 인도한다.

    2) 미정부대표 출석의 적극적 요구

      ① 수사 시 반드시 美 정부대표를 출석시켜 인권침해시비 사전차단

      ※ '02. 12. 31. 한.미정부간 합의에 따라 한국수사기관의 요청이 있으면 미국 정부대표는 하루중 언제라도 1시간내 출석하게 되어있다.

      ② 美 정부대표 참여하에 SOFA사범에 대한 피의자신문조서를 작성, 조서 말미에 美 정부대표가 서명날인토록 조치

      ※ 서명날인 거부할 경우, 형사소송법 제48조 및 제244조에 따라 서명거부 시 그 사유를 조서에 기재하고 의사에 반해 서명 강요하지 않도록 유의하여야 한다.

> * SOFA 합의의사록 제9항 (사)에 관하여
> - 합중국의 정부대표와 접견.교통하는 권리는 체포 또는 구금되는 때부터 존재하며, 또한 동 대표가 참여하지 아니한 때에 피의자 또는 피고인이 한 진술은 피의자 또는 피고인에 대한 유죄의 증거로서 채택되지 아니한다.

    3) 무죄추정의 원칙과 프라이버시 존중

(2) 형사사건 처리 방법

    1) 현장 초동조치

① 부상자 구호조치, 피해자 인적사항 등 피해상황 확인, 현행범인체포 등 적정절차에 따라 신병확보, 체포 시 미란다원칙 고지 및 SOFA 신분증 제시 요구

② 참고인.피해자 진술, 증거물 확보,

③ 경찰관서 동행 가혹행위 등 인권침해를 행위 금지, 신분증을 제시받아 SOFA 대상자 여부 확인 후 현행범인체포서 등 작성

2) 경찰서(수사.형사.외사계)에서 처리

① 기초사실조사, SOFA대상자 여부 확인, 소속, 계급, 성명, 생년월일, 범죄사실 등 기초사실 조사, 경찰청을 경유하여 경찰청 보고 (외사.해당기능),

② 미군당국(미8군 헌병대)에 체포사실 통고

* SOFA 제22조 제5항 (나)
- 대한민국 당국은 합중국 군 당국에 합중국 군대의 구성원, 군속 또는 그들의 가족의 체포를 즉시 통고하여야 한다.
* SOFA 합동위원회 합의사항 ('01. 1. 18.)
- 이 경우, 대한민국 수사당국은 가장 인접한 주한미군 헌병감에게 즉시 체포사실을 통고하고, 요청이 있을 경우 그를 인도한다.

③ 피해자 진술서 작성,

④ SOFA 대상자 범죄 발생보고(사고인지 후 24시간이내 한미행정협정사건발생보고서 작성하여 서울중앙지방검찰청 행협담당 검사에게 통보

⑤ SOFA 대상자 범죄 발생통보(수사 시 美 정부대표를 출석시켜 인권침해시비 사전차단)

> * '02. 12. 31. 한.미정부간 합의에 따라 한국수사기관의 요청이 있으면 미국 정부 대표는 하루 중 언제라도 1시간 내 출석하게 되어있다.
> * SOFA 합의의사록 제9항 (사)에 관하여 합중국의 정부대표와 접견.교통하는 권리는 체포 또는 구금되는 때부터 존재하며, 또한 동 대표가 참여하지 아니한 때에 피의자 또는 피고인이 한 진술은 피의자 또는 피고인에 대한 유죄의 증거로서 채택되지 아니한다.

3) 체포 후 계속구금

살인과 같은 흉악범죄 또는 죄질 나쁜 강간죄를 범한 피의자를 경찰이 현행범으로 체포한 경우에는 구속의 이유와 필요가 있을시 신병을 미국 당국에 인도하지 않고, 검사와 협의하여 구속영장을 신청발부 받아, '체포 후 계속구금'할 수 있다.

① 신병인도 후 피의자 조사를 위한 출석요구(경미한 사건으로 미군측에 신병인도할 경우, 구금인도요청서 및 인수증 수리, 미정부대표 임명장 접수, 대표입회 하에 피의자 신문)

② 기소 시 신병인도 구속 및 SOFA 사건송치(살인 등 12개 중요범죄를 범한 경우, 기소 시 또는 그 이후 미군으로부터 신병을 인도받아 구속가능)

> ※ 12개 중요범죄
>   살인, 강간, 석방대가 취득목적의 약취.유인, 불법 마약거래, 유통목적의 불법마약제조, 방화, 흉기강도, 상기범죄의 미수, 폭행치사 및 상해치사, 음주교통사망사고, 교통사망사고 도주, 상기범죄의 하나이상을 포함하는 보다 중한 범죄
>
> ※ 미군범죄피해배상 신청
> - 미군범죄피해는 국가배상 신청을 통해 피해를 배상받을 수 있으며, 불만시 에는 한국정부 또는 미군 개인을 상대로 소송도 가능. 피해자가 직접 주소지 또는 사건발생지 관한 검찰청에 설치된 국가배상심의회에 신청
>   서울지구 국가배상심의회 연락처 : 서울고등검찰청 ☎ 02-530-3628

(3) 교통 관련사건 처리 방법

1) 교통법규위반자 처리

① 주한미군차량
공무수행 중 법규위반 시 통고서 미발부, 적발통보서 작성 운전자 소속 부대통보

② SOFA 사유차량
위반운전자 현장 적발된 경우에는 범칙금통고서 발부

2) 음주.무면허 처리 요령

① 면허증 제시요구, 무면허 여부 확인
SOFA 차량은 주한미군에서 발행한 운전면허로 운전가능

---
* SOFA 차량 : SOFA 대상자들이 행정협정 제24조(차량과 운전면허규정)에 의해 등록한 차량
* SOFA 면허 : 주한미군에서 SOFA 대상자에게 발급한 운전면허로 그 면허증에 지정된 차량을 운전할 수 있음
---

② 현행범 체포 등 절차에 따라 미란다원칙 고지 후 신병확보

③ 기초사실조사, SOFA대상자 여부 확인, 소속, 계급, 성명, 생년월일, 범죄사실 등 기초사실 조사, 경찰청을 경유하여 경찰청 보고 (외사.해당기능)

④ 미군당국에 체포사실 통고

⑤ 피해자 진술서 작성

⑥ SOFA 대상자 범죄 발생보고

⑦ 신병인도전 조사와 미정부대표 출석요구

⑧ 신병인도 후 피의자 조사를 위한 출석요구

⑨ 기소 시 신병인도 구속 및 SOFA 사건송치

3) 교통사고 처리 요령

< 현장 초동 조치 >

① 피해자 인적사항 등 피해상황 확인, 현행범인체포 등 적정절차에 따라 신병확보하고 체포 시 미란다원칙 고지
② 참고인.피해자 진술, 증거물 확보 및 현장보존
③ 경찰서 교통사고조사계 동행

< 경찰서 교통조사계 . 외사계 등 조치 >

① 미국 당국에 통고: SOFA 대상자임이 확인, 미군헌병대 통고
② 현장확인 및 기초사실조사: 미군헌병과 함께 현장확인 및 조사
③ 교통사고 실황조사서 작성 및 피해자 진술서 작성
④ SOFA 대상자 교통사고 발생보고(사고인지 후 24시간이내 한미행정협정사건발생보고서 작성하여 서울중앙지방검찰청 행협담당 검사에게 통보)
⑤ 신병인도전 조사와 미정부대표 출석요구
⑥ 미정부대표 임명장 접수, 대표입회 하에 피의자 신문
⑦ 기소 시 신병인도 구속(12개 중요범죄 중 음주교통사망사고, 교통사망사고 도주)
⑧ SOFA 사건송치(면허 행정처분 : 미군수사기관에서 전담처리)

< 한미행정협정사건 통보서 >

제 호
수 신 : (행정협정 담당검사)
제 목 : 한미행정협정사건 통보서

아래와 같이   등의 범죄가 발생하였기에 통보합니다.

1. 관련자 인적사항

   성 명 :
   소 속 :
   군 번 :
   주민등록번호 :
   사회보장번호 :
   주 거 :
   국 적 :

2. 신고자 인적사항

   성 명 :
   주민등록번호 :
   주 거 :

   작성: 정수사관
   결재: 팀장

3. 범죄사실

사법경찰관

출처: 수사실무지침, 국가수사본부, 2021. 4. 1.

<참고문헌>

강동욱·황문규·이성기·최병호, 『형사소송법 강의』, 서울: 오래, 2018.
강용길 외 7인, 『경찰학개론』, 서울: 경찰공제회, 2009.
강창규·박준석, 『법학개념 노트』, 서울: 월간 고시계, 2009.
경찰공제회, 『경찰학개론』, 2008.
───, 『경찰실무종합』, 2008.
경찰교육원, 『외사경찰양성』, 경찰교육원, 2015.
경찰대학, 『경찰경비론』, 서울: 대한문화사, 2002.
───, 『경찰학개론』, 서울: 경찰공제회, 2003.
───, 『경찰경무론』, 용인: 경찰대학, 2002.
───, 『경찰외사론』, 서울: 대한문화사, 2002.
경찰인재개발원, 『교통범죄수사실무』, 경찰인재개발원, 2019
경찰청, 『믿음 & 안전, 대한민국 경찰의 희망 만들기』, 2007.
───, 『2019 경찰백서』, 서울: 경찰청, 2019.
───, 『2018 경찰백서』, 서울: 경찰청, 2018.
───, 『2015 경찰백서』, 서울: 경찰청, 2015.
───, 『경찰50년사』, 서울: 경찰청, 1995.
───, 『교통사고조사 매뉴얼』, 2012.
───, 『사이버 범죄 상담 길라잡이』, 2017.
───, 『우수 수사 사례집』, 2015.
───, 『경찰 범죄수사 규정집』, 서울: 경찰청, 2021.
───, 『현장 매뉴얼』, 서울: 경찰청, 2021.
───, 『지역경찰이 꼭 알아둬야 할 현장사례 100선』, 서울: 경찰청, 2021.
국가수사본부, 『수사실무지침』, 서울, 2021.
김균태·서성봉·이은영, 『실무중심 경찰수사론』, 서울: 박영사, 2020.

김남진, 『경찰행정법』, 서울: 경세원, 2002.
김도창, 『일반행정법』, 서울: 청운사, 1998.
김동희, 『행정법 II』, 서울: 박영사, 2005.
김상호·신현기 외 7인, 『경찰학개론』, 파주: 법문사, 2006.
김성수, 『비교경찰론』, 서울: 경찰공제회, 2000.
김창윤 외 24인, 『경찰학』, 서울: 박영사, 2018.
김충남, 『경찰수사론』, 서울: 박영사, 2013.
─────, 『경찰학개론』, 서울: 박영사, 2002.
─────, 『경찰학개론』, 서울: 박영사, 2008.
김형중, 『경찰학개론』, 서울: 청록출판사, 2011.
─────, 『한국중세경찰사』, 서울: 수서원, 1998.
대한경제일보사, 『한국경찰의 발자취』, 서울: 대한경제일보사, 1989.
박기남, 『경찰사론』, 서울: 경찰공제회, 2000.
박기태, 『경찰방범론』, 용인: 경찰대학, 2000.
박노섭·이동희, 『수사론』, 서울: 경찰공제회, 2009.
박주원, 『범죄정보체계론』, 서울: 수사연구사, 2004.
박영대, 『경찰경무론』, 용인: 경찰대학, 2003.
백광훈, 『형사소송법』, 서울: 박영사, 2019.
백형구, 『형사소송법』, 서울: 법원사, 2012.
보험연수원, 『형사법 및 범죄학 개론』, 서울: 보험연수원, 2019.
손동권·신의기·표창원, "인권길라잡이-경찰편", 국가인권위원회, 2003. 1.
손봉선·송재복, 『경찰조직관리론』, 서울: 대왕사, 2002.
손봉선, 『경찰학개론』, 서울: 형설출판사, 2001.
송명순, 『경찰경무론』, 서울: 수사연구사, 2004.
신현기·남재성 외, 『새경찰학개론』, 서울: 우공출판사, 2020.
신현기·이영남, 『경찰인사관리론』, 서울: 법문사, 2018.

신현기 외, 『경찰행정학』, 파주: 법문사, 2005.
신현기, 『경찰학개론』, 파주: 21세기사, 2010.
———, 『비교경찰제도의 이해』, 서울: 웅보출판사, 2006.
———, 『경찰조직론』, 파주: 법문사, 2018.
———, 『비교경찰제도론』, 파주: 법문사, 2018.
———, 『새경찰학개론』, 서울: 우공출판사, 2020.
———, 『비교경찰제도론』, 서울: 우공출판사, 2014.
신호진, 『형법 요론』, 서울: 문형사, 2008.
이관희, "경찰수사권의 독자성 확보방안", 「수사연구」, 1992.
이동과, 『새경찰법』, 법정학회, 1983.
이승호·이인영·심희기·김정환, 『형사소송법강의』, 서울: 박영사, 2020.
이운주, 『경찰학개론』, 용인: 경찰대학, 2001.
———, 『경찰학개론』, 용인: 경찰대학, 2003.
———, 『경찰학개론』, 서울: 경찰공제회, 2003.
이재상·장영민, 『형법총론』, 서울: 박영사, 2019.
———, 『형법각론』, 서울: 박영사, 2019.
이재상, 『형사소송법』, 서울: 박영사, 2012.
이황우·조병인·최응렬, 『경찰학개론』, 서울: 한국형사정책연구원, 2007.
이황우, 『경찰행정학』, 서울: 법문사, 2002.
임준태, 『경찰학개론』, 서울: 도서출판 사랑, 2002.
임창호, 『경찰학의 이해』, 서울: 대왕사, 2004.
장정훈, 『경찰학개론』, 서울: 도서출판 웅비, 2020.
전용린·박영대, 『경찰경무론』, 용인: 경찰대학, 2002.
조철옥, 『경찰학개론』, 서울: 대영문화사, 2007.
———, 『경찰윤리학』, 서울: 대영문화사, 2005.
중앙경찰학교, 『수사실무Ⅰ』, 충주: 중앙경찰학교, 2022.

──, 『수사실무Ⅱ』, 충주: 중앙경찰학교, 2022.
──, 『수사(KICS)』, 충주: 중앙경찰학교, 2022.
──, 『수사』, 충주: 중앙경찰학교, 2009.
──, 『정보.보안』, 충주: 중앙경찰학교, 2009.
──, 『사이버수사』, 충주: 중앙경찰학교, 2009.
표창원, "경찰과 인권", 김상호.신현기 외 7인, 『경찰학개론』, 파주: 법문사, 2006.
──, "사이버경찰론", 김상호.신현기 외 7인, 『경찰학개론』, 파주: 법문사, 2006.
허경미, 『경찰학개론』, 서울: 박영사, 2019.

부록: 검사와 사법경찰관의 상호협력과 일반적 수사준칙에 관한 규정

[시행 2021. 1. 1.] [대통령령 제31089호, 2020. 10. 7., 제정]

제1장 총칙
 제1조(목적)
 제2조(적용 범위)
 제3조(수사의 기본원칙)
 제4조(불이익 금지)
 제5조(형사사건의 공개금지 등)

제2장 협력
 제6조(상호협력의 원칙)
 제7조(중요사건 협력절차)
 제8조(검사와 사법경찰관의 협의)
 제9조(수사기관협의회)

제3장 수사
 제1절 통칙
  제10조(임의수사 우선의 원칙과 강제수사 시 유의사항)
  제11조(회피)
  제12조(수사 진행상황의 통지)
  제13조(변호인의 피의자신문 참여·조력)
  제14조(변호인의 의견진술)
  제15조(피해자 보호)
 제2절 수사의 개시
  제16조(수사의 개시)
  제17조(변사자의 검시 등)
  제18조(검사의 사건 이송 등)
 제3절 임의수사
  제19조(출석요구)
  제20조(수사상 임의동행 시의 고지)

제21조(심야조사 제한)
제22조(장시간 조사 제한)
제23조(휴식시간 부여)
제24조(신뢰관계인의 동석)
제25조(자료·의견의 제출기회 보장)
제26조(수사과정의 기록)

제4절 강제수사
제27조(긴급체포)
제28조(현행범인 조사 및 석방)
제29조(구속영장의 청구·신청)
제30조(구속 전 피의자 심문)
제31조(체포·구속영장의 재청구·재신청)
제32조(체포·구속영장 집행 시의 권리 고지)
제33조(체포·구속 등의 통지)
제34조(체포·구속영장 등본의 교부)
제35조(체포·구속영장의 반환)
제36조(피의자의 석방)
제37조(압수·수색 또는 검증영장의 청구·신청)
제38조(압수·수색 또는 검증영장의 제시)
제39조(압수·수색 또는 검증영장의 재청구·재신청 등)
제40조(압수조서와 압수목록)
제41조(전자정보의 압수·수색 또는 검증 방법)
제42조(전자정보의 압수·수색 또는 검증 시 유의사항)
제43조(검증조서)
제44조(영장심의위원회)

제5절 시정조치요구
제45조(시정조치 요구의 방법 및 절차 등)
제46조(징계요구의 방법 등)
제47조(구제신청 고지의 확인)

제6절 수사의 경합
　　　　　제48조(동일한 범죄사실 여부의 판단 등)
　　　　　제49조(수사경합에 따른 사건송치)
　　　　　제50조(중복수사의 방지)
　제4장 사건송치와 수사종결
　　제1절 통칙
　　　　　제51조(사법경찰관의 결정)
　　　　　제52조(검사의 결정)
　　　　　제53조(수사 결과의 통지)
　　　　　제54조(수사중지 결정에 대한 이의제기 등)
　　　　　제55조(소재수사에 관한 협력 등)
　　　　　제56조(사건기록의 등본)
　　　　　제57조(송치사건 관련 자료 제공)
　　제2절 사건송치와 보완수사요구
　　　　　제58조(사법경찰관의 사건송치)
　　　　　제59조(보완수사요구의 대상과 범위)
　　　　　제60조(보완수사요구의 방법과 절차)
　　　　　제61조(직무배제 또는 징계 요구의 방법과 절차)
　　제3절 사건불송치와 재수사요청
　　　　　제62조(사법경찰관의 사건불송치)
　　　　　제63조(재수사요청의 절차 등)
　　　　　제64조(재수사 결과의 처리)
　　　　　제65조(재수사 중의 이의신청)
　제5장 보칙
　　　　　제66조(재정신청 접수에 따른 절차)
　　　　　제67조(형사사법정보시스템의 이용)
　　　　　제68조(사건 통지 시 주의사항 등)
　　　　　제69조(수사서류 등의 열람·복사)
　　　　　제70조(영의 해석 및 개정)
　　　　　제71조(민감정보 및 고유식별정보 등의 처리)

검사와 사법경찰관의 상호협력과 일반적 수사준칙에 관한 규정

[시행 2021. 1. 1.] [대통령령 제31089호, 2020. 10. 7., 제정]

법무부(형사법제과) 02-2110-3712

제1장 총칙

제1조(목적) 이 영은 「형사소송법」 제195조에 따라 검사와 사법경찰관의 상호협력과 일반적 수사준칙에 관한 사항을 규정함으로써 수사과정에서 국민의 인권을 보호하고, 수사절차의 투명성과 수사의 효율성을 보장함을 목적으로 한다.

제2조(적용 범위) 검사와 사법경찰관의 협력관계, 일반적인 수사의 절차와 방법에 관하여 다른 법령에 특별한 규정이 있는 경우를 제외하고는 이 영이 정하는 바에 따른다.

제3조(수사의 기본원칙) ① 검사와 사법경찰관은 모든 수사과정에서 헌법과 법률에 따라 보장되는 피의자와 그 밖의 피해자·참고인 등(이하 "사건관계인"이라 한다)의 권리를 보호하고, 적법한 절차에 따라야 한다.
② 검사와 사법경찰관은 예단(豫斷)이나 편견 없이 신속하게 수사해야 하고, 주어진 권한을 자의적으로 행사하거나 남용해서는 안 된다.
③ 검사와 사법경찰관은 수사를 할 때 다음 각 호의 사항에 유의하여 실체적 진실을 발견해야 한다.
1. 물적 증거를 기본으로 하여 객관적이고 신빙성 있는 증거를 발견하고 수집하기 위해 노력할 것
2. 과학수사 기법과 관련 지식·기술 및 자료를 충분히 활용하여 합리적으로 수사할 것
3. 수사과정에서 선입견을 갖지 말고, 근거 없는 추측을 배제하며, 사건관계인의 진술을 과신하지 않도록 주의할 것

④ 검사와 사법경찰관은 다른 사건의 수사를 통해 확보된 증거 또는 자료를 내세워 관련이 없는 사건에 대한 자백이나 진술을 강요해서는 안 된다.

제4조(불이익 금지) 검사와 사법경찰관은 피의자나 사건관계인이 인권침해 신고나 그 밖에 인권 구제를 위한 신고, 진정, 고소, 고발 등의 행위를 하였다는 이유로 부당한 대우를 하거나 불이익을 주어서는 안 된다.

제5조(형사사건의 공개금지 등) ① 검사와 사법경찰관은 공소제기 전의 형사사건에 관한 내용을 공개해서는 안 된다.
② 검사와 사법경찰관은 수사의 전(全) 과정에서 피의자와 사건관계인의 사생활의 비밀을 보호하고 그들의 명예나 신용이 훼손되지 않도록 노력해야 한다.
③ 제1항에도 불구하고 법무부장관, 경찰청장 또는 해양경찰청장은 무죄추정의 원칙과 국민의 알권리 등을 종합적으로 고려하여 형사사건 공개에 관한 준칙을 정할 수 있다.

제2장 협력

제6조(상호협력의 원칙) ① 검사와 사법경찰관은 상호 존중해야 하며, 수사, 공소제기 및 공소유지와 관련하여 협력해야 한다.
② 검사와 사법경찰관은 수사와 공소제기 및 공소유지를 위해 필요한 경우 수사·기소·재판 관련 자료를 서로 요청할 수 있다.
③ 검사와 사법경찰관의 협의는 신속히 이루어져야 하며, 협의의 지연 등으로 수사 또는 관련 절차가 지연되어서는 안 된다.

제7조(중요사건 협력절차) 검사와 사법경찰관은 공소시효가 임박한 사건이나 내란, 외환, 선거, 테러, 대형참사, 연쇄살인 관련 사건, 주한 미합중국 군대의 구성원·외국인군무원 및 그 가족이나 초청계약자의 범죄 관련 사건 등 많은 피해자가 발생하거나 국가적·사회적 피해가 큰 중요한 사건(이하 "중요사건"이라 한다)의 경우에는 송치 전에 수사할 사항, 증거수집의 대상, 법령의 적용 등에 관하여 상호 의견을 제시·교환할 것을 요청할 수 있다.

제8조(검사와 사법경찰관의 협의) ① 검사와 사법경찰관은 수사와 사건의 송치, 송부 등에 관한 이견의 조정이나 협력 등이 필요한 경우 서로 협의를 요청할 수 있다. 다만, 다음 각 호의 어느 하나에 해당하는 경우에는 상대방의 협의 요청에 응해야 한다.
1. 중요사건에 관하여 상호 의견을 제시·교환하는 것에 대해 이견이 있거나, 제시·교환한 의견의 내용에 대해 이견이 있는 경우
2. 「형사소송법」(이하 "법"이라 한다) 제197조의2제2항 및 제3항에 따른 정당한 이유의 유무에 대해 이견이 있는 경우
3. 법 제197조의3제4항 및 제5항에 따른 정당한 이유의 유무에 대해 이견이 있는 경우
4. 법 제197조의4제2항 단서에 따라 사법경찰관이 계속 수사할 수 있는지 여부나 사법경찰관이 계속 수사할 수 있는 경우 수사를 계속할 주체 또는 사건의 이송 여부 등에 대해 이견이 있는 경우

5. 법 제222조에 따라 변사자 검시를 하는 경우에 수사의 착수 여부나 수사할 사항 등에 대해 이견의 조정이나 협의가 필요한 경우
6. 법 제245조의8제2항에 따른 재수사의 결과에 대해 이견이 있는 경우
7. 법 제316조제1항에 따라 사법경찰관이 조사자로서 공판준비 또는 공판기일에서 진술하게 된 경우

② 제1항제1호, 제2호, 제4호 또는 제6호의 경우 해당 검사와 사법경찰관의 협의에도 불구하고 이견이 해소되지 않는 경우에는 해당 검사가 소속된 검찰청의 장과 해당 사법경찰관이 소속된 경찰관서(지방해양경찰관서를 포함한다. 이하 같다)의 장의 협의에 따른다.

제9조(수사기관협의회) ① 대검찰청, 경찰청 및 해양경찰청 간에 수사에 관한 제도 개선 방안 등을 논의하고, 수사기관 간 협조가 필요한 사항에 대해 서로 의견을 협의·조정하기 위해 수사기관협의회를 둔다.
② 수사기관협의회는 다음 각 호의 사항에 대해 협의·조정한다.
1. 국민의 인권보호, 수사의 신속성·효율성 등을 위한 제도 개선 및 정책 제안
2. 국가적 재난 상황 등 관련 기관 간 긴밀한 협조가 필요한 업무를 공동으로 수행하기 위해 필요한 사항
3. 그 밖에 제1항의 어느 한 기관이 수사기관협의회의 협의 또는 조정이 필요하다고 요구한 사항

③ 수사기관협의회는 반기마다 정기적으로 개최하되, 제1항의 어느 한 기관이 요청하면 수시로 개최할 수 있다.
④ 제1항의 각 기관은 수사기관협의회에서 협의·조정된 사항의 세부 추진계획을 수립·시행해야 한다.
⑤ 제1항부터 제4항까지의 규정에서 정한 사항 외에 수사기관협의회의 운영 등에 필요한 사항은 수사기관협의회에서 정한다.

제3장 수사

제1절 통칙

제10조(임의수사 우선의 원칙과 강제수사 시 유의사항) ① 검사와 사법경찰관은 수사를 할 때 수사 대상자의 자유로운 의사에 따른 임의수사를 원칙으로 해야 하고, 강제수사는 법률에서 정한 바에 따라 필요한 경우에만 최소한의 범위에서 하되, 수사 대상자의 권익 침해의 정도가 더 적은 절차와 방법을 선택해야 한다.

② 검사와 사법경찰관은 피의자를 체포·구속하는 과정에서 피의자 및 현장에 있는 가족 등 지인들의 인격과 명예를 침해하지 않도록 유의해야 한다.
③ 검사와 사법경찰관은 압수·수색 과정에서 사생활의 비밀, 주거의 평온을 최대한 보장하고, 피의자 및 현장에 있는 가족 등 지인들의 인격과 명예를 침해하지 않도록 유의해야 한다.

제11조(회피) 검사 또는 사법경찰관리는 피의자나 사건관계인과 친족관계 또는 이에 준하는 관계가 있거나 그 밖에 수사의 공정성을 의심 받을 염려가 있는 사건에 대해서는 소속 기관의 장의 허가를 받아 그 수사를 회피해야 한다.

제12조(수사 진행상황의 통지) ① 검사 또는 사법경찰관은 수사에 대한 진행상황을 사건관계인에게 적절히 통지하도록 노력해야 한다.
② 제1항에 따른 통지의 구체적인 방법·절차 등은 법무부장관, 경찰청장 또는 해양경찰청장이 정한다.

제13조(변호인의 피의자신문 참여·조력) ① 검사 또는 사법경찰관은 피의자신문에 참여한 변호인이 피의자의 옆자리 등 실질적인 조력을 할 수 있는 위치에 앉도록 해야 하고, 정당한 사유가 없으면 피의자에 대한 법적인 조언·상담을 보장해야 하며, 법적인 조언·상담을 위한 변호인의 메모를 허용해야 한다.
② 검사 또는 사법경찰관은 피의자에 대한 신문이 아닌 단순 면담 등이라는 이유로 변호인의 참여·조력을 제한해서는 안 된다.
③ 제1항 및 제2항은 검사 또는 사법경찰관의 사건관계인에 대한 조사·면담 등의 경우에도 적용한다.

제14조(변호인의 의견진술) ① 피의자신문에 참여한 변호인은 검사 또는 사법경찰관의 신문 후 조서를 열람하고 의견을 진술할 수 있다. 이 경우 변호인은 별도의 서면으로 의견을 제출할 수 있으며, 검사 또는 사법경찰관은 해당 서면을 사건기록에 편철한다.
② 피의자신문에 참여한 변호인은 신문 중이라도 검사 또는 사법경찰관의 승인을 받아 의견을 진술할 수 있다. 이 경우 검사 또는 사법경찰관은 정당한 사유가 있는 경우를 제외하고는 변호인의 의견진술 요청을 승인해야 한다.
③ 피의자신문에 참여한 변호인은 제2항에도 불구하고 부당한 신문방법에 대해서는 검사 또는 사법경찰관의 승인 없이 이의를 제기할 수 있다.
④ 검사 또는 사법경찰관은 제1항부터 제3항까지의 규정에 따른 의견진술 또는 이의제기가 있는 경우 해당 내용을 조서에 적어야 한다.

제15조(피해자 보호) ① 검사 또는 사법경찰관은 피해자의 명예와 사생활의 평온을

보호하기 위해「범죄피해자 보호법」등 피해자 보호 관련 법령의 규정을 준수해야 한다.
② 검사 또는 사법경찰관은 피의자의 범죄수법, 범행 동기, 피해자와의 관계, 언동 및 그 밖의 상황으로 보아 피해자가 피의자 또는 그 밖의 사람으로부터 생명·신체에 위해를 입거나 입을 염려가 있다고 인정되는 경우에는 직권 또는 피해자의 신청에 따라 신변보호에 필요한 조치를 강구해야 한다.

제2절 수사의 개시

제16조(수사의 개시) ① 검사 또는 사법경찰관이 다음 각 호의 어느 하나에 해당하는 행위에 착수한 때에는 수사를 개시한 것으로 본다. 이 경우 검사 또는 사법경찰관은 해당 사건을 즉시 입건해야 한다.
1. 피혐의자의 수사기관 출석조사
2. 피의자신문조서의 작성
3. 긴급체포
4. 체포·구속영장의 청구 또는 신청
5. 사람의 신체, 주거, 관리하는 건조물, 자동차, 선박, 항공기 또는 점유하는 방실에 대한 압수·수색 또는 검증영장(부검을 위한 검증영장은 제외한다)의 청구 또는 신청

② 검사 또는 사법경찰관은 수사 중인 사건의 범죄 혐의를 밝히기 위한 목적으로 관련 없는 사건의 수사를 개시하거나 수사기간을 부당하게 연장해서는 안 된다.
③ 검사 또는 사법경찰관은 입건 전에 범죄를 의심할 만한 정황이 있어 수사 개시 여부를 결정하기 위한 사실관계의 확인 등 필요한 조사를 할 때에는 적법절차를 준수하고 사건관계인의 인권을 존중하며, 조사가 부당하게 장기화되지 않도록 신속하게 진행해야 한다.
④ 검사 또는 사법경찰관은 제3항에 따른 조사 결과 입건하지 않는 결정을 한 때에는 피해자에 대한 보복범죄나 2차 피해가 우려되는 경우 등을 제외하고는 피혐의자 및 사건관계인에게 통지해야 한다.
⑤ 제4항에 따른 통지의 구체적인 방법 및 절차 등은 법무부장관, 경찰청장 또는 해양경찰청장이 정한다.
⑥ 제3항에 따른 조사와 관련한 서류 등의 열람 및 복사에 관하여는 제69조제1항, 제3항, 제5항(같은 조 제1항 및 제3항을 준용하는 부분으로 한정한다. 이하 이 항에서 같다) 및 제6항(같은 조 제1항, 제3항 및 제5항에 따른 신청을 받은 경우로 한정

한다)을 준용한다.

제17조(변사자의 검시 등) ① 사법경찰관은 변사자 또는 변사한 것으로 의심되는 사체가 있으면 변사사건 발생사실을 검사에게 통보해야 한다.
② 검사는 법 제222조제1항에 따라 검시를 했을 경우에는 검시조서를, 검증영장이나 같은 조 제2항에 따라 검증을 했을 경우에는 검증조서를 각각 작성하여 사법경찰관에게 송부해야 한다.
③ 사법경찰관은 법 제222조제1항 및 제3항에 따라 검시를 했을 경우에는 검시조서를, 검증영장이나 같은 조 제2항 및 제3항에 따라 검증을 했을 경우에는 검증조서를 각각 작성하여 검사에게 송부해야 한다.
④ 검사와 사법경찰관은 법 제222조에 따라 변사자의 검시를 한 사건에 대해 사건 종결 전에 수사할 사항 등에 관하여 상호 의견을 제시·교환해야 한다.

제18조(검사의 사건 이송 등) ① 검사는 다음 각 호의 어느 하나에 해당하는 때에는 사건을 검찰청 외의 수사기관에 이송해야 한다.
1. 「검찰청법」 제4조제1항제1호 각 목에 해당되지 않는 범죄에 대한 고소·고발·진정 등이 접수된 때
2. 「검사의 수사개시 범죄 범위에 관한 규정」 제2조 각 호의 범죄에 해당하는 사건 수사 중 범죄 혐의 사실이 「검찰청법」 제4조제1항제1호 각 목의 범죄에 해당되지 않는다고 판단되는 때. 다만 구속영장이나 사람의 신체, 주거, 관리하는 건조물, 자동차, 선박, 항공기 또는 점유하는 방실에 대하여 압수·수색 또는 검증영장이 발부된 경우는 제외한다.
② 검사는 다음 각 호의 어느 하나에 해당하는 때에는 사건을 검찰청 외의 수사기관에 이송할 수 있다.
1. 법 제197조의4제2항 단서에 따라 사법경찰관이 범죄사실을 계속 수사할 수 있게 된 때
2. 그 밖에 다른 수사기관에서 수사하는 것이 적절하다고 판단되는 때
③ 검사는 제1항 또는 제2항에 따라 사건을 이송하는 경우에는 관계 서류와 증거물을 해당 수사기관에 함께 송부해야 한다.

제3절 임의수사

제19조(출석요구) ① 검사 또는 사법경찰관은 피의자에게 출석요구를 할 때에는 다음 각 호의 사항을 유의해야 한다.
1. 출석요구를 하기 전에 우편·전자우편·전화를 통한 진술 등 출석을 대체할 수

있는 방법의 선택 가능성을 고려할 것
2. 출석요구의 방법, 출석의 일시·장소 등을 정할 때에는 피의자의 명예 또는 사생활의 비밀이 침해되지 않도록 주의할 것
3. 출석요구를 할 때에는 피의자의 생업에 지장을 주지 않도록 충분한 시간적 여유를 두도록 하고, 피의자가 출석 일시의 연기를 요청하는 경우 특별한 사정이 없으면 출석 일시를 조정할 것
4. 불필요하게 여러 차례 출석요구를 하지 않을 것
② 검사 또는 사법경찰관은 피의자에게 출석요구를 하려는 경우 피의자와 조사의 일시·장소에 관하여 협의해야 한다. 이 경우 변호인이 있는 경우에는 변호인과도 협의해야 한다.
③ 검사 또는 사법경찰관은 피의자에게 출석요구를 하려는 경우 피의사실의 요지 등 출석요구의 취지를 구체적으로 적은 출석요구서를 발송해야 한다. 다만, 신속한 출석요구가 필요한 경우 등 부득이한 사정이 있는 경우에는 전화, 문자메시지, 그 밖의 상당한 방법으로 출석요구를 할 수 있다.
④ 검사 또는 사법경찰관은 제3항 본문에 따른 방법으로 출석요구를 했을 때에는 출석요구서의 사본을, 같은 항 단서에 따른 방법으로 출석요구를 했을 때에는 그 취지를 적은 수사보고서를 각각 사건기록에 편철한다.
⑤ 검사 또는 사법경찰관은 피의자가 치료 등 수사관서에 출석하여 조사를 받는 것이 현저히 곤란한 사정이 있는 경우에는 수사관서 외의 장소에서 조사할 수 있다.
⑥ 제1항부터 제5항까지의 규정은 피의자 외의 사람에 대한 출석요구의 경우에도 적용한다.

제20조(수사상 임의동행 시의 고지) 검사 또는 사법경찰관은 임의동행을 요구하는 경우 상대방에게 동행을 거부할 수 있다는 것과 동행하는 경우에도 언제든지 자유롭게 동행 과정에서 이탈하거나 동행 장소에서 퇴거할 수 있다는 것을 알려야 한다.

제21조(심야조사 제한) ① 검사 또는 사법경찰관은 조사, 신문, 면담 등 그 명칭을 불문하고 피의자나 사건관계인에 대해 오후 9시부터 오전 6시까지 사이에 조사(이하 "심야조사"라 한다)를 해서는 안 된다. 다만, 이미 작성된 조서의 열람을 위한 절차는 자정 이전까지 진행할 수 있다.
② 제1항에도 불구하고 다음 각 호의 어느 하나에 해당하는 경우에는 심야조사를 할 수 있다. 이 경우 심야조사의 사유를 조서에 명확하게 적어야 한다.
1. 피의자를 체포한 후 48시간 이내에 구속영장의 청구 또는 신청 여부를 판단하기 위해 불가피한 경우

2. 공소시효가 임박한 경우
3. 피의자나 사건관계인이 출국, 입원, 원거리 거주, 직업상 사유 등 재출석이 곤란한 구체적인 사유를 들어 심야조사를 요청한 경우(변호인이 심야조사에 동의하지 않는다는 의사를 명시한 경우는 제외한다)로서 해당 요청에 상당한 이유가 있다고 인정되는 경우
4. 그 밖에 사건의 성질 등을 고려할 때 심야조사가 불가피하다고 판단되는 경우 등 법무부장관, 경찰청장 또는 해양경찰청장이 정하는 경우로서 검사 또는 사법경찰관의 소속 기관의 장이 지정하는 인권보호 책임자의 허가 등을 받은 경우

제22조(장시간 조사 제한) ① 검사 또는 사법경찰관은 조사, 신문, 면담 등 그 명칭을 불문하고 피의자나 사건관계인을 조사하는 경우에는 대기시간, 휴식시간, 식사시간 등 모든 시간을 합산한 조사시간(이하 "총조사시간"이라 한다)이 12시간을 초과하지 않도록 해야 한다. 다만, 다음 각 호의 어느 하나에 해당하는 경우에는 예외로 한다.
1. 피의자나 사건관계인의 서면 요청에 따라 조서를 열람하는 경우
2. 제21조제2항 각 호의 어느 하나에 해당하는 경우
② 검사 또는 사법경찰관은 특별한 사정이 없으면 총조사시간 중 식사시간, 휴식시간 및 조서의 열람시간 등을 제외한 실제 조사시간이 8시간을 초과하지 않도록 해야 한다.
③ 검사 또는 사법경찰관은 피의자나 사건관계인에 대한 조사를 마친 때부터 8시간이 지나기 전에는 다시 조사할 수 없다. 다만, 제1항제2호에 해당하는 경우에는 예외로 한다.

제23조(휴식시간 부여) ① 검사 또는 사법경찰관은 조사에 상당한 시간이 소요되는 경우에는 특별한 사정이 없으면 피의자 또는 사건관계인에게 조사 도중에 최소한 2시간마다 10분 이상의 휴식시간을 주어야 한다.
② 검사 또는 사법경찰관은 조사 도중 피의자, 사건관계인 또는 그 변호인으로부터 휴식시간의 부여를 요청받았을 때에는 그때까지 조사에 소요된 시간, 피의자 또는 사건관계인의 건강상태 등을 고려해 적정하다고 판단될 경우 휴식시간을 주어야 한다.
③ 검사 또는 사법경찰관은 조사 중인 피의자 또는 사건관계인의 건강상태에 이상 징후가 발견되면 의사의 진료를 받게 하거나 휴식하게 하는 등 필요한 조치를 해야 한다.

제24조(신뢰관계인의 동석) ① 법 제244조의5에 따라 피의자와 동석할 수 있는 신뢰관계에 있는 사람과 법 제221조제3항에서 준용하는 법 제163조의2에 따라 피해자와 동석할 수 있는 신뢰관계에 있는 사람은 피의자 또는 피해자의 직계친족, 형제자매,

배우자, 가족, 동거인, 보호·교육시설의 보호·교육담당자 등 피의자 또는 피해자의 심리적 안정과 원활한 의사소통에 도움을 줄 수 있는 사람으로 한다.
② 피의자, 피해자 또는 그 법정대리인이 제1항에 따른 신뢰관계에 있는 사람의 동석을 신청한 경우 검사 또는 사법경찰관은 그 관계를 적은 동석신청서를 제출받거나 조서 또는 수사보고서에 그 관계를 적어야 한다.

제25조(자료·의견의 제출기회 보장) ① 검사 또는 사법경찰관은 조사과정에서 피의자, 사건관계인 또는 그 변호인이 사실관계 등의 확인을 위해 자료를 제출하는 경우 그 자료를 수사기록에 편철한다.
② 검사 또는 사법경찰관은 조사를 종결하기 전에 피의자, 사건관계인 또는 그 변호인에게 자료 또는 의견을 제출할 의사가 있는지를 확인하고, 자료 또는 의견을 제출받은 경우에는 해당 자료 및 의견을 수사기록에 편철한다.

제26조(수사과정의 기록) ① 검사 또는 사법경찰관은 법 제244조의4에 따라 조사(신문, 면담 등 명칭을 불문한다. 이하 이 조에서 같다) 과정의 진행경과를 다음 각 호의 구분에 따른 방법으로 기록해야 한다.
1. 조서를 작성하는 경우: 조서에 기록(별도의 서면에 기록한 후 조서의 끝부분에 편철하는 것을 포함한다)
2. 조서를 작성하지 않는 경우: 별도의 서면에 기록한 후 수사기록에 편철
② 제1항에 따라 조사과정의 진행경과를 기록할 때에는 다음 각 호의 구분에 따른 사항을 구체적으로 적어야 한다.
1. 조서를 작성하는 경우에는 다음 각 목의 사항
    가. 조사 대상자가 조사장소에 도착한 시각
    나. 조사의 시작 및 종료 시각
    다. 조사 대상자가 조사장소에 도착한 시각과 조사를 시작한 시각에 상당한 시간적 차이가 있는 경우에는 그 이유
    라. 조사가 중단되었다가 재개된 경우에는 그 이유와 중단 시각 및 재개 시각
2. 조서를 작성하지 않는 경우에는 다음 각 목의 사항
    가. 조사 대상자가 조사장소에 도착한 시각
    나. 조사 대상자가 조사장소를 떠난 시각
    다. 조서를 작성하지 않는 이유
    라. 조사 외에 실시한 활동
    마. 변호인 참여 여부

제4절 강제수사

제27조(긴급체포) ① 사법경찰관은 법 제200조의3제2항에 따라 긴급체포 후 12시간 내에 검사에게 긴급체포의 승인을 요청해야 한다. 다만, 제51조제1항제4호가목 또는 제52조제1항제3호에 따라 수사중지 결정 또는 기소중지 결정이 된 피의자를 소속 경찰관서가 위치하는 특별시·광역시·특별자치시·도 또는 특별자치도 외의 지역이나 「연안관리법」 제2조제2호나목의 바다에서 긴급체포한 경우에는 긴급체포 후 24시간 이내에 긴급체포의 승인을 요청해야 한다.

② 제1항에 따라 긴급체포의 승인을 요청할 때에는 범죄사실의 요지, 긴급체포의 일시·장소, 긴급체포의 사유, 체포를 계속해야 하는 사유 등을 적은 긴급체포 승인요청서로 요청해야 한다. 다만, 긴급한 경우에는 「형사사법절차 전자화 촉진법」 제2조제4호에 따른 형사사법정보시스템(이하 "형사사법정보시스템"이라 한다) 또는 팩스를 이용하여 긴급체포의 승인을 요청할 수 있다.

③ 검사는 사법경찰관의 긴급체포 승인 요청이 이유 있다고 인정하는 경우에는 지체 없이 긴급체포 승인서를 사법경찰관에게 송부해야 한다.

④ 검사는 사법경찰관의 긴급체포 승인 요청이 이유 없다고 인정하는 경우에는 지체 없이 사법경찰관에게 불승인 통보를 해야 한다. 이 경우 사법경찰관은 긴급체포된 피의자를 즉시 석방하고 그 석방 일시와 사유 등을 검사에게 통보해야 한다.

제28조(현행범인 조사 및 석방) ① 검사 또는 사법경찰관은 법 제212조 또는 제213조에 따라 현행범인을 체포하거나 체포된 현행범인을 인수했을 때에는 조사가 현저히 곤란하다고 인정되는 경우가 아니면 지체 없이 조사해야 하며, 조사 결과 계속 구금할 필요가 없다고 인정할 때에는 현행범인을 즉시 석방해야 한다.

② 검사 또는 사법경찰관은 제1항에 따라 현행범인을 석방했을 때에는 석방 일시와 사유 등을 적은 피의자 석방서를 작성해 사건기록에 편철한다. 이 경우 사법경찰관은 석방 후 지체 없이 검사에게 석방 사실을 통보해야 한다.

제29조(구속영장의 청구·신청) ① 검사 또는 사법경찰관은 구속영장을 청구하거나 신청하는 경우 법 제209조에서 준용하는 법 제70조제2항의 필요적 고려사항이 있을 때에는 구속영장 청구서 또는 신청서에 그 내용을 적어야 한다.

② 검사 또는 사법경찰관은 체포한 피의자에 대해 구속영장을 청구하거나 신청할 때에는 구속영장 청구서 또는 신청서에 체포영장, 긴급체포서, 현행범인 체포서 또는 는 현행범인 인수서를 첨부해야 한다.

제30조(구속 전 피의자 심문) 사법경찰관은 법 제201조의2제3항 및 같은 조 제10항에

서 준용하는 법 제81조제1항에 따라 판사가 통지한 피의자 심문 기일과 장소에 체포된 피의자를 출석시켜야 한다.

제31조(체포·구속영장의 재청구·재신청) 검사 또는 사법경찰관은 동일한 범죄사실로 다시 체포·구속영장을 청구하거나 신청하는 경우(체포·구속영장의 청구 또는 신청이 기각된 후 다시 체포·구속영장을 청구하거나 신청하는 경우와 이미 발부받은 체포·구속영장과 동일한 범죄사실로 다시 체포·구속영장을 청구하거나 신청하는 경우를 말한다)에는 그 취지를 체포·구속영장 청구서 또는 신청서에 적어야 한다.

제32조(체포·구속영장 집행 시의 권리 고지) ① 검사 또는 사법경찰관은 피의자를 체포하거나 구속할 때에는 법 제200조의5(법 제209조에서 준용하는 경우를 포함한다)에 따라 피의자에게 피의사실의 요지, 체포·구속의 이유와 변호인을 선임할 수 있음을 말하고, 변명할 기회를 주어야 하며, 진술거부권을 알려주어야 한다.
② 제1항에 따라 피의자에게 알려주어야 하는 진술거부권의 내용은 법 제244조의3 제1항제1호부터 제3호까지의 사항으로 한다.
③ 검사와 사법경찰관이 제1항에 따라 피의자에게 그 권리를 알려준 경우에는 피의자로부터 권리 고지 확인서를 받아 사건기록에 편철한다.

제33조(체포·구속 등의 통지) ① 검사 또는 사법경찰관은 피의자를 체포하거나 구속하였을 때에는 법 제200조의6 또는 제209조에서 준용하는 법 제87조에 따라 변호인이 있으면 변호인에게, 변호인이 없으면 법 제30조제2항에 따른 사람 중 피의자가 지정한 사람에게 24시간 이내에 서면으로 사건명, 체포·구속의 일시·장소, 범죄사실의 요지, 체포·구속의 이유와 변호인을 선임할 수 있음을 통지해야 한다.
② 검사 또는 사법경찰관은 제1항에 따른 통지를 하였을 때에는 그 통지서 사본을 사건기록에 편철한다. 다만, 변호인 및 법 제30조제2항에 따른 사람이 없어서 체포·구속의 통지를 할 수 없을 때에는 그 취지를 수사보고서에 적어 사건기록에 편철한다.
③ 제1항 및 제2항은 법 제214조의2제2항에 따라 검사 또는 사법경찰관이 같은 조 제1항에 따른 자 중에서 피의자가 지정한 자에게 체포 또는 구속의 적부심사를 청구할 수 있음을 통지하는 경우에도 준용한다.

제34조(체포·구속영장 등본의 교부) 검사 또는 사법경찰관은 법 제214조의2제1항에 따른 자가 체포·구속영장 등본의 교부를 청구하면 그 등본을 교부해야 한다.

제35조(체포·구속영장의 반환) ① 검사 또는 사법경찰관은 체포·구속영장의 유효기간 내에 영장의 집행에 착수하지 못했거나, 그 밖의 사유로 영장의 집행이 불가능하거나 불필요하게 되었을 때에는 즉시 해당 영장을 법원에 반환해야 한다. 이 경우

체포·구속영장이 여러 통 발부된 경우에는 모두 반환해야 한다.
② 검사 또는 사법경찰관은 제1항에 따라 체포·구속영장을 반환하는 경우에는 반환사유 등을 적은 영장반환서에 해당 영장을 첨부하여 반환하고, 그 사본을 사건기록에 편철한다.
③ 제1항에 따라 사법경찰관이 체포·구속영장을 반환하는 경우에는 그 영장을 청구한 검사에게 반환하고, 검사는 사법경찰관이 반환한 영장을 법원에 반환한다.

제36조(피의자의 석방) ① 검사 또는 사법경찰관은 법 제200조의2제5항 또는 제200조의4제2항에 따라 구속영장을 청구하거나 신청하지 않고 체포 또는 긴급체포한 피의자를 석방하려는 때에는 다음 각 호의 구분에 따른 사항을 적은 피의자 석방서를 작성해야 한다.
1. 체포한 피의자를 석방하려는 때: 체포 일시·장소, 체포 사유, 석방 일시·장소, 석방 사유 등
2. 긴급체포한 피의자를 석방하려는 때: 법 제200조의4제4항 각 호의 사항
② 사법경찰관은 제1항에 따라 피의자를 석방한 경우 다음 각 호의 구분에 따라 처리한다.
1. 체포한 피의자를 석방한 때: 지체 없이 검사에게 석방사실을 통보하고, 그 통보서 사본을 사건기록에 편철한다.
2. 긴급체포한 피의자를 석방한 때: 법 제200조의4제6항에 따라 즉시 검사에게 석방사실을 보고하고, 그 보고서 사본을 사건기록에 편철한다.

제37조(압수·수색 또는 검증영장의 청구·신청) 검사 또는 사법경찰관은 압수·수색 또는 검증영장을 청구하거나 신청할 때에는 압수·수색 또는 검증의 범위를 범죄혐의의 소명에 필요한 최소한으로 정해야 하고, 수색 또는 검증할 장소·신체·물건 및 압수할 물건 등을 구체적으로 특정해야 한다.

제38조(압수·수색 또는 검증영장의 제시) ① 검사 또는 사법경찰관은 법 제219조에서 준용하는 법 제118조에 따라 영장을 제시할 때에는 피압수자에게 법관이 발부한 영장에 따른 압수·수색 또는 검증이라는 사실과 영장에 기재된 범죄사실 및 수색 또는 검증할 장소·신체·물건, 압수할 물건 등을 명확히 알리고, 피압수자가 해당 영장을 열람할 수 있도록 해야 한다.
② 압수·수색 또는 검증의 처분을 받는 자가 여럿인 경우에는 모두에게 개별적으로 영장을 제시해야 한다.

제39조(압수·수색 또는 검증영장의 재청구·재신청 등) 압수·수색 또는 검증영장의

재청구·재신청(압수·수색 또는 검증영장의 청구 또는 신청이 기각된 후 다시 압수·수색 또는 검증영장을 청구하거나 신청하는 경우와 이미 발부받은 압수·수색 또는 검증영장과 동일한 범죄사실로 다시 압수·수색 또는 검증영장을 청구하거나 신청하는 경우를 말한다)과 반환에 관해서는 제31조 및 제35조를 준용한다.

제40조(압수조서와 압수목록) 검사 또는 사법경찰관은 증거물 또는 몰수할 물건을 압수했을 때에는 압수의 일시·장소, 압수 경위 등을 적은 압수조서와 압수물건의 품종·수량 등을 적은 압수목록을 작성해야 한다. 다만, 피의자신문조서, 진술조서, 검증조서에 압수의 취지를 적은 경우에는 그렇지 않다.

제41조(전자정보의 압수·수색 또는 검증 방법) ① 검사 또는 사법경찰관은 법 제219조에서 준용하는 법 제106조제3항에 따라 컴퓨터용디스크 및 그 밖에 이와 비슷한 정보저장매체(이하 이 항에서 "정보저장매체등"이라 한다)에 기억된 정보(이하 "전자정보"라 한다)를 압수하는 경우에는 해당 정보저장매체등의 소재지에서 수색 또는 검증한 후 범죄사실과 관련된 전자정보의 범위를 정하여 출력하거나 복제하는 방법으로 한다.
② 제1항에도 불구하고 제1항에 따른 압수 방법의 실행이 불가능하거나 그 방법으로는 압수의 목적을 달성하는 것이 현저히 곤란한 경우에는 압수·수색 또는 검증 현장에서 정보저장매체등에 들어 있는 전자정보 전부를 복제하여 그 복제본을 정보저장매체등의 소재지 외의 장소로 반출할 수 있다.
③ 제1항 및 제2항에도 불구하고 제1항 및 제2항에 따른 압수 방법의 실행이 불가능하거나 그 방법으로는 압수의 목적을 달성하는 것이 현저히 곤란한 경우에는 피압수자 또는 법 제123조에 따라 압수·수색영장을 집행할 때 참여하게 해야 하는 사람(이하 "피압수자등"이라 한다)이 참여한 상태에서 정보저장매체등의 원본을 봉인(封印)하여 정보저장매체등의 소재지 외의 장소로 반출할 수 있다.

제42조(전자정보의 압수·수색 또는 검증 시 유의사항) ① 검사 또는 사법경찰관은 전자정보의 탐색·복제·출력을 완료한 경우에는 지체 없이 피압수자등에게 압수한 전자정보의 목록을 교부해야 한다.
② 검사 또는 사법경찰관은 제1항의 목록에 포함되지 않은 전자정보가 있는 경우에는 해당 전자정보를 지체 없이 삭제 또는 폐기하거나 반환해야 한다. 이 경우 삭제·폐기 또는 반환확인서를 작성하여 피압수자등에게 교부해야 한다.
③ 검사 또는 사법경찰관은 전자정보의 복제본을 취득하거나 전자정보를 복제할 때에는 해시값(파일의 고유값으로서 일종의 전자지문을 말한다)을 확인하거나 압수·수색 또는 검증의 과정을 촬영하는 등 전자적 증거의 동일성과 무결성(無缺性)을 보

장할 수 있는 적절한 방법과 조치를 취해야 한다.
④ 검사 또는 사법경찰관은 압수·수색 또는 검증의 전 과정에 걸쳐 피압수자등이나 변호인의 참여권을 보장해야 하며, 피압수자등과 변호인이 참여를 거부하는 경우에는 신뢰성과 전문성을 담보할 수 있는 상당한 방법으로 압수·수색 또는 검증을 해야 한다.
⑤ 검사 또는 사법경찰관은 제4항에 따라 참여한 피압수자등이나 변호인이 압수 대상 전자정보와 사건의 관련성에 관하여 의견을 제시한 때에는 이를 조서에 적어야 한다.

제43조(검증조서) 검사 또는 사법경찰관은 검증을 한 경우에는 검증의 일시·장소, 검증 경위 등을 적은 검증조서를 작성해야 한다.

제44조(영장심의위원회) 법 제221조의5에 따른 영장심의위원회의 위원은 해당 업무에 전문성을 가진 중립적 외부 인사 중에서 위촉해야 하며, 영장심의위원회의 운영은 독립성·객관성·공정성이 보장되어야 한다.

제5절 시정조치요구

제45조(시정조치 요구의 방법 및 절차 등) ① 검사는 법 제197조의3제1항에 따라 사법경찰관에게 사건기록 등본의 송부를 요구할 때에는 그 내용과 이유를 구체적으로 적은 서면으로 해야 한다.
② 사법경찰관은 제1항에 따른 요구를 받은 날부터 7일 이내에 사건기록 등본을 검사에게 송부해야 한다.
③ 검사는 제2항에 따라 사건기록 등본을 송부받은 날부터 30일(사안의 경중 등을 고려하여 10일의 범위에서 한 차례 연장할 수 있다) 이내에 법 제197조의3제3항에 따른 시정조치 요구 여부를 결정하여 사법경찰관에게 통보해야 한다. 이 경우 시정조치 요구의 통보는 그 내용과 이유를 구체적으로 적은 서면으로 해야 한다.
④ 사법경찰관은 제3항에 따라 시정조치 요구를 통보받은 경우 정당한 이유가 있는 경우를 제외하고는 지체 없이 시정조치를 이행하고, 그 이행 결과를 서면에 구체적으로 적어 검사에게 통보해야 한다.
⑤ 검사는 법 제197조의3제5항에 따라 사법경찰관에게 사건송치를 요구하는 경우에는 그 내용과 이유를 구체적으로 적은 서면으로 해야 한다.
⑥ 사법경찰관은 제5항에 따라 서면으로 사건송치를 요구받은 날부터 7일 이내에 사건을 검사에게 송치해야 한다. 이 경우 관계 서류와 증거물을 함께 송부해야 한다.

⑦ 제5항 및 제6항에도 불구하고 검사는 공소시효 만료일의 임박 등 특별한 사유가 있을 때에는 제5항에 따른 서면에 그 사유를 명시하고 별도의 송치기한을 정하여 사법경찰관에게 통지할 수 있다. 이 경우 사법경찰관은 정당한 이유가 있는 경우를 제외하고는 통지받은 송치기한까지 사건을 검사에게 송치해야 한다.

제46조(징계요구의 방법 등) ① 검찰총장 또는 각급 검찰청 검사장은 법 제197조의3 제7항에 따라 사법경찰관리의 징계를 요구할 때에는 서면에 그 사유를 구체적으로 적고 이를 증명할 수 있는 관계 자료를 첨부하여 해당 사법경찰관리가 소속된 경찰관서의 장(이하 "경찰관서장"이라 한다)에게 통보해야 한다.
② 경찰관서장은 제1항에 따른 징계요구에 대한 처리 결과와 그 이유를 징계를 요구한 검찰총장 또는 각급 검찰청 검사장에게 통보해야 한다.

제47조(구제신청 고지의 확인) 사법경찰관은 법 제197조의3제8항에 따라 검사에게 구제를 신청할 수 있음을 피의자에게 알려준 경우에는 피의자로부터 고지 확인서를 받아 사건기록에 편철한다. 다만, 피의자가 고지 확인서에 기명날인 또는 서명하는 것을 거부하는 경우에는 사법경찰관이 고지 확인서 끝부분에 그 사유를 적고 기명날인 또는 서명해야 한다.

제6절 수사의 경합

제48조(동일한 범죄사실 여부의 판단 등) ① 검사와 사법경찰관은 법 제197조의4에 따른 수사의 경합과 관련하여 동일한 범죄사실 여부나 영장(「통신비밀보호법」 제6조 및 제8조에 따른 통신제한조치허가서 및 같은 법 제13조에 따른 통신사실 확인자료제공 요청 허가서를 포함한다. 이하 이 조에서 같다) 청구·신청의 시간적 선후관계 등을 판단하기 위해 필요한 경우에는 그 필요한 범위에서 사건기록의 상호 열람을 요청할 수 있다.
② 제1항에 따른 영장 청구·신청의 시간적 선후관계는 검사의 영장청구서와 사법경찰관의 영장신청서가 각각 법원과 검찰청에 접수된 시점을 기준으로 판단한다.
③ 검사는 제2항에 따른 사법경찰관의 영장신청서의 접수를 거부하거나 지연해서는 안 된다.

제49조(수사경합에 따른 사건송치) ① 검사는 법 제197조의4제1항에 따라 사법경찰관에게 사건송치를 요구할 때에는 그 내용과 이유를 구체적으로 적은 서면으로 해야 한다.
② 사법경찰관은 제1항에 따른 요구를 받은 날부터 7일 이내에 사건을 검사에게 송치해야 한다. 이 경우 관계 서류와 증거물을 함께 송부해야 한다.

제50조(중복수사의 방지) 검사는 법 제197조의4제2항 단서에 따라 사법경찰관이 범죄사실을 계속 수사할 수 있게 된 경우에는 정당한 사유가 있는 경우를 제외하고는 그와 동일한 범죄사실에 대한 사건을 이송하는 등 중복수사를 피하기 위해 노력해야 한다.

제4장 사건송치와 수사종결

제1절 통칙

제51조(사법경찰관의 결정) ① 사법경찰관은 사건을 수사한 경우에는 다음 각 호의 구분에 따라 결정해야 한다.
1. 법원송치
2. 검찰송치
3. 불송치
   가. 혐의없음
   1) 범죄인정안됨
   2) 증거불충분
   나. 죄가안됨
   다. 공소권없음
   라. 각하
4. 수사중지
   가. 피의자중지
   나. 참고인중지
5. 이송

② 사법경찰관은 하나의 사건 중 피의자가 여러 사람이거나 피의사실이 여러 개인 경우로서 분리하여 결정할 필요가 있는 경우 그중 일부에 대해 제1항 각 호의 결정을 할 수 있다.

③ 사법경찰관은 제1항제3호나목 또는 다목에 해당하는 사건이 다음 각 호의 어느 하나에 해당하는 경우에는 해당 사건을 검사에게 이송한다.
1. 「형법」 제10조제1항에 따라 벌할 수 없는 경우
2. 기소되어 사실심 계속 중인 사건과 포괄일죄를 구성하는 관계에 있는 경우

④ 사법경찰관은 제1항제4호에 따른 수사중지 결정을 한 경우 7일 이내에 사건기록을 검사에게 송부해야 한다. 이 경우 검사는 사건기록을 송부받은 날부터 30일 이내

에 반환해야 하며, 그 기간 내에 법 제197조의3에 따라 시정조치요구를 할 수 있다.
⑤ 사법경찰관은 제4항 전단에 따라 검사에게 사건기록을 송부한 후 피의자 등의 소재를 발견한 경우에는 소재 발견 및 수사 재개 사실을 검사에게 통보해야 한다. 이 경우 통보를 받은 검사는 지체 없이 사법경찰관에게 사건기록을 반환해야 한다.

제52조(검사의 결정) ① 검사는 사법경찰관으로부터 사건을 송치받거나 직접 수사한 경우에는 다음 각 호의 구분에 따라 결정해야 한다.
1. 공소제기
2. 불기소
   가. 기소유예
   나. 혐의없음
   1) 범죄인정안됨
   2) 증거불충분
   다. 죄가안됨
   라. 공소권없음
   마. 각하
3. 기소중지
4. 참고인중지
5. 보완수사요구
6. 공소보류
7. 이송
8. 소년보호사건 송치
9. 가정보호사건 송치
10. 성매매보호사건 송치
11. 아동보호사건 송치

② 검사는 하나의 사건 중 피의자가 여러 사람이거나 피의사실이 여러 개인 경우로서 분리하여 결정할 필요가 있는 경우 그중 일부에 대해 제1항 각 호의 결정을 할 수 있다.

제53조(수사 결과의 통지) ① 검사 또는 사법경찰관은 제51조 또는 제52조에 따른 결정을 한 경우에는 그 내용을 고소인·고발인·피해자 또는 그 법정대리인(피해자가 사망한 경우에는 그 배우자·직계친족·형제자매를 포함한다. 이하 "고소인등"이라 한다)과 피의자에게 통지해야 한다. 다만, 제51조제1항제4호가목에 따른 피의자중지 결정 또는 제52조제1항제3호에 따른 기소중지 결정을 한 경우에는 고소인등에게만

통지한다.
② 고소인등은 법 제245조의6에 따른 통지를 받지 못한 경우 사법경찰관에게 불송치 통지서로 통지해 줄 것을 요구할 수 있다.
③ 제1항에 따른 통지의 구체적인 방법·절차 등은 법무부장관, 경찰청장 또는 해양경찰청장이 정한다.

제54조(수사중지 결정에 대한 이의제기 등) ① 제53조에 따라 사법경찰관으로부터 제51조제1항제4호에 따른 수사중지 결정의 통지를 받은 사람은 해당 사법경찰관이 소속된 바로 위 상급경찰관서의 장에게 이의를 제기할 수 있다.
② 제1항에 따른 이의제기의 절차·방법 및 처리 등에 관하여 필요한 사항은 경찰청장 또는 해양경찰청장이 정한다.
③ 제1항에 따른 통지를 받은 사람은 해당 수사중지 결정이 법령위반, 인권침해 또는 현저한 수사권 남용이라고 의심되는 경우 검사에게 법 제197조의3제1항에 따른 신고를 할 수 있다.
④ 사법경찰관은 제53조에 따라 고소인등에게 제51조제1항제4호에 따른 수사중지 결정의 통지를 할 때에는 제3항에 따라 신고할 수 있다는 사실을 함께 고지해야 한다.

제55조(소재수사에 관한 협력 등) ① 검사와 사법경찰관은 소재불명(所在不明)인 피의자나 참고인을 발견한 때에는 해당 사실을 통보하는 등 서로 협력해야 한다.
② 검사는 법 제245조의5제1호 또는 법 제245조의7제2항에 따라 송치된 사건의 피의자나 참고인의 소재 확인이 필요하다고 판단하는 경우 피의자나 참고인의 주소지 또는 거소지 등을 관할하는 경찰관서의 사법경찰관에게 소재수사를 요청할 수 있다. 이 경우 요청을 받은 사법경찰관은 이에 협력해야 한다.
③ 검사 또는 사법경찰관은 제51조제1항제4호 또는 제52조제1항제3호·제4호에 따라 수사중지 또는 기소중지·참고인중지된 사건의 피의자 또는 참고인을 발견하는 등 수사중지 결정 또는 기소중지·참고인중지 결정의 사유가 해소된 경우에는 즉시 수사를 진행해야 한다.

제56조(사건기록의 등본) ① 검사 또는 사법경찰관은 사건 관계 서류와 증거물을 분리하여 송부하거나 반환할 필요가 있으나 해당 서류와 증거물의 분리가 불가능하거나 현저히 곤란한 경우에는 그 서류와 증거물을 등사하여 송부하거나 반환할 수 있다.
② 검사 또는 사법경찰관은 제45조제1항, 이 조 제1항 등에 따라 사건기록 등본을 송부받은 경우 이를 다른 목적으로 사용할 수 없으며, 다른 법령에 특별한 규정이 있는 경우를 제외하고는 그 사용 목적을 위한 기간이 경과한 때에 즉시 이를 반환하거나 폐기해야 한다.

제57조(송치사건 관련 자료 제공) 검사는 사법경찰관이 송치한 사건에 대해 검사의 공소장, 불기소결정서, 송치결정서 및 법원의 판결문을 제공할 것을 요청하는 경우 이를 사법경찰관에게 지체 없이 제공해야 한다.

제2절 사건송치와 보완수사요구

제58조(사법경찰관의 사건송치) ① 사법경찰관은 관계 법령에 따라 검사에게 사건을 송치할 때에는 송치의 이유와 범위를 적은 송치 결정서와 압수물 총목록, 기록목록, 범죄경력 조회 회보서, 수사경력 조회 회보서 등 관계 서류와 증거물을 함께 송부해야 한다.
② 사법경찰관은 피의자 또는 참고인에 대한 조사과정을 영상녹화한 경우에는 해당 영상녹화물을 봉인한 후 검사에게 사건을 송치할 때 봉인된 영상녹화물의 종류와 개수를 표시하여 사건기록과 함께 송부해야 한다.
③ 사법경찰관은 사건을 송치한 후에 새로운 증거물, 서류 및 그 밖의 자료를 추가로 송부할 때에는 이전에 송치한 사건명, 송치 연월일, 피의자의 성명과 추가로 송부하는 서류 및 증거물 등을 적은 추가송부서를 첨부해야 한다.

제59조(보완수사요구의 대상과 범위) ① 검사는 법 제245조의5제1호에 따라 사법경찰관으로부터 송치받은 사건에 대해 보완수사가 필요하다고 인정하는 경우에는 특별히 직접 보완수사를 할 필요가 있다고 인정되는 경우를 제외하고는 사법경찰관에게 보완수사를 요구하는 것을 원칙으로 한다.
② 검사는 법 제197조의2제1항제1호에 따라 사법경찰관에게 송치사건 및 관련사건(법 제11조에 따른 관련사건 및 법 제208조제2항에 따라 간주되는 동일한 범죄사실에 관한 사건을 말한다. 다만, 법 제11조제1호의 경우에는 수사기록에 명백히 현출(現出)되어 있는 사건으로 한정한다)에 대해 다음 각 호의 사항에 관한 보완수사를 요구할 수 있다.
1. 범인에 관한 사항
2. 증거 또는 범죄사실 증명에 관한 사항
3. 소송조건 또는 처벌조건에 관한 사항
4. 양형 자료에 관한 사항
5. 죄명 및 범죄사실의 구성에 관한 사항
6. 그 밖에 송치받은 사건의 공소제기 여부를 결정하는 데 필요하거나 공소유지와 관련해 필요한 사항

③ 검사는 사법경찰관이 신청한 영장(「통신비밀보호법」 제6조 및 제8조에 따른 통신제한조치허가서 및 같은 법 제13조에 따른 통신사실 확인자료 제공 요청 허가서를 포함한다. 이하 이 항에서 같다)의 청구 여부를 결정하기 위해 필요한 경우 법 제197조의2제1항제2호에 따라 사법경찰관에게 보완수사를 요구할 수 있다. 이 경우 보완수사를 요구할 수 있는 범위는 다음 각 호와 같다.
1. 범인에 관한 사항
2. 증거 또는 범죄사실 소명에 관한 사항
3. 소송조건 또는 처벌조건에 관한 사항
4. 해당 영장이 필요한 사유에 관한 사항
5. 죄명 및 범죄사실의 구성에 관한 사항
6. 법 제11조(법 제11조제1호의 경우는 수사기록에 명백히 현출되어 있는 사건으로 한정한다)와 관련된 사항
7. 그 밖에 사법경찰관이 신청한 영장의 청구 여부를 결정하기 위해 필요한 사항

제60조(보완수사요구의 방법과 절차) ① 검사는 법 제197조의2제1항에 따라 보완수사를 요구할 때에는 그 이유와 내용 등을 구체적으로 적은 서면과 관계 서류 및 증거물을 사법경찰관에게 함께 송부해야 한다. 다만, 보완수사 대상의 성질, 사안의 긴급성 등을 고려하여 관계 서류와 증거물을 송부할 필요가 없거나 송부하는 것이 적절하지 않다고 판단하는 경우에는 해당 관계 서류와 증거물을 송부하지 않을 수 있다.
② 보완수사를 요구받은 사법경찰관은 제1항 단서에 따라 송부받지 못한 관계 서류와 증거물이 보완수사를 위해 필요하다고 판단하면 해당 서류와 증거물을 대출하거나 그 전부 또는 일부를 등사할 수 있다.
③ 사법경찰관은 법 제197조의2제2항에 따라 보완수사를 이행한 경우에는 그 이행 결과를 검사에게 서면으로 통보해야 하며, 제1항 본문에 따라 관계 서류와 증거물을 송부받은 경우에는 그 서류와 증거물을 함께 반환해야 한다. 다만, 관계 서류와 증거물을 반환할 필요가 없는 경우에는 보완수사의 이행 결과만을 검사에게 통보할 수 있다.
④ 사법경찰관은 법 제197조의2제1항제1호에 따라 보완수사를 이행한 결과 법 제245조의5제1호에 해당하지 않는다고 판단한 경우에는 제51조제1항제3호에 따라 사건을 불송치하거나 같은 항 제4호에 따라 수사중지할 수 있다.

제61조(직무배제 또는 징계 요구의 방법과 절차) ① 검찰총장 또는 각급 검찰청 검사장은 법 제197조의2제3항에 따라 사법경찰관의 직무배제 또는 징계를 요구할 때에는 그 이유를 구체적으로 적은 서면에 이를 증명할 수 있는 관계 자료를 첨부하여

해당 사법경찰관이 소속된 경찰관서장에게 통보해야 한다.
② 제1항의 직무배제 요구를 통보받은 경찰관서장은 정당한 이유가 있는 경우를 제외하고는 그 요구를 받은 날부터 20일 이내에 해당 사법경찰관을 직무에서 배제해야 한다.
③ 경찰관서장은 제1항에 따른 요구의 처리 결과와 그 이유를 직무배제 또는 징계를 요구한 검찰총장 또는 각급 검찰청 검사장에게 통보해야 한다.

제3절 사건불송치와 재수사요청

제62조(사법경찰관의 사건불송치) ① 사법경찰관은 법 제245조의5제2호 및 이 영 제51조제1항제3호에 따라 불송치 결정을 하는 경우 불송치의 이유를 적은 불송치 결정서와 함께 압수물 총목록, 기록목록 등 관계 서류와 증거물을 검사에게 송부해야 한다.
② 제1항의 경우 영상녹화물의 송부 및 새로운 증거물 등의 추가 송부에 관하여는 제58조제2항 및 제3항을 준용한다.

제63조(재수사요청의 절차 등) ① 검사는 법 제245조의8에 따라 사법경찰관에게 재수사를 요청하려는 경우에는 법 제245조의5제2호에 따라 관계 서류와 증거물을 송부받은 날부터 90일 이내에 해야 한다. 다만, 다음 각 호의 어느 하나에 해당하는 경우에는 관계 서류와 증거물을 송부받은 날부터 90일이 지난 후에도 재수사를 요청할 수 있다.
1. 불송치 결정에 영향을 줄 수 있는 명백히 새로운 증거 또는 사실이 발견된 경우
2. 증거 등의 허위, 위조 또는 변조를 인정할 만한 상당한 정황이 있는 경우
② 검사는 제1항에 따라 재수사를 요청할 때에는 그 내용과 이유를 구체적으로 적은 서면으로 해야 한다. 이 경우 법 제245조의5제2호에 따라 송부받은 관계 서류와 증거물을 사법경찰관에게 반환해야 한다.
③ 검사는 법 제245조의8에 따라 재수사를 요청한 경우 그 사실을 고소인등에게 통지해야 한다.

제64조(재수사 결과의 처리) ① 사법경찰관은 법 제245조의8제2항에 따라 재수사를 한 경우 다음 각 호의 구분에 따라 처리한다.
1. 범죄의 혐의가 있다고 인정되는 경우: 법 제245조의5제1호에 따라 검사에게 사건을 송치하고 관계 서류와 증거물을 송부
2. 기존의 불송치 결정을 유지하는 경우: 재수사 결과서에 그 내용과 이유를 구체적

으로 적어 검사에게 통보
② 검사는 사법경찰관이 제1항제2호에 따라 재수사 결과를 통보한 사건에 대해서 다시 재수사를 요청을 하거나 송치 요구를 할 수 없다. 다만, 사법경찰관의 재수사 에도 불구하고 관련 법리에 위반되거나 송부받은 관계 서류 및 증거물과 재수사결 과만으로도 공소제기를 할 수 있을 정도로 명백히 채증법칙에 위반되거나 공소시효 또는 형사소추의 요건을 판단하는 데 오류가 있어 사건을 송치하지 않은 위법 또는 부당이 시정되지 않은 경우에는 재수사 결과를 통보받은 날부터 30일 이내에 법 제 197조의3에 따라 사건송치를 요구할 수 있다.

제65조(재수사 중의 이의신청) 사법경찰관은 법 제245조의8제2항에 따라 재수사 중인 사건에 대해 법 제245조의7제1항에 따른 이의신청이 있는 경우에는 재수사를 중단 해야 하며, 같은 조 제2항에 따라 해당 사건을 지체 없이 검사에게 송치하고 관계 서류와 증거물을 송부해야 한다.

제5장 보칙

제66조(재정신청 접수에 따른 절차) ① 사법경찰관이 수사 중인 사건이 법 제260조제 2항제3호에 해당하여 같은 조 제3항에 따라 지방검찰청 검사장 또는 지청장에게 재 정신청서가 제출된 경우 해당 지방검찰청 또는 지청 소속 검사는 즉시 사법경찰관 에게 그 사실을 통보해야 한다.
② 사법경찰관은 제1항의 통보를 받으면 즉시 검사에게 해당 사건을 송치하고 관계 서류와 증거물을 송부해야 한다.
③ 검사는 제1항에 따른 재정신청에 대해 법원이 법 제262조제2항제1호에 따라 기 각하는 결정을 한 경우에는 해당 결정서를 사법경찰관에게 송부해야 한다. 이 경우 제2항에 따라 송치받은 사건을 사법경찰관에게 이송해야 한다.

제67조(형사사법정보시스템의 이용) 검사 또는 사법경찰관은 「형사사법절차 전자화 촉진법」 제2조제1호에 따른 형사사법업무와 관련된 문서를 작성할 때에는 형사사 법정보시스템을 이용해야 하며, 그에 따라 작성한 문서는 형사사법정보시스템에 저 장·보관해야 한다. 다만, 다음 각 호의 어느 하나에 해당하는 문서로서 형사사법정 보시스템을 이용하는 것이 곤란한 경우는 그렇지 않다.
1. 피의자나 사건관계인이 직접 작성한 문서
2. 형사사법정보시스템에 작성 기능이 구현되어 있지 않은 문서
3. 형사사법정보시스템을 이용할 수 없는 시간 또는 장소에서 불가피하게 작성해야

하거나 형사사법정보시스템의 장애 또는 전산망 오류 등으로 형사사법정보시스템을 이용할 수 없는 상황에서 불가피하게 작성해야 하는 문서

제68조(사건 통지 시 주의사항 등) 검사 또는 사법경찰관은 제12조에 따라 수사 진행 상황을 통지하거나 제53조에 따라 수사 결과를 통지할 때에는 해당 사건의 피의자 또는 사건관계인의 명예나 권리 등이 부당하게 침해되지 않도록 주의해야 한다.

제69조(수사서류 등의 열람·복사) ① 피의자, 사건관계인 또는 그 변호인은 검사 또는 사법경찰관이 수사 중인 사건에 관한 본인의 진술이 기재된 부분 및 본인이 제출한 서류의 전부 또는 일부에 대해 열람·복사를 신청할 수 있다.
② 피의자, 사건관계인 또는 그 변호인은 검사가 불기소 결정을 하거나 사법경찰관이 불송치 결정을 한 사건에 관한 기록의 전부 또는 일부에 대해 열람·복사를 신청할 수 있다.
③ 피의자 또는 그 변호인은 필요한 사유를 소명하고 고소장, 고발장, 이의신청서, 항고장, 재항고장(이하 "고소장등"이라 한다)의 열람·복사를 신청할 수 있다. 이 경우 열람·복사의 범위는 피의자에 대한 혐의사실 부분으로 한정하고, 그 밖에 사건관계인에 관한 사실이나 개인정보, 증거방법 또는 고소장등에 첨부된 서류 등은 제외한다.
④ 체포·구속된 피의자 또는 그 변호인은 현행범인체포서, 긴급체포서, 체포영장, 구속영장의 열람·복사를 신청할 수 있다.
⑤ 피의자 또는 사건관계인의 법정대리인, 배우자, 직계친족, 형제자매로서 피의자 또는 사건관계인의 위임장 및 신분관계를 증명하는 문서를 제출한 사람도 제1항부터 제4항까지의 규정에 따라 열람·복사를 신청할 수 있다.
⑥ 검사 또는 사법경찰관은 제1항부터 제5항까지의 규정에 따른 신청을 받은 경우에는 해당 서류의 공개로 사건관계인의 개인정보나 영업비밀이 침해될 우려가 있거나 범인의 증거인멸·도주를 용이하게 할 우려가 있는 경우 등 정당한 사유가 있는 경우를 제외하고는 열람·복사를 허용해야 한다.

제70조(영의 해석 및 개정) ① 이 영을 해석하거나 개정하는 경우에는 법무부장관은 행정안전부장관과 협의하여 결정해야 한다.
② 제1항에 따른 해석 및 개정에 관한 법무부장관의 자문에 응하기 위해 법무부에 외부전문가로 구성된 자문위원회를 둔다.

제71조(민감정보 및 고유식별정보 등의 처리) 검사 또는 사법경찰관리는 범죄 수사 업무를 수행하기 위해 불가피한 경우 「개인정보 보호법」 제23조에 따른 민감정보,

같은 법 시행령 제19조에 따른 주민등록번호, 여권번호, 운전면허의 면허번호 또는 외국인등록번호나 그 밖의 개인정보가 포함된 자료를 처리할 수 있다.

부칙 <제31089호, 2020. 10. 7.>

제1조(시행일) 이 영은 2021년 1월 1일부터 시행한다.
제2조(다른 법령의 폐지) 「검사의 사법경찰관리에 대한 수사지휘 및 사법경찰관리의 수사준칙에 관한 규정」은 폐지한다.
제3조(일반적 적용례) 이 영은 이 영 시행 당시 수사 중이거나 법원에 계속 중인 사건에 대해서도 적용한다. 다만, 이 영 시행 전에 부칙 제2조에 따라 폐지되는 「검사의 사법경찰관리에 대한 수사지휘 및 사법경찰관리의 수사준칙에 관한 규정」에 따라 한 행위의 효력에는 영향을 미치지 않는다.

[저자소개]

신현기(申鉉基)

독일 바이에른주립 뮌헨대학교 사회과학부 철학박사(Dr. phil. 정책학 전공/사회학 및 일본학 부전공), 한세대학교 학생처장, 교무처장, 기획처장, 일반대학원장 및 경찰법무대학원장, 중앙도서관장, 미래지식교육원장, 사회과학부장, 경찰행정학과장 역임
  (현) 한세대학교 경찰행정학과 교수, 한국자치경찰연구학회 회장
  (현) 경기도북부자치경찰위원장

김창준(金昌準)

한세대학교 일반대학원 경찰학 박사(Ph. D.)
경기안양동안경찰서 정보과장 역임
  (현) 한세대학교 미래지식교육원 범죄수사학과 교수
  (현) 한국자치경찰연구학회 부회장, 한국경찰복지연구학회 대외협력이사

진병동(陳炳東)

한세대학교 일반대학원 경찰학 박사(Ph. D.)
  (현) 서울양천경찰서 신월5파출소장
  (현) 경찰청 및 서울경찰청 경찰채용시험 면접위원
  (현) 한세대학교 미래지식교육원 범죄수사학과 교수
  (현) 한국경찰복지연구학회 회장, 한국자치경찰연구학회 연구이사

2020년 05월 25일 초판
2022년 07월 31일 개정2판

■ 경찰수사지휘론

인　쇄: 2022년 07월 29일
발　행: 2022년 07월 31일
저　자: 신현기, 김창준, 진병동
발행인: 안병준
발행처: 우공출판사
주　소: 서울 중구 을지로14길 12
전　화: 02-2266-3323
팩　스: 02-2266-3328
등　록: 301-2011-007
등록일: 2011년 1월 12일

값 20,000원
ISBN 979-11-86386-25-5　93350
@우공출판사